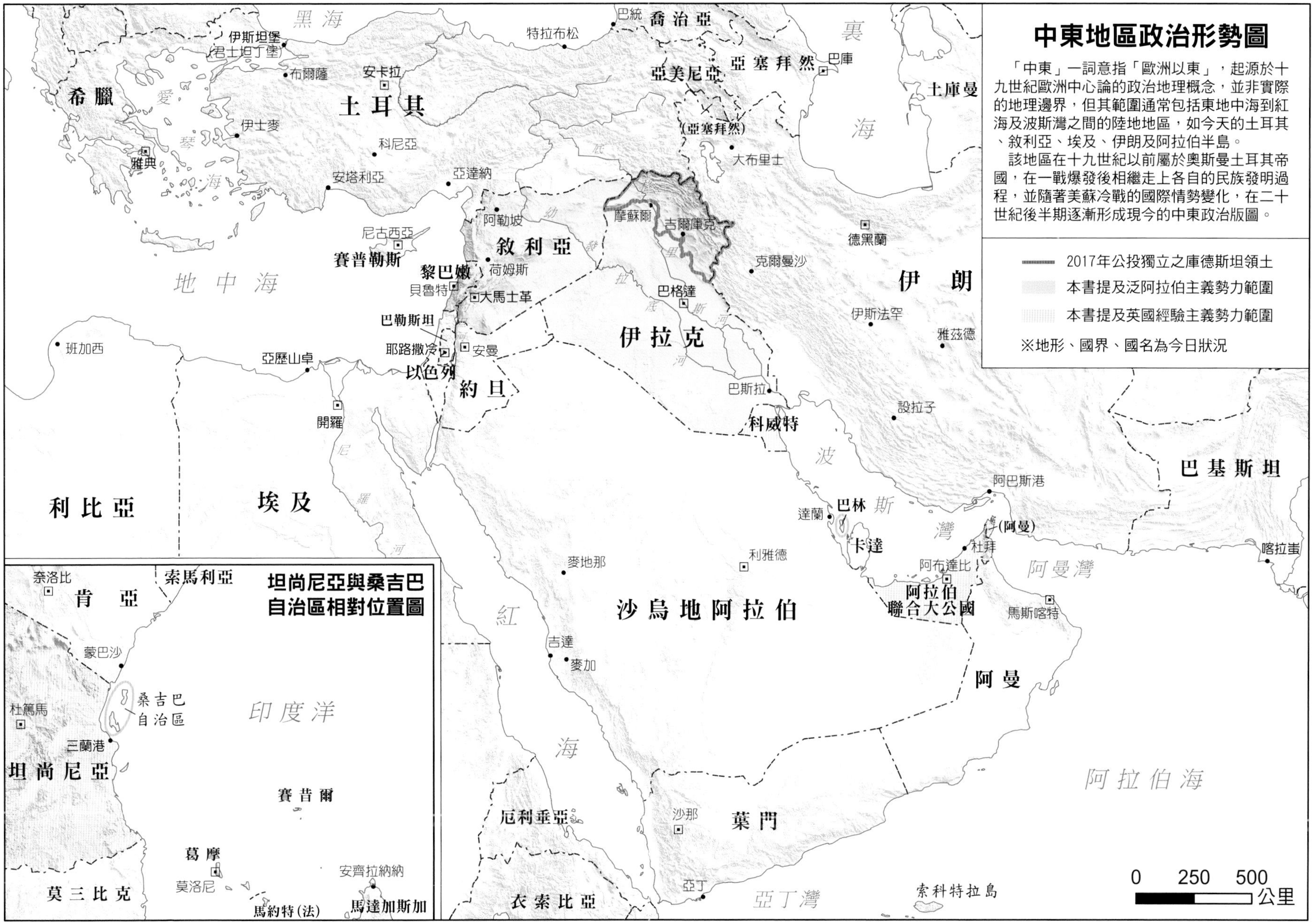
中東地區政治形勢圖
「中東」一詞意指「歐洲以東」，起源於十九世紀歐洲中心論的政治地理概念，並非實際的地理邊界，但其範圍通常包括東地中海到紅海及波斯灣之間的陸地地區，如今天的土耳其、敘利亞、埃及、伊朗及阿拉伯半島。
該地區在十九世紀以前屬於奧斯曼土耳其帝國，在一戰爆發後相繼走上各自的民族發明過程，並隨著美蘇冷戰的國際情勢變化，在二十世紀後半期逐漸形成現今的中東政治版圖。
2017年公投獨立之庫德斯坦領土
本書提及泛阿拉伯主義勢力範圍
本書提及英國經驗主義勢力範圍
※地形、國界、國名為今日狀況
黑海
伊斯坦堡
(君士坦丁堡)
布爾薩
安卡拉
特拉布松
巴統
喬治亞
亞美尼亞
亞塞拜然
巴庫
裏海
土庫曼
希臘
愛琴海
土耳其
伊士麥
雅典
科尼亞
安塔利亞
亞達納
(亞塞拜然)
大布里士
阿勒坡
尼古西亞
賽普勒斯
敘利亞
黎巴嫩
荷姆斯
貝魯特
大馬士革
摩蘇爾
吉爾庫克
德黑蘭
克爾曼沙
幼發拉底河
底格里斯河
巴格達
伊朗
地中海
巴勒斯坦
耶路撒冷
安曼
以色列
約旦
伊拉克
伊斯法罕
雅茲德
班加西
亞歷山卓
開羅
巴斯拉
科威特
設拉子
尼羅河
利比亞
埃及
波斯灣
阿巴斯港
巴基斯坦
達蘭
巴林
卡達
(阿曼)
杜拜
喀拉蚩
阿布達比
麥地那
利雅德
阿曼灣
阿拉伯聯合大公國
馬斯喀特
沙烏地阿拉伯
紅海
吉達
麥加
阿曼
阿拉伯海
厄利垂亞
沙那
葉門
亞丁
亞丁灣
索科特拉島
衣索比亞
0 250 500 公里
坦尚尼亞與桑吉巴自治區相對位置圖
奈洛比
肯亞
索馬利亞
蒙巴沙
桑吉巴自治區
杜篤馬
三蘭港
坦尚尼亞
印度洋
賽昔爾
葛摩
莫洛尼
安齊拉納納
莫三比克
馬約特(法)
馬達加斯加

中東的裂痕

泛阿拉伯主義的流產和大英帝國的遺產

劉仲敬——著

編輯說明

本書是在明鏡新聞網《劉仲敬思想》系列節目的基礎上彙編整理而成，內容保留劉仲敬本人演說的白話特色，並為他引述的各種比喻或典故添加注解，以及附上相關插圖解說和製作重要大事記年表。

下列為本書各講次的原始節目名稱及播出時間：

一、《庫爾德：族群、民族與國家》（第7期，2017年9月27日）
二、《黎巴嫩：東方基督教會的基礎共同體和政治共同體》（第24期，2018年1月31日）
三、《敘利亞：泛阿拉伯主義和泛伊斯蘭主義的流產試管嬰兒》（第25期，2018年2月7日）
四、《伊拉克：三民主義未能統一阿拉伯國以後》（第26期，2018年2月21日）
五、《科威特存亡：部族主義和阿拉伯主義的邊界衝突》（第27期，2018年2月28日）
六、《直播：阿聯酋-英國殖民主義留給伊斯蘭的孵化器》（第28期，2018年3月7日）
七、《巴林：書院、酋長與王國，習慣法、沙利亞與成文法》（第29期，2018年3月15日）
八、《桑給巴爾：伊斯蘭香港的窮途末路》（《第30期，2018年4月4日）

附錄：《愛爾蘭：大眾民主與民族發明》（第9期，2017年10月11日）

目次

庫德斯坦自治區

Kurdistan Region

Herêma Kurdistanê

成立時間：1992年5月19日

首府：艾比爾

一、庫德人

族群、民族與國家

伊拉克的庫德斯坦自治區於二〇一七年舉行公民投票[1]，高達九成比例的投票者贊同庫德人獨立建國。全球的新聞媒體也針對投票結果進行了各式各樣的報導分析，有的著重說明庫德人的歷史發展，或是庫德人與伊拉克、土耳其和伊朗的歷史關係；有的則是強調這次公投還不具備法律效力，只是增強了庫德自治區的政治地位。但是大家要注意，這些報導和分析的具體內容其實不是最重要的；最重要的是，這些報導和分析已經做到了一件事情，就是把「庫德民族存在」這個事實打進了全世界讀者和觀眾的心裡面，並且讓庫德居民反思我們到底是誰，最終通過全世界的回饋使他們相信我們確實是一個民族。事態發展到這一步，那麼我們可以說，庫德民族的構建就已經成功了。以後他們在政治上的博弈和經營，有沒有取得外交承認，有沒有加入聯合國，有多少個大國願意跟庫德斯坦建交，或是誰誰誰要堅決反對庫德斯坦獨立，實際上對庫德民族的生存已經沒有什麼重大影響了。既然現在的庫德人已經是一個民族，也許他們未來會獲得很大的勝利，得到更多的土地；或者會遭到很大的挫敗，甚至再次被外來者軍事占領，但是這些都不再影響庫德民族的發明了。

民族發明最關鍵的就是民族認同的建構。你首先要認定自己是一個民族，然後還要讓全世界都知道並認為你是一個民族。所以民族發明學有一個特別微妙的地方就是，你無論支持它還是反對它，都會有利於民族發明。你如果堅決支援庫德人獨立，那你當然會有利於庫德民族的發明；

但是你如果堅決反對庫德建國，理由無論是為了維持伊拉克的領土完整還是為了其他的種種理由，你反對它的理由就會在你的觀眾心裡面加深一種印象——世界上有一個「庫德民族」。因此，無論你訴諸的對象是贊同還是反對你的說法，結果都是一樣的，都會造成他們相信庫德民族是存在的。在民族發明學上，不管是贊成或是反對，實際上都是有利於「庫德民族」的發明。

如果你想要讓庫德民族不存在，正確的做法不是反反覆覆地論證庫德人為何不應該獨立；而是應該論證世界上根本沒有「庫德民族」，或「庫德」只是一個地理或文化名詞。但是，如果「庫德人」真的不存在的話，你根本不應該提起這個名詞。如果「庫德」只是一個地區，類似美

① 伊拉克庫德斯坦（Kurdistan Region）自治區於二〇一七年九月二十五日進行獨立公投，這是該地區自二〇〇五年以來第二次舉辦獨立公投；本次地方性公投僅為諮詢性質，不具有法律約束力。庫德斯坦位於伊拉克北方，東鄰伊朗，西鄰敘利亞，北接土耳其，首府設在最大城市艾比爾（Erbil），其建立可以追溯到一九七〇年伊拉克政府與庫德斯坦民主黨之間曾經締結但未實現的自治協定。從一九七四年開始，伊拉克逐漸增強對庫德人的鎮壓與迫害，尤其以一九八六至八九年的「安法爾屠殺」（Anfal genocide）最為知名。一九九一年，庫德民族組織「自由鬥士」（Peshmerga）藉波斯灣戰爭成功將伊拉克軍隊趕出北部地區，使該伊拉克庫德族獲得事實上的自治。二〇〇三年，伊拉克戰爭爆發，美國推翻伊拉克海珊政權。二〇〇五年，伊拉克新憲法頒布實施，新憲法規定庫德斯坦作為伊拉克聯邦的一部分。

國的堪薩斯平原或西伯利亞的烏蘇里流域之類的地區，那你會特別想到它嗎？你頂多在旅行筆記上提到經過了堪薩斯平原或烏蘇里江，但是若你反反覆覆地提到堪薩斯人或烏蘇里人，就等於是承認他們存在了。在「民族國家」是現代主流的國家形態的前提條件下，你即使單純提到堪薩斯人如何如何、烏蘇里人如何如何的事實，都會讓人覺得他們就像是蒙古、滿洲或哈薩克一樣的民族。因此，現在各種媒體頻繁提起「庫德」一詞，並把庫德人作為一個政治名詞來使用，本身就是有利於庫德民族的構建。當然，我們不能說這些新聞報導都在支持庫德民族追求獨立。實際上，民族構建往往是各方無意識地反復博弈的結果，各方在很多情況下並不真正知道自己選擇會產生什麼後果。

「民族國家」是一種現代性的政治現象，而不是自古以來就存在的天然社會結構。「自古以來」作為一種典型的神話意識，在民族國家的發明上表現得特別清楚。民族國家照安德森的說法是印刷資本主義的產物[2]，而在進入大眾社會的今天，則是各種媒體相互影響的產物。當然，我們不能說所有媒體都支持庫德民族的獨立。實際上，民族構建往往是各方當事者無意識地的選擇及反覆博弈的結果，各方其實並不真正知道自己目前的作為會帶來什麼後果。像庫德斯坦自治區的獨立，庫德人是應該要感謝本地的政治家，還是更多地應該感謝以西方世界為中心的廣大的國際傳媒呢？恐怕是感謝後者要更多一些。

世界上的任何地方充滿著各式各樣的族群；可以說，凡是有人的地方就一定會產生族群。什麼是族群？居住於不同環境的人們，必定會產生一些不同於其他地方的居民的特點。你如果要說堪薩斯人和德克薩斯人沒有區別，這是說不過去的。你只要認真研究的話，總會看到堪薩斯人講話的口音、生活習俗，與德克薩斯人或維吉尼亞人都有點多多少少的不同；相同的，烏蘇里人則跟貝加爾人也有各種不同。只是媒體不會將報導焦點指向這些偏遠地方，因此他們也就不會思考我們的身分認同有沒有什麼問題，我們是一個民族或不是一個民族。其實，如果你在他們的心中播下種子，讓他們覺得自己需要思考民族認同的問題，這就是民族發明的開始。現在全世界都在討論庫德人是否應該獨立，那麼無論獨立是否成功，之後的事態發展如何，他們都已經誕生為一個政治上的「民族」了。

所有的民族構建都有雙重性，一種是民族發明的真實歷史，一種是民族發明構建後的神話歷史。神話歷史總是要追溯到地老天荒的。像現在我們報導庫德獨立的公民投票的時候，不可避免地就要向廣大不知道什麼是庫德人、不知道什麼是庫德問題的讀者介紹一下庫德過去的歷史，然而這種介紹的過程其實就是單方面有利於庫德民族發明的。想要讓庫德民族不存在的那些人，比如土耳其的阿塔圖克（Atatürk）[③]和他的追隨者們，對這樣的介紹必然是深惡痛絕的；因為這樣的介紹無論是站在哪個立場上的，結果都會有利於庫德民族發明。因為讀者需要先了解「誰是庫德人？」這個問題，所以這些報導自然也得介紹古代有哪些著名的庫德人，中世紀又有哪些著名的庫德人，更要說明庫德人夾在土耳其和波斯兩強之間的歷史淵源。這些介紹一說完，實際上也就發明了一套庫德民族簡史，並在讀者心中留下了一種印象，就是庫德人是自古以來就存在的一個政治實體。

從這樣的介紹中你會發現，庫德人自古以來就是庫德山區的居民，他們的語言跟古雅利安語有著非常密切的關係。他們在阿拉伯人的征服以後皈依了伊斯蘭教，而且產生了大量的英雄人物，例如跟十字軍作戰、俠義精神的典範——著名的薩拉丁（Saladin）[4]。但是我們也要注意，在這一段歷史當中，庫德人與其說是政治意義上的民族，不如說是廣泛意義上的族群。族群不一定都能成為民族。庫德人在這段時間內，並不比例如亞美尼亞人更有資格形成民族；比起他們幾百年來的鄰居亞美尼亞人來說，他們形成民族的可能性在長期看來還是更小的。無論是中東還是全世界任何地區，都充滿了各式各樣的文化族群，他們之間多多少少都是有一點點差距的。信仰伊斯蘭教的各族群之間，像庫德人、伊朗人和阿拉伯人的族群不知道有多少。例如，為什麼說英國委任統治的伊拉克的某一個部族不是一種族群呢？如果要說是一種族群，都是可以找到理由的。為什麼葉門人和哈達拉米人（Hadhrami people）[5]不認為自己是同一個族群呢？如果真要這麼認為的話，也是有各式各樣的理由的。但只要他們不像今天的庫德人和十九世紀的波蘭一樣成為大家爭議的焦點，民族構建的過程就不會真正啟動。

庫德人作為山地的族群，它像全世界大多數山地族群一樣，能夠保存比較古老的語言。這也是世界歷史的普遍規律，其實跟生物學發展的規律是差不多的。例如像西班牙的巴斯克人（Basques）[6]，他們至今使用的語言就是格外古老的。在山下，法蘭西和西班牙境內，各式各樣的政治團體來了又去，他們的語言和文化變化過多次，但巴斯克人始終堅守著古老的文化傳統。你如果到四川去看也是如此，涼山一帶的彝族，他們的語言和血統保留的上古時代的特徵比山下成都平原的居民要多得多。成都平原的居民早就被張獻忠屠殺過了，在張獻忠以前又被成漢的建

② 安德森認為，印刷資本主義促進方言化革命受到三個外部因素的影響：第一個因素是拉丁文自身的改變；第二個是宗教改革；第三個是中世紀以來的君主專制興起；後兩個歷史性的因素直接導致了民族意識的興起。而方言化革命所產生的「印刷語言」又以三種不同方式奠定民族意識散播的基礎：印刷語言創造了統一的交流與傳播的場域；印刷語言賦予了語言一種新的固定性格（fixity），這種固定性在經過長時間之後為語言塑造出對「主觀的民族理念」而言，極為關鍵的古老印象；印刷語言創造了和舊的行政方言不同種類的權力語言。以上發展詳見於班納迪克．安德森（Benedict Anderson）《想像的共同體》（*Imagined Communities*），第三章〈民族意識的起源〉，台北：時報，二〇一四。

③ 穆斯塔法．凱末爾．阿塔圖克（Mustafa Kemal Atatürk, 1881–1938），其名號「阿塔圖克」（Atatürk）意為「土耳其人之父」，他在一次世界大戰後領導「凱末爾革命」，在建立土耳其共和國後擔任首任總統、總理及國民議會議長，奠定了土耳其的現代化及世俗化的國家體制基礎。

④ 薩拉丁．優素福．伊本．埃宥比（阿拉伯語：Ṣalāḥ ad-Dīn Yūsuf ibn Ayyūb；庫德語：Selahedînê Eyûbî；1138年–1193），西方通稱薩拉丁（Saladin），庫德族出身的穆斯林，中世紀埃及埃宥比王朝的建立者，他最著名的事蹟便是在第三次十字軍運動中，領導中東的穆斯林聯軍對抗來自法國及英國的十字軍，其高尚的人格與俠義精神深得歐洲人如英國獅心王理查的敬重。

立者李特[7]之類的人屠殺過多少次了，來來回回的大洪水和小洪水一次又一次地經過成都平原，多少次地更換了成都平原的居民，現在成都平原的居民大部分是從湖廣和廣東遷過來的；但是山地的人口變化就要少得多，外來的征服者或移民很少深入山地，山地的居民保留古老的語言和古老的血統總是要純粹得多。在湘西，情況也是這樣的。在所有的地方，山地民族總是帶有著更古老的形式。所以我們如果要按照純粹火星人科學家的看法來看的話，庫德人現在遺留下的語言更多地反映了古代世界——也就是阿契美尼德帝國（Achaemenid empire）[8]以前古雅利安人的語言形式，這種語言形式比現代的伊朗人、現代的塔吉克人和現代的巴基斯坦

哈丁戰役中戰勝十字軍的薩拉丁（局部）　圖為敘利亞畫家塔西恩（Said Tahseen）創作於1954年的作品，描述率領伊斯蘭聯軍的庫德人統帥薩拉丁於1167年贏得哈丁戰役（Battle of Hattin）後，接受耶路撒冷國王居伊（Guy de Lusignan）的投降。自中世紀以來，薩拉丁普遍被伊斯蘭世界視為穆斯林英雄；而在近代民族主義興起後，他又被多個伊斯蘭國家包括埃及、庫德斯坦視作民族英雄。

烏爾都語使用者都更加古老、更加純粹一些。

但是它們也不能嚴格說是同一個語種，因為什麼語種算得上是獨立的語言、什麼語種只能算是獨立語言之下的一個小方言，其實本身就是沒有標準的。丹麥語和德語的區別是很小的，而高地德語和低地德語的區別是很大的。假如高地德國人——例如巴伐利亞或是南德的各邦建立一個高地德國的國家，把馬丁．路德的方言德語當作國語，如同丹麥人給自己的語言另外新發明一個名字一樣，說它跟低地德語不一樣，而低地德語以漢薩同盟為基礎，建立了一個圍繞波羅的海沿岸的國家，那麼我們現在也會很樂意承認高地德語和低地德語是不同的語言。但是現在我們很容

⑤ 哈達拉米人（Hadhrami people）是生活在葉門南部沿海的哈達拉毛（Hadhramaut）地區的阿拉伯人，約有兩百萬居民並分屬於一千三百個不同的部落，很少與其他阿拉伯人通婚。他們有長久的航海貿易傳統，在紅海及波斯灣沿岸建立多處據點，其貿易範圍遠達非洲好望角及印度南部。

⑥ 巴斯克人（The Basques）主要居住於西班牙與法國交界處的庇里牛斯山的居民，包含海外移民，全世界約有超過一千八百萬的人口。巴斯克人在巴斯克語的名詞為euskalsun，巴斯克國則是Euskal Herria。巴斯克人所使用的語言為現存歐洲唯一的孤立語言，與任何語言都沒有直接關係，其起源及系譜有許多爭議；但巴斯克語的特殊性，也造成了巴斯克人強烈的民族認同感。

⑦ 李特、張獻忠與大洪水為本書作劉仲敬的常用比喻，意指東亞大陸歷史上，隨著王朝更迭時出現的社會秩序崩解及大規模人口銳減的狀態，而形成。西晉末年的李特（西元三世紀末）與明王朝末年的張獻忠（1606–1647）皆為當時割據四川的流民領袖，他們的政權皆以殘酷好殺而於歷史留名，據明末義大利傳教士利類思（Lodovico Buglio）的原始紀錄而寫成的《聖教入川記》，對歷經張獻忠大洪水的四川成都描述如下：「（張獻忠）殘殺之後，成都為之一空。除少數官員外，別無居民。荒涼慘象，不忍矚目。獻忠剿滅成都後，命令各鄉鎮村民移居成都。」

易——至少是外國人很容易以為，丹麥語和德語有著根本性的不同，而高地德語和低地德語則只是同一種語言中的兩種方言。這樣的判斷其實主要是一個政治判斷。所謂「什麼叫做方言？就是沒有海陸軍的語言。什麼叫做語言？就是擁有海陸軍的方言。」[9]語言的分類、發明和歸類的判斷標準，歸根結底是一個政治問題。

現在各類報導談論庫德人，將庫德語當作為庫德人主要的民族標誌，其實也是一種有誤導性的看法。庫德語代表了古雅利安語最古老的支系，它們內部之間的差異是相當大的。這個差異之大，就有點像是近代英語、德語和梵語的差別。我們可以說現代的印歐系的語言有三種不同分支，印度的古典梵語、現代的英語和德語，我們都把它們當作三種不同的語言；但是在庫德人的例子上，我們就會把三者都當作現代庫德語的三種不同方言。各種庫德方言之間的差別，其實從語言的形式上來看，跟英語、德語和梵語之間的差別也一樣大。如果我們只以語言為民族發明的標誌的話，那麼我們實際上可以不把庫德人發明成為一個民族，而是把它發明成為兩個、三個甚至更多的民族。這種事情之所以沒有發生，主要是因為政治演變的緣故，而不是出於語言學上的分類標準。

庫德人居住在山地，不大容易受到周圍和山下那些民族遷移的影響。自從雅利安人的大洪水淹沒了整個中東，把最古老的、建立人類第一批文明的肥沃月灣地帶的居民完全淹沒以後，庫德山地居民的更替速度，我們不能說他們完全沒有摻雜異族的血統、完全沒有受異文化影響；但是卻可以說，他們受到影響的速度比起山下的居民要較少和較慢。更替速度的快慢差異，使他們跟山下的居民出現了越來越大的文化鴻溝。庫德人所在的山區南方，就是最古老的肥沃月灣地帶文明的核心，也就是漢摩拉比的巴比倫。這裡有肥沃的耕地，是各方征服者都必欲得之而後快的地方。但是高山上的土地易守難攻，而土地也要貧瘠得多。花更高的成本去獲得更貧瘠的土地，是大多數征服者所不大願意做的事情；而放著山下河邊低地肥沃的水田，跑到山頂上去耕那些貧瘠的梯田，也是多數人所不願意做的事情。這也就是為什麼廣西的平原上住著比較晚近遷入的移民，而山上則住著比較接近原住民的人口。台灣也是類似的情況，山下的西部平原有較多的移民人口，而高山上的居民則保留了較多的南島語系[10]的原住民。

山區的居民往往比較驍勇善戰、難以征服。因此山下的大帝國很容易發現，去征服這樣的土地是不划算的，讓他們保留自治或半自治的政治組織是比較划算的。與其招收山下農耕地帶的那些比較富裕而懦弱的居民當兵，不如招募山上比較驍勇善戰的山民當兵。這種現象也同樣出現在瑞士和義大利之間。在義大利戰爭期間，法國人和義大利各城邦都比較樂意招募瑞士的山民組成驍勇善戰的步兵團，這些人當然比富裕的佛羅倫斯市民更能打，更願意犧牲生命。庫德人的情況也就是這樣的，他們長期以來在自己推舉的酋長領導之下，過著「不知有漢，無論魏晉」的生活，對於周邊的各大帝國，有時候也會象徵性地表示稱臣納貢，送上一些土特產之類的貢品作為臣服的表示，但這種臣服實際上往往只是徒具形式的。

這種情況你可以在東亞歷代帝國的歷史上輕易地找到。例如，大唐皇帝或大宋皇帝收了湘西某某酋長的禮物，龍心大悅，然後開了御庫，回送絲綢或書籍等更加珍貴的禮物。因為你的進貢給皇帝長了面子，然後皇帝回過來就要賞賜給你更多的禮物，就像對待日本的遣唐使一樣。皇帝得到這些禮物以後，也會賜封官銜，讓這些酋長當上大唐或大宋的某某刺史。但是實際上，這些刺史的官銜只不過讓這些獨立酋長再加了一個虛銜，他們仍然按照傳統方式統治自己的屬民。酋長從大唐或大宋朝廷也拿不到什麼俸祿，大唐或大宋朝廷也不大可能去調動他或是從內地千里迢迢地派出大軍來征服他。於是，酋長得到皇帝的禮物，讓皇帝得到面子，僅此而已。或許當皇帝需要有人打仗的時候，例如倭寇來犯的時候，就會想到湘西或廣西的土司頭目比起江蘇或浙江的行省居民來說要能打得多，於是又會賞賜禮物給這些酋長並招募他們的士兵到沿海去打倭寇，或到遼東去打滿洲人，或到代州、大同一帶去打蒙古人。

同樣的故事，也發生在中世紀的中東歷史。庫德人經常向東方的敘利亞、西方的伊朗、南方的伊拉克等各路君主象徵性地稱臣，並接受他們的禮物。但那些君主並不真正想統治這些貧瘠的土地，只是想利用庫德人名義上的臣服給自己增加威望；同時從驍勇善戰的庫德人當中招募士兵，再派遣這些雇傭軍到更加肥沃的平原地帶去打仗。英雄薩拉丁的故事其實就是這樣產生的。薩拉丁作為一個庫德人是怎樣統治埃及和敘利亞的大片土地的？答案是，他是一支善戰的客軍首領，他在埃及和敘利亞發揮了廣西土司的狼兵[11]在大明帝國發揮的作用，發揮了秦良玉[12]率領的巴蜀土司部隊在明清戰爭當中發揮的作用。當埃及和敘利亞的穆斯林王朝面臨著來自歐洲十字軍的沉重壓力的時候，他們發現，英勇善戰的庫德人遠比軟弱的埃及農民更適合於組成軍團。於是這支軍團的首領薩拉丁也就順理成章地依靠軍隊的力量奪取了埃及和敘利亞的政權，建立了埃宥比王朝（Ayyūbid dynasty）[13]，並以其騎士精神贏得了歐洲十字軍將領如獅心王理查[14]的敬佩。

⑧ 阿契美尼德王朝（Achaemenid empire），又稱第一波斯帝國，由波斯人所建立，人類歷史上第一個橫跨歐亞非三洲的大帝國，開國君主為居魯士大帝（Cyrus the Great），存續時間為西元前五五〇至三三〇年，最後為亞歷山大大帝所滅。

⑨ 語出俄國語言學家魏因賴希（Max Weinreich,1894–1969）的說法：「語言是擁有陸軍和海軍的方言。」

⑩ 南島語系（Austronesian languages），包括約一千三百種語言，其主要分布範圍為南太平洋島嶼，包括台灣、海南島、越南南部、菲律賓、馬來群島，東達南太平洋東部的復活節島，西到東非洲外海的馬達加斯加島，南抵紐西蘭。台灣是南島語系內部分化的源頭，也是目前南島語系最北部的地區，居住在今天台灣新北市的泰雅族聚落，目前是全世界南島語系居住地中，地理最北端的聚落。

⑪ 狼兵指明王朝治下的廣西土司從本地部落中徵召的武裝力量。據時人記載：「粵西瓦氏、東蘭、那地、南丹、歸順諸州俱曰狼兵」（陳仁錫《皇明世法錄》，卷四十四〈兵志〉），「狼兵以東蘭、那地、南丹州者為佳，其人能以少擊眾，十出而九勝，謂之真狼……於今海內為尤悍，然不易得……必土官親行部署才出。」（謝傑《虔台倭纂》，卷十一〈經略〉）。

⑫ 秦良玉（1574–1648），明王朝四川省石砫土司，曾率家族武裝幫助大明先後與滿洲、永甯土司（奢崇明）、張獻忠軍等作戰，受封為二品誥命夫人，東亞歷史上著名的女將。

這樣的材料在近代的庫德民族發明家口中，就自然變成了庫德人自古以來如何英勇的證據。但是若我們要用嚴格的科學態度來考證的話，這時候的庫德人並不是一個政治民族。近代以前是沒有政治民族的，因為圍繞著印刷資本主義、圍繞著國民國家產生的民族主義，在當時還不存在。統治者是什麼呢？能夠提供武力保護的人就是統治者。埃及的穆斯林並不會在意薩拉丁到底是庫德人還是什麼其他人。事實上，如果是換成一個金髮碧眼的斯拉夫人來統治他們，埃及的穆斯林也是會欣然接受的。這些金髮碧眼的斯拉夫穆斯林是從哪裡來的呢？他們原先是烏克蘭的居民，被克里米亞韃靼人虜獲以後賣到了埃及，埃及統治者從他們中間選出一部

敘利亞的馬穆魯克貴族圖　圖為英國畫家佩奇（William Page）創作於19世紀初期的作品，描繪了當時敘利亞阿勒坡地區的馬穆魯克貴族。佩奇是當時著名的東方畫家，曾遊歷中東多處地方並以畫筆記錄當地的風土民情。在他筆下的馬穆魯克人有著鮮明的高加索人種的外表，穿著製作細膩的繡花外衣及獨特的頭巾。

分身強力壯又特別聰明的人，送他們上埃及的軍事學校。他們在這些學校中掌握了軍事技能以後，就變成了埃及的國家公僕——也就是馬穆魯克（Mamluk）軍團[15]。然後接下來的歷史是馬穆魯克軍團經常性地發動政變，反過來征服他們的主人。埃及的蘇丹長期以來就是由金髮碧眼的斯拉夫人統治的，但這些斯拉夫人在文化上是穆斯林，他們權力的基礎是埃及的軍事學校。所以，埃及穆斯林並不在乎統治他們的人從族群意義上是哪些人。只要他們能夠提供武力保護埃及順民，並從這些順民當中有效地徵收稅款，以維持政權的運作，就能理所當然地會成為埃及的統治者。

國民國家的邏輯是假定人民要自己統治自己，不能受其他人的統治，因此才產生了民族的概念。民族和民主的概念是不可分割的，因為民主要求你自己統治自己，民族也要求你自己統治自己；而民族自我解放的過程就是民主實現的過程，而民主實現的過程也就是民族塑造的過程。即使是最典型的民族國家，像波蘭這樣的民族國家，我們也要誠實地承認，在中世紀時期沒有一個純粹的波蘭民族。波蘭的城市人口有很多是猶太人。在大波蘭和小波蘭，或克拉科夫和華沙之間，存在著巨大的族群差異，這些差異無論如何也大於今天的德國人和丹麥人的差異。波蘭作為一個近代民族的自我意識，是在俄國、奧地利和普魯士三國瓜分波蘭以後，由波蘭民族發明家透過語言塑造和政治手段一步步塑造而成的。今天的波蘭民族內部包含了以前的大波蘭族群與小波蘭族群，還有克拉科夫族群和利沃夫族群，這些族群彼此之間雖然存在許多差異，但是他們在抵抗三國瓜分波蘭的過程中，通過發明「波蘭民族」的認同而凝聚在一起。

中古時代的庫德人群也像中古時代的波蘭各族群一樣，如果說他們有什麼政治上的共同體的話，規模也會比現代的民族要小得多，可能就是一個較小的部落或宗族，相當於近代蘇格蘭高地部落。這個宗族的酋長或部族的族長會從奧斯曼帝國或從波斯帝國得到一個公國或封建領主的封號，形式上算是這些大帝國的臣民。作為政治民族的庫德人是不存在的，只存在一些可以供後來的民族發明家利用、發明成為庫德民族的原材料。這些原材料的邊界並不是很明確的。例如，假如有一部分庫德人皈依了東方基督教，他們就很可能會被發明成為奧斯曼帝國的亞美尼亞人，在十九世紀的民族發明的過程中間很可能會產生亞美尼亞人的自我認同，非但不會跟庫德人站在一起，還會跟庫德人打仗。波蘭也是這樣，中世紀波蘭王國的居民，例如小波蘭的居民或立陶宛的波蘭人，很可能因為他們在宗教改革的時候皈依了路德派新教，結果在後來就被其他的天主教波蘭人認為是普魯士人，把自己發明成為德國人，儘管他們在血統上講跟那些天主教的鄰居其實是沒有什麼區別的。中古時期的族群是小單位，也就是幾百人的部落或是大家族，這樣的家族很容易由於酋長或是因為某種原因皈依了某種宗教，或是效忠了另外一個政治勢力，而在後來的民族發明過程中站到另一邊去了。

民族發明本質上是一種政治構建。為什麼波蘭人會發明波蘭民族呢？就是因為在古老的、封建的、只有族群而沒有民族的波蘭立陶宛聯邦被俄國、奧地利和普魯士三大國瓜分以後，當地的上層人物——貴族、地主和知識分子開始反思自己的命運。對於農民來說，波蘭無論在誰的統治之下，他們都沒有統治的權力；過去的波蘭貴族不會讓他們統治，而俄羅斯、普魯士或奧地利也不會讓他們統治。但是瓜分波蘭對於貴族來說是一個極大的刺激：首先，他們不再是當家作主的統治者；其次，在不同的帝國當中，他們有不同的命運。奧地利帝國給了他們充分的自治權，使他們在奧地利帝國當中仍然享有相近於舊波蘭王國中的地位；但是在普魯士王國當中他們就感到，居於少數而且經濟地位較為落後的天主教波蘭人，在經濟地位較強的新教普魯士人面前屈於弱勢地位，這種弱勢地位給他們造成了巨大的屈辱感，使他們重新思考自己的命運。

在俄羅斯境內的波蘭人就會想到，儘管我們的經濟地位、文化水準各方面都比東正教的烏克蘭人和俄羅斯人要強得多，但是我們居然淪為帝國的邊緣族群，沙皇居然會把我們看作是潛在的造反者，而把別人看成是更加忠實可靠的臣民。我們如果要向沙皇證明自己的忠誠，那麼對於我們來說的話就等於是向下等人看齊，這是非常恥辱的。如果我們堅持自己階級的優越性、文化的優越性、經濟的優越性和各方面的優越性，那麼就會增加沙皇對我們的不信任，使我們在帝國內部處於更加不利的地位。無論如何我們都感到我們是吃虧的一方。因此我們不可避免要想到，如果古老的波蘭王國仍然存在，如果波蘭王國像法蘭西王國或英格蘭王國一樣存在，我們的日子將會多麼美好。

淪為邊緣族群的痛苦構成了波蘭民族發明的主要動機。他們開始想到，如果波蘭沒有滅亡，而是一個獨立民族，我們是不是會有更好的命運？於是開始有一些民族發明家去尋找外援，比如希望依靠強大的法蘭西的援助，使波蘭王國得以復興，成為一個獨立的國家並且能夠與普魯士和俄羅斯平起平坐。雖然最終他們失敗了，但他們的失敗卻構成了波蘭民族神話的根據。在政治上失敗的精英，在文化上獲得了勝利並形成新的歷史記憶，把波蘭的屈辱感灌輸到講波蘭語的居民當中去，讓俄羅斯帝國和德意志帝國的波蘭語居民都像他們的上層階級和精英階級一樣想到，假如波蘭沒有滅亡，假如波蘭能夠復國，我們的日子該多麼好。然後寬容的奧地利帝國給這些波蘭民族發明家提供了很好的政治活動基地，最終促使他們在波蘭正式復國以前就組織了一支波蘭人軍隊，那就是畢蘇斯基的波蘭軍團[16]。然後他們利用德國和奧地利崩潰的機會，利用法國人對波蘭的傳統友誼，終於實現了波蘭復國的理想。

但是即使是在這個時期，畢蘇斯基所率領的奧地利的波蘭軍團與普魯士的波蘭人、華沙的波蘭人、俄羅斯帝國的波蘭人仍然存在著大量的政治分歧。這就是為什麼畢蘇斯基後來又發動軍事政變（一九二六年）[17]的原因，也是波蘭第二共和國為什麼始終不斷發生政治危機的原因。克拉科夫的波蘭知識分子和波蘭精英階級，與華沙的波蘭精英階級在性格上非常不同，很難把他們說成是同一個民族。他們之間發生的衝突，很有點像是國民黨內廣東籍國民黨人和江浙籍國民黨人的衝突一樣。我們都知道，汪精衛和粵軍總是不斷地發動叛亂，不高興接受蔣介石和江浙籍國民黨人的統治。在國民黨統治的那段短暫時間內，國民政府不斷地分裂，隔不了幾年就有一撥中央委員和一些重要將領以廣東為基地建立獨立政權，跟南京或上海的國民政府對抗。這就是吳越籍國民黨人和南粵籍國民黨人根深蒂固的矛盾。這個矛盾在文化上體現為吳語和粵語之間的衝突。在國民黨的中央委員會當中，經常是需要有人翻譯才能溝通的，因為如果沒有人把會議上討論的

⑬ 埃宥比王朝（Ayyūbid dynasty, 1171–1260），以埃及為中心的庫德人王朝，由法蒂瑪哈里發國（Fatimid Caliphate）宰相薩拉丁於一一七一年建立，興盛時控制範圍包括埃及、敘利亞、阿拉伯半島與美索不達米亞等地，最終在一三四一年為蒙古人所滅。

⑭ 理查一世（Richard I, 1157–1199），中世紀的英格蘭國王，因勇猛善戰而有「獅心王」（the Lionheart）稱號，其最著名的事蹟是率領英軍參加一一八九年的第三次十字軍運動，與率領阿拉伯聯軍的薩拉丁多次交鋒，是中世紀騎士文化的代表人物。

⑮ 馬穆魯克（Mamluk）原意為「奴隸」。自九世紀開始，中東的穆斯林統治者經常從克里米亞、高加索和內亞部落中購買奴隸並訓練為只效忠於主人的軍隊，最終發展成具有高度權力的社會階層。十三世紀後埃宥比王朝逐漸衰落，馬穆魯克勢力在埃及開始擴大，最終建立了馬穆魯克蘇丹國（1250–1517）。

⑯ 約瑟夫·畢蘇斯基（波蘭語：Józef Piłsudski, 1867–1935），波蘭政治家和軍人，致力於波蘭復國運動，一八九〇年代加入波蘭社會黨並從事政治活動，在此過程他意識到組織軍隊的重要性，因此他於一九〇六年在克拉科夫成立軍校訓練武裝部隊，發展至一九一四年已有一萬二千人，並於一次大戰爆發後正式成立「波蘭軍團」，並向俄國宣戰以謀求波蘭復國。

內容翻譯成為廣東話或吳越方言的話，就會有相當多的代表聽不懂發言。像陳公博[18]這樣的重要政治家，他首先在國民黨的代表大會上能夠出人頭地，就是作為粵語翻譯進入歷史的。如果按照歐洲標準來看的話，完全可以說國民黨其實是一個虛假的政治共同體，吳越人和南粵人其實是兩個不同的民族。

其實克拉科夫人和華沙人彼此之間的族群差異很大，他們之所以能夠被發明成為同一個波蘭民族，並不是因為內部的衝突不大，而是因為：第一，他們在政治上儘管不是完全情願的，但都是在文化上比較先進、同時早在獨立以前就已經取得了相當的政治地位，因此政治組織的組織性比較高、軍官團比較完善的奧地利波蘭人的統一之下形成的。畢蘇斯基政變後的波蘭第二共和國，從權力結構的角度來講，實際上是奧地利波蘭人對俄羅斯波蘭人和普魯士波蘭人的專政。第二，儘管三個帝國統治的不同波蘭族群有文化意義上和行為模式上的重大差距，但是他們在面臨著希特勒和史達林兩翼夾攻的威脅的情況下，畢竟是共同利益大於分歧。特別是德國人和俄國人都把所有的波蘭人看作危險的族群，不屑於或是不願意也不想要區分波蘭人內部始終存在的細微區別——其實今天還存在的西部那個工業化波蘭和東部那個農村波蘭的重大區別，而把所有的波蘭人都當作敵人，一視同仁地並殘酷地迫害他們。這種反向的迫害促使本來有一定族群差異的波蘭人更願意忘掉這些差異，同仇敵愾地推動波蘭民族的獨立。他們既然自己都願意把自己發明成波蘭人了，那麼外部世界，特別是法國人和美國人，在同情波蘭民族抵抗德國人和俄國人殘酷迫害的過程中，也認可他們是同一個民族。就像今天關於庫德人的報導，當時的波蘭人也經常被報導在德國人面前或在俄國人面前遭遇各種艱困的處境，使全世界都留下了「波蘭是一個統一民族」的印象。這樣，波蘭民族的發明才算是功德圓滿。

庫德人的情況也是這樣的。中世紀的庫德人有很多種不同的方言，有很多宗族性質和封建性質的差別，並且從來沒有在同一個政治共同體之下統一過，彼此之間經常發生矛盾而且經常借助外力相互殘殺。例如，我的族長如果被另一個族長打敗了，而那個族長是受波斯帝國保護的，那

⑰ 波蘭五月政變（May Coup, 1926）於一九一八年成立的波蘭第二共和國，由於長期體現為意識形態對立的族群衝突，導致政府及議會無法建立有效且穩定的統治。一九二六年五月十一日，波蘭元帥畢蘇斯基在首都華沙發動兵變，逼迫總統斯坦尼斯瓦夫．謝普蒂茨基（Stanisław Wojciechowski）辭職。此後，伊格納奇．莫希奇茨基（Ignacy Mościcki）在畢蘇斯基推薦下獲選為總統，進而開啟了波蘭的「薩納查」（Sanacja，意為清潔）體制時代。

⑱ 陳公博（1892–1946），祖籍福建，生於廣東南海縣（今廣州市），一九二〇年代曾參與中國共產主義運動，之後赴美留學，一九二五年畢業回到廣東後加入國民黨，一九二六年再國民黨第二次全國代表大會上當選中央執行委員，進入國民黨領導核心，一九二七年寧漢分裂後支持汪精衛，在中日戰爭時期擔任南京國民政府的立法院長，戰後被以通敵罪處決。

麼我現成的手段就是投靠奧斯曼帝國，希望借助奧斯曼帝國的力量打敗波斯帝國，替我報這個仇。如果奧斯曼帝國沒能打敗波斯帝國，害得我回不了老家，那麼我最現成的途徑就是帶著自己的族人到奧斯曼帝國的軍團中去當兵，希望成為奧斯曼帝國軍隊的重要將領，到君士坦丁堡（今土耳其伊斯坦堡）去飛黃騰達。走這條路的庫德人當然是非常之多的，奧斯曼帝國最有戰鬥力的軍團就是庫德人的軍團。這支軍團其實並不介意跟波斯帝國麾下的庫德人作戰，或是跟同樣文化上屬於庫德人其他支系、但在政治上和在封建意義上跟自己是血仇的那些庫德人部隊作戰的。

這種現象在世界史上也經常發生，例如

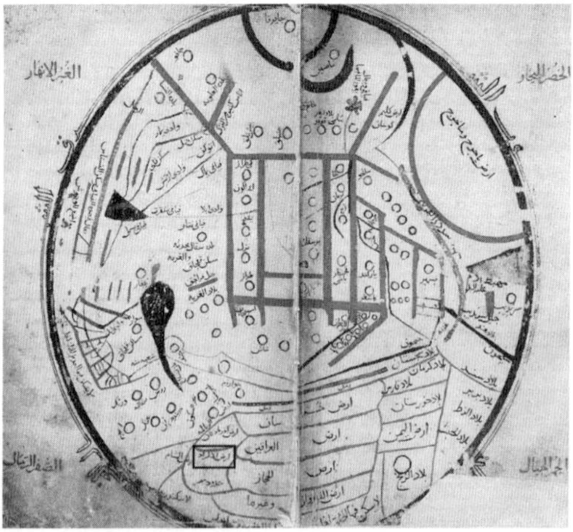

《突厥語大辭典》中的庫德斯坦地圖　圖為中世紀的阿拉伯文獻《突厥語大辭典》（阿拉伯語：*Dīwān Luğāt al-Turk*，英譯：*Compendium of the languages of the Turks*）中的世界地圖；該圖方位為上東下西，正中間為歐亞大陸的內亞地區，上方為東亞，下方為西亞。此圖標示了當時世界各國，包括「庫德人的土地」（上圖的方框內）。

蘇格蘭民族的發明成功其實是在宗教改革和光榮革命以後的事情。中世紀的蘇格蘭高地各部族也像中世紀庫德人一樣，經常基於部族認同而互相作戰。此外有些部族支持英格蘭國王而反對法蘭西，有些部族則支持法蘭西國王而反對英格蘭。各部族不會因為在文化上都是蘇格蘭人就團結起來，一致對外地對抗英格蘭人和法蘭西人。這些現象都說明，中世紀的所有族群，無論你是蘇格蘭地區的各族群，波蘭立陶宛聯邦的各族群，還是庫德山區的各族群，儘管它在文化上有千絲萬縷的聯繫，但是我們只能說，雖然它具有發明民族的條件，而且也有發明民族的可能性，但是能不能變成現實，不是看它近代以前語言、文化或是自古以來的神話上是不是存在（這樣的族群數目就太多了，任何地方都有無窮無盡的族群），而是說，能夠發明成功或不成功的關鍵，就是要看國民共同體的現實博弈結果。

近代化社會的產生要素，就是要求人民自己統治自己。在近代化以前，中世紀的埃及人不介意被馬穆魯克人統治、波蘭人被薩克森王朝統治也是無關緊要的；不論是被法蘭西或英格蘭的親王統治，對蘇格蘭的臣民來說都沒有關係，你只要建立封建意義上的私人關係就足夠了。至於純粹的順民就更不關心統治者是誰了。但是近代化的浪潮在法國大革命以後首先席捲了整個歐洲，接著又席捲了歐洲以外的其他地區，它要求人民自己統治自己，漸漸地形成了新的政治正確。這個政治正確就是，統治者如果得不到被統治者的認可，那麼他的統治就是非法的。認可這件事情，在封建時代只要消極的認可就行了，默認就行了，但是在法蘭西共和國建立以後就要變成積極的認可。統治者如果得不到人民的認可，首先就會在英法美這些比較先進的國家的輿論當中處於極為不利的地位。

這種情況其實已經暗示了近代的人權外交，比如吉米・卡特（Jimmy Carter）與希拉蕊・柯林頓（Hillary Clinton）這些美國人經常呼籲的、但被中國和俄羅斯等專制大國堅決反對的人權外交。因為這些先進國家在全世界首先實現了近代化、實現了市民社會與近代國家構建以後，自豪地發現，我們的政府必須傾聽人民的呼聲。沒有任何一個英國政府、法國政府或美國政府可以肆無忌憚地說：「我不在乎人民是什麼意見！」而能夠長期執政的。但是普魯士軍國主義的統治者，奧地利天主教絕對主義專制統治者，沙皇俄國的統治者，奧斯曼帝國的統治者，大清帝國的統治者，蒙兀兒帝國的統治者，他們是可以這麼做的。人民怎麼想，這些皇帝和國王都可以視而不見。於是，他們就感到了先進的近代化國家跟這些落後的專制國家之間的巨大差別，他們在輿論報導中自然而然地會用不友好的措辭去談論奧地利皇帝或普魯士國王，特別是在這些國家面臨族群衝突的時候。

例如，儘管從外交上講，奧地利帝國是英國的盟友，奧地利的皇室也是維多利亞女王的親戚，但是在奧地利軍隊鎮壓了匈牙利起義（一八四九年）[19]以後，奧地利的外交官和達官貴人在英國就會受到英國人民極不友好的待遇。他們向維多利亞女王抱怨也是沒有用的，因為主管政權的不是女王而是國會，而選舉國會的是英格蘭的選民。只要英格蘭的選民鄙視哈布斯堡帝國統治人民的方式，並且同情哈布斯堡帝國鎮壓的義大利人或匈牙利人，那麼巴麥尊勳爵[20]主持的政府為了保證自己在選舉中勝利，就更願意討好人民，用人權外交的方式干涉中歐內政，使中歐各君主國感到極度憤怒。

統治方式的改變首先出現於英法美這些先進國家，但是不可避免地也在東歐按照傳統方式統治的國家之間引起了進一步的政治反應。像匈牙利、波蘭這些國家在普魯士或奧地利處於弱勢地位的政治集團就很自然地想到，他們可以利用英國或法國的輿論來為自己服務。通過影響英國和法國的輿論，影響英國和法國的國會，通過英法兩國的國會來影響英法兩國的政治家，使英法兩國的政治家同情東歐各國的民主進程和民族發明（這兩者本來就是分不開的）。英法的輿論使英法的政治家認為，世界上其他地方不按照被統治者的意見而實行的統治多多少少都有點不道德不合法。然而徵求被統治者意見的結果，就從反面推動了民族發明。

被統治者原先如果是使用不同語言的，那麼在他進一步參加政治的過程中，就不會像是在民族發明以前就已經建國的這些先進國家那樣大體上是順利的，就會產生更加混亂的現象。在英國和法國這樣的先進國家裡面，選舉權逐步擴大到全民是一個漸進的過程，大體上是一個民主權利不斷擴大的過程，但是不太涉及或是很少涉及民族和民族之間的矛盾。大家在民主權利不斷擴大的過程中，原先是只有貴族和資產階級有權利參加選舉，最後變成所有的男性公民都能參加選舉，無產階級也能參加選舉，最後又變成包括婦女在內的所有人都能參加選舉，整個過程也就是民族認同不斷擴大的過程。大家在這個過程中間漸漸地把自己想像成為英格蘭國民或法蘭西國民，通過民主的擴大，維護和完善了民族認同。

但是這個過程發生在比較專制的東方國家就會很混亂了。原先使用各種不同方言的較下層和弱勢階級已經產生了不同於統治階級的精英階級，例如波蘭貴族是既不同於普魯士貴族又不同於俄羅斯貴族的力量。然後，在較下層階級通過選舉權的擴大日益增加政治參與的過程當中，就不是產生了一個完整的大德意志民族或大俄羅斯民族，而是產生了許多小民族。這些小民族有自己的精英階級，他們在原先的統治集團中間沒有地位。像俾斯麥就會發現，天主教中央黨[21]所代表的那些南德選民、丹麥人黨（Danish Party）所代表的那些講丹麥語的選民、以及波蘭人黨（Polish Party）所代表的那些講波蘭語的選民，跟英國和法國的單純的反對黨是不一樣的，它們代表的並不是改變政策的力量，而是要分裂國家的力量。

因此，在族群複雜的東歐專制國家，民主的深化促進了民族的發明，民族的發明又促進了新民族國家的誕生。只有在新的民族國家締造以後，民主的原則才能通過威爾遜主義外交的方式自我實現。否則，只要一個國家共同體內有許多不同語言的居民，而這些居民又都能產生自己的精英階級，民主進程就會導致多種不同的民族發明。只有在民族的邊界跟國家的邊界完全一致以後，民主和民族這兩重要求才能夠同時得到滿足。但是這個過程往往是充滿曲折和血腥的，波蘭人必須排除本國的烏克蘭人和猶太人，德國人和俄國人又要排除本國的波蘭人。邊界必須不斷地重新劃定，也因此產生各種族群衝突。

庫德人在中東的地位也是這樣的。在他們仍然在奧斯曼帝國統治下的少數族群情況下，在統治者並不需要爭取被統治者的同意就能實行統治的年代，庫德民族存在與否是無關緊要的。但是隨著奧斯曼帝國的西方化，奧帝國內部的民族構建出現了嚴重問題：奧斯曼帝國是應該發明一個像中華民族、大俄羅斯民族那樣的大奧斯曼民族呢，還是發明文化上是使用突厥語的泛突厥民族呢，還是發明一個小土耳其的民族呢，這引起了巨大的爭論。像庫德人這樣在語言上跟土耳其人不同的族群是否應該發明成為「大土耳其民族」的一部分，就變成了非常嚴重的政治問題。在以前，庫德人的各個酋長只需要像廣西的土司頭目一樣象徵性地服從奧斯曼的蘇丹就行了，但是在土耳其轉型為近代國家的過程中間，新式的開明統治者反而會要求他們完全同化為土耳其人。也就是說，以前的奧斯曼蘇丹儘管是落後的專制君主，他們可以只要求庫德酋長的效忠，庫德人出兵給他們打仗，那就足夠了。庫德人講什麼語言、按照什麼生活方式過日子，這對蘇丹來說是件無關緊要的事情。但是以青年土耳其黨（Young Turks）[22]為代表的土耳其近代化當局就覺得，這樣做下去，庫德和土耳其早晚會分裂。他們就要求，庫德人也好，阿拉伯人和希臘人也好，都要同化為土耳其人，都要接受土耳其內地的統治方式，都要學土耳其語，才能夠完成大奧斯曼民族的構建。

這樣的構建當然會引起本地的反彈。本來很多庫德酋長和普通的庫德人是談不上有什麼民族意識的，遠方的蘇丹對他們的統治是天高皇帝遠的，他們只認識他們身邊的酋長，酋長和屬民之間的關係很少受奧斯曼蘇丹的干涉；但是現在，新來的土耳其進步委員會（Committee of Union and Progress）[23]的官員告訴他們：你們必須廢掉你們原來的習慣法和語言，到土耳其人主辦的新式學校去學習土耳其語；這就要嚴重地改變他們原有的生活方式，自然而然會激起新的反抗。他們覺得，為什麼我們要遭到這樣不公正的待遇呢？仔細一想，原來我們跟土耳其人是不同的。然後他們就會問，為什麼我們都要學土耳其語，為什麼我們就不能學庫德語？我們的庫德語到底哪一點比土耳其語更差勁？是因為我們的語言不夠古老嗎？顯然不是，我們的語言不是比他們的語言更加古老嗎？答案很簡單，因為土耳其人有自己的蘇丹，青年土耳其黨在歐洲國際政治上有重大的地位；但是我們庫德人呢，不受歐洲國家的外交承認，我們庫德人最高級的官員頂多是在土耳其和波斯做到將軍、總督這一級，我們沒有自己的國家。於是，土耳其的近代化本身就從反向刺激了庫德人的民族發明。

越是現代化的土耳其人，反而越是不能容忍庫德人的民族發明；反而是仍停留在中世紀、落後的土耳其統治者，比較願意與庫德人保持原先的封建關係，讓他們自治。這種現象其實也是不難理解的，大明和大清帝國都是很樂意容許四川或湖南的土司按照原有的方式統治自己的，只要象徵性的臣服即可；然而晚清的近代化改革者，例如袁世凱、趙爾豐這種人，就要積極地推動改土歸流，並且在這些地區推行漢語學校，極力消滅當地原有的文化特徵，以創立一個新的大中華民族。同樣的事情也就發生在土耳其帝國改革時期。這樣的改革，結果往往是事與願違，本來是為了建立一個大奧斯曼民族或大土耳其民族，結果卻反向刺激了原先具有模模糊糊有些族群意識

⑲ 匈牙利起義源於一八四八年登基的新任奧地利皇帝法蘭茨．約瑟夫，取消前任皇帝賦予匈牙利高度自治權的「四月法案」（April Laws），此舉引爆匈牙利人的民族情感，進而召開國民會議宣布獨立並組織立憲政府，但於隔年被奧地利及俄羅斯聯軍鎮壓，匈牙利重新併入奧地利。

⑳ 巴麥尊勳爵（Henry John Temple Palmerston, 1784–1865），英國輝格黨政治家，十九世紀中期英國外交政策的主導者，兩度出任首相（1855–1858，1859–1865），以善於利用媒體和公眾輿論而著稱。

㉑ 天主教中央黨（the German Centre Party），德國在一戰至二戰間的中間偏右政黨。

㉒ 青年土耳其黨人（Young Turks），奧斯曼帝國於二十世紀初期的立憲運動人士，他們的基本主張為推翻蘇丹的專制統治，實行君主立憲並推行奧斯曼主義，於一九〇八年發動革命推翻蘇丹阿卜杜勒．哈米德二世（Abdul Hamid II）後，組成「聯合進步委員會」推動議會政治及經濟、軍事改革。

的各種居民，產生自己的民族意識，並使他們發現，要想獲得跟土耳其人平起平坐的地位，只有把原先的文化族群發明成為政治民族，才能使自己跟土耳其人平起平坐[24]。這也就是波蘭人在德國人和俄國人面前的命運。

民族發明具有鏈式反應的特點。什麼叫鏈式反應呢？如果某種物質有放射性，那麼它放射出來的中子打到別的沒有放射性的粒子上，會改變這些粒子的結構，把它也變成放射性元素。也就是說，原先的放射性元素只有這樣一小塊，例如只有這一支筆，但是這一支筆照射了這一個杯子以後，就會把這個原先沒有放射性的杯子也變成有放射性的，然後這個杯子又會產生出放射性來輻射這個桌子，然後桌子產生出放射性以後又會自己產生出新的射線，去輻射周圍的東西。開始的時候也許只有這一支筆是有放射性的，但是輻射了杯子、杯子又輻射了桌子以後，有放射性的地方就越來越多。一路放射下去，就會把所有的射線能夠接觸到的地方都變成有放射性的。

民族發明其實也是這樣的。最初只有典型的法蘭西，通過法蘭西國民國家代替法蘭西君主國，建立了近代化的民族國家；但是法蘭西的輻射作用於中歐，就使講德語的居民感到有必要發明德語民族；而德語民族發明家的結果是附帶地產生了波希米亞人、愛沙尼亞人和拉脫維亞人這樣的次級民族發明；然後泛日爾曼、大德意志與愛沙尼亞和波希米亞這樣的小民族主義發明模式的爭議，又像次級輻射一樣，刺激產生了大俄羅斯和大奧斯曼這樣的次級發明，首先在德國產生了三種不同的民族發明模式，也就是像大德意志民族主義這樣的帝國超民族主義、像泛日爾曼這樣的文化泛民族主義以及像丹麥、波希米亞或拉脫維亞這種小民族主義，這三種發明模式在大俄羅斯帝國、大奧斯曼帝國和大清帝國境內產生了民族發明的競爭。

無論首先啟動民族發明進程的是誰，第一波民族發明家不可避免地會刺激它周邊的其他地方，在民族發明比較落後的情況下爭先恐後地發明自己的民族，因為誰發明晚一步，誰就會吃虧。像土耳其這種情況，既然青年土耳其黨急於發明大奧斯曼民族，那麼它就會在周邊的其他族群引起嚴重的死亡恐懼。亞美尼亞人在十九世紀以前被西方的觀察家認為是奧斯曼帝國內部忠

㉓ 土耳其進步委員會（Committee of Union and Progress），最初由伊斯坦堡醫學院的學生：易卜拉欣．特莫（Ibrahim Temo, 1865–1939）、穆罕默德．雷希德（Mehmed Reshid, 1873–1919）等人於一八八九年在伊斯坦堡成立的秘密結社，一九〇六年合併青年土耳其黨並轉化為政黨，引領了奧斯曼帝國的早期自由改革運動，目標為恢復奧斯曼帝國的大國地位。該黨於一九〇八年青年土耳其革命後獲得權力，進而在一九一二年的「奧斯曼國會選舉」和一九一三年「突襲高門政變」鞏固權力後，建立了「以黨領政」體制，成為奧斯曼帝國的統治政黨。

㉔ 奧斯曼帝國在早期給予庫德地區各公國以自治地位，但於一八二三年與波斯簽訂的《埃爾祖魯姆條約》（*Treaty of Erzurum*）後即開始收回自治權；當奧斯曼帝國於十九世紀中期開始推行西化新政後，此一趨勢更加明顯。一八八〇年左右，謝姆丁利（Semdinli）地方的庫德酋長謝赫．烏貝杜拉（Sheikh Ubeydullah, ?–1883）首先提出：「包含五十萬個家庭的庫德民族是獨立的民族，他們的宗教不同，法律和風俗也不同……我們也是一個不同的民族，要自己處理自己的事務，懲罰侵犯我們的人，由此變得強大而獨立，和其他民族享有同樣的權利……這就是我們的目標……如果不能實現的話，整個庫德斯坦已不能忍受波斯和奧斯曼政府持續不斷的惡行和壓迫，勢必自主決定採取行動。」烏貝杜拉試圖以武力在奧斯曼和波斯邊境建立庫德國家，但遭到兩國鎮壓，他被視為庫德民族主義的第一位領導人。

誠度最高的族群，但是他們卻在十九世紀時發現，如果我們不趕緊發明出「亞美尼亞民族」，那麼我們自己的語言和文化傳統，無論是在奧斯曼主義或泛突厥主義的民族發明過程當中，都會被消滅，完全喪失自己的個性。因此，他們必須展開次級的民族發明，也就是亞美尼亞的民族發明。

庫德人的民族發明也是在這個時期展開的。它跟波蘭人和烏克蘭人的民族發明很相似，首先是手上沒有政治權力或武力，但是懷有政治野心的庫德知識分子，主要是詩人和文學家發明出來的。他們首先用庫德語創作自己的作品，然後在土耳其人和波斯人的壓力之下，發現他們賴以生存的庫德語正逐漸被壓縮成為一種地方方言，在幾代人之後

庫德貴族武士圖　圖為19世紀義大利文獻中描繪的庫德貴族武士，腰間佩戴著象徵貴族榮譽的短劍。庫德斯坦位於今天土耳其、伊朗、伊拉克、敘利亞交會之地，從中世紀以來分屬於各大酋長國如巴班（Baban）、巴赫迪南（Bahdinan）、索蘭（Soran）；它們雖然臣服於歷史上各大帝國，但一直維持著高度自治並維持強悍好戰的傳統文化，在歷史上為各大帝國提供軍事服務及雇傭軍。

就有完全消滅的危險[25]。於是感到危機意識的庫德知識分子企圖保存庫德語的行為，在被青年土耳其黨當局看作是企圖分裂祖國的危險勢力並遭到打壓以後，他們就開始悲歎，庫德人的悲慘命運歸根結底是政治上造成的；假如庫德人像希臘人那樣建立了自己的民族國家，庫德語就不會落到這種下場了，庫德人就不會處處受人歧視，搞到連自己的語言和社區文化傳統都維持不住的地步了。這樣的訴求最終構成了庫德民族發明的種子。

這是在十九世紀末（同一時期也是烏克蘭民族發明家，也就是那些講烏克蘭語的詩人，看到大俄羅斯化正在把烏克蘭過去的古老語言壓縮成為一種方言，即將把烏克蘭人徹底變成小俄羅斯人，變成烏克蘭行省，變成跟莫斯科人毫無區別的行省居民的時候）發出的悲歎。他們在發出這些悲歎的當時，是無法預測到在未來他們還真能建成一個政治民族的。他們當中有很多人就認為，他們也許就是最後一代或是最後幾代使用庫德語、還能夠保持庫德文化傳統的人了，他們的子孫後代也許就會被同化成為土耳其人或波斯人了。但是後來的歷史發展超出了他們的預想，土耳其人在第一次世界大戰中的失敗給庫德人的民族發明帶來了機會。

威爾遜總統提出民族自決原則，主要是出於國內政治的需求。因為流亡在美國的波蘭人社區在美國有了相當大的政治勢力，使美國的多數選民多多少少都有點同情慘遭俄羅斯帝國迫害的波蘭居民，因此威爾遜總統為了爭取國內選民，在他的外交綱領上提出了民族自決，使中歐和東歐的各大帝國、更不要說是西亞和東亞的各大帝國一直反對的民族自決觀念變成了《凡爾賽條約》的主流觀念。英法的政治家出於對美國的依賴，也接受了這種觀念。這就是說，世界上最強大的幾個國家承認了民族自決原則，因此比較落後和專制的國家，無論你願意不願意，都必須跟著走。哪怕你們像今天的普丁和習近平一樣討厭這些觀念，你也沒有辦法。出於外交的需要，你實在是得罪不起美國人、英國人和法國人。這樣一來，波蘭就復國了。

而波蘭復國的原則也同樣適用於戰後安排的其他國家，例如奧斯曼土耳其帝國。因此，交戰各方就邀請威爾遜總統仲裁土耳其的戰後安排，結果就是土耳其帝國的各族群都有權利選擇自己的命運——這不是說他們一定要獨立，而是說他們有權選擇自己的命運：不論是願意加入土耳其、俄羅斯或其他國家，或是獨立建國，都可以通過公民投票來選擇自己的命運。庫德人和亞美尼亞人都得到了這樣的機會。從美國政治家的角度來講，這就是把美國的自由民主原則推廣到全世界。美國人一直覺得自己道德高尚，美國的自由民主更是全世界最先進的政治制度：自己統治自己當然比接受他人統治要好得多，被人統治在政治上是一種奴役的表現，會極大地挫傷人民的主動和創造精神。最好的政治制度當然是自己統治自己，大家都像美國人一樣自由民主，這是最好的。

但是美國人對美國以外的世界政治的複雜性，通常是缺乏認識的。在族群結構複雜、各種不同的民族發明的理想相互衝突的情況下，應該怎麼樣解決呢？這就不是威爾遜主義說的「你們自己選擇」那麼簡單了。獨立自主或說自己選擇，用在個人身上很簡單；我願意選擇做波蘭人，願意把我的兒子教育成為波蘭人，而不願意讓他學德語，讓他變成普魯士人，這好像是件很簡單的事情。但是如果在我的群體裡面有一部分人像我這樣，願意信仰天主教，願意把兒子教育成波蘭人，而另外還有一批人願意信奉路德教，願意把兒子教育成普魯士人，我們都居住在同一個社區裡，那應該怎麼辦呢？威爾遜總統當然是盡其所能地設想最好的方式，也就是公民投票；你們的社區投票，如果投票贊成加入波蘭，你們就做波蘭人，投票贊成加入德國，你們就做德國人好了。於是由國際社會——英國人、法國人和各中立國派出觀察員，就像一九九九年，聯合國處理東帝汶問題，由聯合國派遣觀察員，監督東帝汶的公民投票[26]。東帝汶人民決定建立東帝汶獨立國家，那你們獨立好了；東帝汶人民投票表決願意加入印尼，你們就做印尼人好了。

但是這樣做就有一個麻煩：充當觀察員的這些國家當然從這次公民投票中得不到任何好處，所以他們是愛理不理的，但是印尼的政府——例如軍政府和東帝汶的天主教勢力都有極大的利益動機，一方面很想讓東帝汶留在印尼，另一方面很想讓東帝汶獨立；而在公投後，他們要解決這個依然存在的分歧，最後就只能依靠一種簡單的方法——也就是種族屠殺了[27]。如果我想讓某個社區投票加入印尼，就有兩種方法：一種是美國設想的那種方法，大家公公平平地搞競選，憑自己的自由意志發言，願意加入印尼的人多就加入印尼，願意加入東帝汶的人多就加入東帝汶；但是還有另外一種美國人看不順眼、但是當地的政治家和軍閥經常認為可行的做法，就是暴力；我用槍指著你，你非得投票支持加入印尼不可，如果你的投票不符合我的意思，我有另外一種辦法得出我想要的結果，那就是把你給槍斃，或溫和一點，把你們全家趕出去。只要把所有想要加入東帝汶的人都殺掉或趕出去，於是這個地區不是自然就加入印尼了嗎？

波蘭民族的構建，東歐各民族的構建，西亞各民族的構建，可以廣義上說，除了美國和西歐以外的全世界大多數地方的民族構建，都經歷過流血衝突。這樣的故事，現代人比較熟悉的就是南斯拉夫內戰中，發生在波士尼亞的種族清洗；但是種族清洗不僅發生在波士尼亞，而且也時常發生於全世界大多數地方的民族構建過程中，例如《色佛爾條約》（*Treaty of Sèvres*）[28]後的土耳其。土耳其原先充滿了各式族群混雜的社區，這些族群可以通過教育和政治選擇，把自己發明成為凱末爾所希望的那種新的小土耳其民族，也可以把自己發明成為希臘人、亞美尼亞人和庫德人。這種複雜狀態的最快解決辦法，就是通過種族清洗。

我們要注意，波蘭和捷克邊境的歸屬最後是按照威爾遜總統建議的那種方法，相當勞民傷財，由國際監察員監督投票來劃定邊境，這樣當然是比較文明，沒有發生種族屠殺和種族清洗，但是成本是很高的。英國人、法國人、瑞典人和其他中立國願意監督一下波蘭和捷克就可以了，他們願意去監督一下烏克蘭和土耳其嗎？答案是，他們就不願意惹這個麻煩了。美國人自己也不願意惹這個麻煩，美國人只提供抽象原則，但是當國聯本身都搞不定的情況下，美國人又不願意千里迢迢地去管亞美尼亞人和庫德人的閒事，去處理希臘人和土耳其人的邊界劃分。

最後這些紛爭都是依靠流血手段和種族清洗來解決的。希臘人把講土耳其語的居民趕出了希臘，土耳其人把講希臘語的居民趕出了土耳其。如果真的按照不搞種族清洗而搞公民投票的話，現在愛琴海東海岸的伊士麥[29]很可能會投票加入希臘；同時凱末爾出生地薩洛尼卡省（Salonica Vilayet）[30]則是很可能投票加入土耳其的。最重要的就是，如果完全按照一個小社區、一個小社區的公民投票，那麼希臘和土耳其兩國都形不成領土連綿的領土國家，而會形成很多飛地，今天的

㉕ 十九世紀後期的庫德民族主義詩人哈吉．卡迪爾．科伊（Haji Qadir Koyi, 1817–1897）對當時庫德政治領袖普遍缺乏對自身民族的語言、文化及前途的關切感到不滿，主張庫德人應該效仿歐洲各民族，利用報刊雜誌等新興大眾媒體來保存和發展自己的語言文化，以實現民族獨立。在他的鼓吹下，第一份庫德文報紙《庫德斯坦》（*Kurdistan*）於一八九八年在開羅創辦。

㉖ 東帝汶（East Timor）自一九七九年被印尼吞併後，其作為印尼領土的合法性一直未得獲得國際承認。直到二十世紀末，印尼總統哈比比和聯合國秘書長安南達成協議，於一九九年八月三十日舉行東帝汶獨立公投，在四十五萬的東帝汶選民中，贊成獨立的比例為百分之七十八點五，反對獨立而願意留在印尼成立自治區的只有百分之二十一點五，此結果引發了一九九九年的東帝汶危機。

㉗「東帝汶危機」（East Timorese crisis），一九九九年八月三十日的東帝汶獨立公投結果，引發了反對東帝汶獨立的印尼激進分子以及東帝汶親印尼民兵部隊開始對平民發動報復性的恐怖襲擊；暴行很快發展成為以首都帝利為中心的全國性暴亂，大約有一千四百人在此次事件中喪生。九月二十日，印尼在以美國為首的國際社會施壓下，同意一批以澳大利亞國防軍為主的維和部隊進駐東帝汶，暴亂才得以中止。

㉘《色佛爾條約》（*Treaty of Sèvres*）一戰結束後，協約國集團於一九二〇年八月十日與奧斯曼帝國簽訂的和約。奧斯曼帝國按照條約內容，應允許庫德人占多數的北美索不達米亞、東南安納多利亞等地區，在未來通過公民投票方式決

希臘國境內部會分佈著很多講土耳其語的土耳其飛地，土耳其西部各省則會遍布著希臘人和亞美尼亞人的飛地，這樣統治和管理起來都非常麻煩。結果最後的解決方法是，雙方大打出手。附帶的，我們在波士尼亞經常見到的種族清洗解決了這個問題。害怕遭到屠殺的社區成批地逃到國界線的另一方面去。後來印度和巴基斯坦建國也是通過這樣的方式。

當然，這還不能算是最倒楣的，因為希臘人和土耳其人儘管相互驅逐，可能在某些地方，雙方都會覺得國界線劃得對我不利，但他們好歹是各自建國了，但是庫德人和亞美尼亞人連建國的資格都沒有撈到。儘管威爾遜總統仲裁以後，列強信誓旦旦地保證亞美尼亞人和庫德人都有通過公民投票建國的機會，但是實際上他們沒有得到公民投票的機會。亞美尼亞人遭到屠殺和驅逐以後，在第一次世界大戰期間還是亞美尼亞人聚居區的大部分社區，在今天已經不復存在了。庫德人在種族衝突的過程中，殺亞美尼亞人也殺得不少，他們自己的社區也被土耳其人屠殺了不少，但他們的大多數社區還是保留下來了——就在今天土耳其的東南部、伊拉克北部和伊朗。

土耳其人在建立小土耳其民族以後，極力想把庫德人發明成為山地土耳其人[31]。這種邏輯就像是蔣介石和戴季陶極力強調的「中華民族只有一個，所謂的五族共和只是我們大漢族分支的不同宗族」，當然這只是一種文字遊戲。什麼樣的族群能夠發明成政治民族呢？只要有一點點差別，只要有一點方言上的差別或宗族意義上的差別，你就可以發明政治民族。相反，如果你在政治上占了上風，也可以把已經存在的族群，像蔣介石和戴季陶那樣，重新解釋成為「其實都是我們漢民族的不同分支」。土耳其人也是這樣做的，也企圖把庫德人強制土耳其化，強制說成是土耳其民族的一個分支。但是，他們面臨著一個困難。

我們剛才提到，波蘭民族發明能夠得到成功，有一個關鍵因素就是，三大帝國對波蘭的政策是不一樣的。俄羅斯人和普魯士人比較熱衷於強制同化，但是奧地利就給波蘭人保留了較多的文化自治的機會，而波蘭人和奧地利人又給西部加利西亞的烏克蘭人保留了較多的文化自治的機會。結果，奧地利帝國統治的那些地區變成了近代波蘭民族發明的種子。統治同一個立陶宛民族

定政治前途，但此和約遭到推翻奧斯曼蘇丹政府的凱末爾主義者所成立的土耳其政府拒絕接受，並在一九二三年七月二十四日與協約國重新簽訂《洛桑和約》（*Traité de Lausanne*），土耳其僅宣布放棄敘利亞、伊拉克、埃及、蘇丹、賽普勒斯、利比亞和阿拉伯半島等地的領土主張和宗主權，而未對庫德人地區的政治地位作出任何界定，也未包含《色佛爾條約》中關於庫德民族自決的條款。

㉙ 伊士麥（Izmir），希臘語舊稱為士麥那（Smyrna），愛琴海東岸最古老的希臘人城市之一，也是今天土耳其的重要港口城市。一九一九年五月十五日，希臘在協約國支持下占領士麥那，並在次年簽訂的《色佛爾條約》中將士麥那等希臘人占多數的地區正式併入希臘領土。一九二二年九月九日，凱末爾指揮的土耳其軍隊占領士麥那，通過屠殺和驅逐等方式清洗了該城占多數的希臘居民，大部分城區在此過程中遭到焚毀。土耳其在一九三〇年代後將該城的正式名稱改為土耳其語的「伊士麥」。

㉚ 薩洛尼卡省（Salonica Vilayet），奧斯曼帝國於一八六七年設立的行政區，管轄地區包括今天希臘的馬其頓省和北馬其頓共和國的大部分區域。根據十九世紀末的人口普查結果，該省的穆斯林人口占優勢，接近總人口半數；在一九二三年的希臘語土耳其人口交換中，當地約有超過三十萬穆斯林被驅離至土耳其。

㉛ 一九九一年以前，土耳其官方一直將庫德人登記為「山地土耳其人」（Mountain Turks），並且直到今天仍不承認庫德人是獨立於土耳其人之外的族群，也不承認庫德語是一種獨立語言。

的普魯士和俄羅斯，它們的文化政策也不一樣。普魯士的政策比較寬鬆，所以立陶宛的知識分子經常以普魯士為基地搞民族發明，把喚醒立陶宛民族自決的作品在普魯士出版，然後偷運到更加專制的俄羅斯帝國[32]。

庫德人的情況也是一樣。庫德人像波蘭人、烏克蘭人和立陶宛人一樣占了一個便宜：庫德語言文化族群所在的地區被劃分在了幾個不同的國家之內，有土耳其，有伊拉克，也有伊朗，這樣一來，各國的政策不同，就給了庫德人一個機會，可以借東打西，借西打東。而且這幾個國家彼此不和，經常都希望利用庫德人為武器去擾亂它鄰國的和平，損害它鄰國的政治勢力。例如，當土耳其人鎮壓庫德人的時候，伊拉克很可能想要利用庫德人；當伊拉克鎮壓庫德人的時候，伊朗很可能想要利用庫德人。而且，還存在著庫德之外的其他大國，例如蘇聯和美國。

美國基於自由民主的理想和威爾遜主義的原則，即使它不接受或不願意支持其他族群發明民族獨立建國，但它至少願意庇護難民，願意庇護那些在本國遭到強烈政治迫害的民族發明家。例如，土耳其或伊拉克可能會有這樣的庫德知識分子，堅持說我們庫德人就是一個民族，以前是文化族群，但是現在要發明民族，我們自古以來就是一個民族。而土耳其和伊拉克當局則一定要堅持要說，你們就是山地的土耳其人或山地的伊拉克人，你們這樣煽動民族分裂、破壞祖國統一，必須受到鎮壓。於是這些知識分子在走投無路的情況下，便跑到美國或西方民主國家去避難。避難並不表明美國或西方民主國家願意在政治上支援庫德獨立。恰好相反，在政治上講，北約成員國土耳其是美國和西方民主國家的盟友。但是西方民主國家出於自身的政治邏輯，不能放棄庇護政治犯和流亡者的義務。

而這些流亡者只要得到流亡的機會，就可以將美國或其它西方民主國家作為民族復興的基地，繼續民族構建的過程，編出一套庫德歷史或編出一套庫德國語辭典，然後利用這些歷史和國語，重新越過邊界，把資訊送回土耳其和伊拉克去，使當地的庫德人群接受他們在美國和西方國家搞出來的民族發明，拒絕承認自己是土耳其人、不願意繼續做伊拉克人，從而把庫德民族構建出來。可以說，只要在西方民主國家還存在、還能夠庇護避難者的情況下，那些比較專制的、沒有完成民族構建、沒有實現民主的國家就不可避免地要面臨著下一步以這種模式展開的民族發明。

庫德人的民族發明也接受過蘇聯的支援。蘇聯在輸出共產主義的過程當中，儘管蘇聯反對資產階級民族主義，但這並不妨礙蘇聯支援觀相關勢力，來擾亂原有的統治者。例如蘇聯就利用孫文、蔣介石和國民黨發動北伐戰爭，以推翻北洋軍閥的統治。根據同樣的邏輯，蘇聯支援庫德工人黨（Kurdistan Workers' Party）[33]對抗北約成員國土耳其，以便給北約製造麻煩；蘇聯支援庫德人民黨（Democratic Party of Iranian Kurdistan）在伊朗發動政變[34]，給親美的伊朗國王政權製造麻煩；蘇聯支持伊拉克的庫德勢力，給中央條約組織（Central Treaty Organization）[35]製造麻煩。蘇聯跟美國不一樣，美國和西方民主國家只是願意保護庫德人的流亡者而已，而蘇聯則是直接提供武器和訓練幹部，像協助國民黨重新改組那樣支援中東各國的庫德人群進行武裝鬥爭，以擾亂原有的統治秩序。這些國家的統治者都在歷史上某一個時期一度變成蘇聯的敵人，而蘇聯支援庫德人造反的目的就是給這些國家製造麻煩。

但是這樣的做法在客觀上也引起了庫德政治組織的升級。庫德人在中世紀的政治組織就是如同蘇格蘭高地酋長那樣的小範圍政治單位，流亡到西方的民族發明家也就是一撥詩人、文人、歷史學家、知識分子，也只能在紙上給這個民族搭建一個認同的框架。但是蘇聯能夠協助庫德人訓練軍官及政黨骨幹，讓他們發揮了國民黨在東亞的作用，使當地的民族鬥爭升級了。革命幹部一旦產生了，像奧賈蘭（Abdullah Öcalan）[36]的庫德工人黨一樣，在土耳其和敘利亞長期存在，土耳其人雖然可以不斷打敗他們，可以在外交上面遊說全世界大多數國家否定他們，甚至把他們打成恐怖分子，但是很難使他們完全不存在。

最後，而且最重要的就是，分散在各國的庫德人群，在統治他們的那些國家面臨著政治上的麻煩的時候，就會得到獨立的機會。我們可以說，如果沒有第一次世界大戰，即使波蘭民族也沒有復國的希望。只要俄國人、奧地利人和德國人和衷共濟，團結起來鎮壓各自境內的波蘭人，那麼畢蘇斯基頂多爭取到奧地利境內的波蘭人的支持，是沒有辦法建立獨立的波蘭的。但是一旦戰爭爆發，而德國人、奧地利人都變成了戰敗國，沙皇俄國則完全瓦解了，這個時候波蘭就有機會了。庫德人今天能夠得到獨立機會，當然也是因為伊拉克在海珊的領導之下在政治上站錯了隊、被美國人打垮了的結果。在海珊還在的時候，他當然也是要不斷鎮壓伊拉克境內那些庫德人獨立的。但是海珊垮台後，伊拉克群雄並起，變成了一個如穆克塔達・薩德爾[37]的軍閥鬥爭戰場，而提供了庫德地方的酋長建立庫德民族庇護所的機會。

可以說，伊拉克的庫德人政權對庫德整個民族的意義，就像是畢蘇斯基在奧地利人的庇護之下建立一個奧地利波蘭人的政權一樣。它本身其實只是局限於伊拉克的一個自治政權，但它不可

㉜ 東普魯士北部的默默爾（Memel）地區有接近一半的立陶宛少數族群，該地區在十九世紀後期成為立陶宛語的圖書出版中心。當時立陶宛本土作者經常將書籍在默默爾付印，然後走私回境內，以躲避俄國當局的書報審查。

㉝ 庫德工人黨（Kurdistan Workers' Party）土耳其的左翼庫德分離主義組織，一九七八年成立於土耳其東南的迪亞巴克爾（Diyarbakır），以馬克思主義為指導原則，要求在中東建立獨立的共產主義庫德國家。該組織主要在土耳其東部的庫德人地區從事武裝活動，一度獲得伊朗、敘利亞、伊拉克等國支持，在歐洲庫德社區中亦有很大影響力，而歐美國家多將其視為恐怖組織。一九九五年後，庫德工人黨將獨立建國的訴求改為在土耳其國家內實現「平等權利」和「自治權」，但持續進行針對土耳其政府的武裝抗爭。二〇一一年敘利亞內戰爆發後，庫德工人黨與敘利亞境內的庫德人武裝存在密切的組織聯繫。

㉞ 二戰中，蘇、英因伊朗政權表現出親德傾向，於一九四一年八月聯合占領伊朗。在蘇聯占領軍支持下，伊朗西北部的庫德人在馬哈巴德（Mahabad）市建立自治政權「馬哈巴德共和國」（Republic of Mahabad），並於一九四五年八月十六日宣布成立庫德人民黨。一九四六年馬哈巴德共和國隨蘇軍撤離而垮台後，該黨仍在蘇聯支持下從事反對伊朗國王政權的活動。一九七九年伊朗伊斯蘭革命後，該黨又接受伊拉克海珊政權的援助對抗伊朗的何梅尼（Ruhollah Khomeini）政權。

避免地要對土耳其、伊朗和敘利亞境內的庫德人構成重大的心理衝擊和實際庇護。心理衝擊是：「你看，奧地利的波蘭人都已經有了自己的政治組織，那麼俄羅斯和德國的波蘭人難道不可以有嗎？」實際上的保護是，這些人如果在本國發動各種鬥爭失敗了以後，他至少可以跑到伊拉克去尋求避難。這就跟跑到美國或歐洲去避難不一樣了，它現在是一個近在咫尺的力量。

當然這便使得土耳其人、伊朗人和敘利亞人非常猜忌境內的庫德人，生怕他們變成庫德民族獨立建國的種子，導致土耳其、伊朗和敘利亞境內的庫德人分離出去，像波蘭人割裂三大國的領土建立獨立的波蘭一樣，重劃中東的邊境。但庫德人也有他們的盟友，像以色列長期跟它的鄰國不和，當然很高興跟它作對的敘利亞人和伊朗人面臨新的問題。庫德人如果像波蘭人一樣全面重新建國的話，那麼倒楣的是敘利亞人和伊朗人。敵人的敵人就是我的朋友，削弱伊朗和敘利亞就是改善以色列的安全。所以以色列人當然願意支援庫德人建國，就像是法國人很願意波蘭復國一樣。波蘭一旦復國，法國的兩個傳統敵人——德國人和俄國人的勢力就會削弱，法國就會得到波蘭這個新盟友，極大的改善法國的安全環境。以色列人當然也根據同樣的理由，支援庫德民族的獨立。

像二〇一七年庫德斯坦自決公投結果，從理論上講是只適用於伊拉克的庫德地區的，而伊拉克政府也表示不承認，美國人為了維護伊拉克政府，也表示不承認。所以如果從狹義的法律觀點來看，這次公投並不起任何作用，它只是加強了伊拉克庫德自治區政府的政治地位而已。但是從長期歷史上來看，情況就不是這麼簡單了。即使美國人不承認，所有鄰國都不承認，伊拉克政府也不承認，聯合國也不承認，伊拉克庫德人並沒有真正實現庫德民族獨立建國的理想，但他們已經成為伊拉克庫德地區的實際統治者，為周圍的庫德人提供庇護，並與周圍國家討價還價，靜候建國的機會。在目前伊斯蘭主義不斷衝擊整個中東的現狀、在伊朗與土耳其的政體和社會都前途未卜的情況下，他們完全有充分的時間等候機會的到來。

例如，伊朗是美國重要的敵人，跟以前的海珊一樣，它很容易因為跟西方列強作對而使自己出現政權更迭，而在這段空窗期間，伊朗那些庫德人難道不可以像是伊拉克的庫德人一樣抓住機會，使自己從伊朗當中掙脫出來嗎？土耳其人在埃爾多安總統[38]的統治之下，正在面臨著舊的凱末爾主義的民族構建跟伊斯蘭主義和泛突厥主義做生死搏鬥的階段，如果將來土耳其的國體發生重大改變、社會內部發生重大的衝突，那麼人口生育率比土耳其大多數地區的人口生育率都高、在文化上堅持主體性的土耳其庫德人，難道不會趁土耳其人重新站隊的時機找到獨立的機會嗎？敘利亞已經支離破碎，敘利亞的庫德人已經控制了大片單獨的土地，他們的地位的有利程度僅次於伊拉克的庫德人，難道無法以伊拉克庫德區為後援，事實上形成軍閥割據嗎？

其實這一點他們已經做到了。事實上形成軍閥割據，然後在幾十年之內就可以贏得一些次要國家的承認，像立陶宛人首先贏得冰島的承認、克羅埃西亞人首先贏得德國的承認那樣。即使西方大國都不承認，以色列人首先承認你一下，打破一個外交缺口，然後一步步爭取更多國家的外交承認，難道這不是他們可以做到的事情嗎？土耳其人只要一天是北約的成員國，土耳其的庫德人就沒有機會，但是萬一土耳其在埃爾多安或其他什麼人的領導之下漸漸地放棄凱末爾設計的立國之本，放棄它的親西方和世俗主義的路線，變成一個伊斯蘭主義的國家或泛突厥主義的國家，由北約的朋友變成敵人，那時候伊拉克的庫德人不就等到建國機會了嗎？

可以說，土耳其目前的政治鬥爭是會決定土耳其未來的前途的。土耳其現有的民族構建是只有在凱末爾主義仍然占統治地位的情況下才能夠維持的；如果凱末爾主義路線在土耳其不能維持，那麼今天的土耳其民族便會瓦解。我們不要以為民族構建是一旦寫好了就永遠無法改變的，即使是在最近的短短一百多年內，從東歐開始，全世界絕大部分地區，民族構建都是有不止一種模式的。即使是同樣的模式，小民族主義的模式，也有多種可以選擇的民族發明方式。同樣的居民，同樣的歷史，同樣的文化基礎，有好幾種不同的發明方式。以近代東亞而言，有梁啟超式的發明，有汪精衛式的發明，有陳炯明的發明，民族發明不是一旦寫好就改不掉的。

民族發明由於它的發明家的政治選擇錯誤——例如在大國鬥爭當中站錯了隊而遭到覆滅，例如像海珊的失敗，就不僅意味著伊拉克民族發明的失敗，而且意味著海珊所在的阿拉伯復興社會黨（Ba'ath Party）所代表的那種泛阿拉伯民族發明的失敗（詳見本書第三、四講）。

目前的國際政治形勢對庫德民族的構建是非常有利的。儘管庫德本身的民族發明家和政治家不算是特別給力，也不是政治判斷力或實力特別強的，但是庫德民族發明的主要障礙——就是土耳其、伊拉克、敘利亞和伊朗這幾個國家，它們自身的民族發明都出現了嚴重問題。它們現在的政治家在政治鬥爭中、在站隊問題上都面臨著嚴重的考證，他們都有極大的機會落到海珊或類似失敗者的下場。這使得庫德未來的政治家有很大的操作空間，有很多機會成為未來的畢蘇斯基。這場好戲我們目前只是看到一半，真正精彩的一半還要在未來的幾十年、也許是更長的時間、也許是上百年的時間內陸續上演。

㉟ 中央條約組織（Central Treaty Organization），又稱「巴格達條約組織」，是英國、土耳其、伊拉克、伊朗和巴基斯坦於一九五五年建立的聯合防禦組織，主旨為防止蘇聯南下並擴張勢力至中東和印度洋地區。一九七九年伊朗的伊斯蘭革命後瓦解。

㊱ 阿卜杜勒．奧賈蘭（土耳其語：Abdullah Öcalan，1948–），於一九七八年建立庫德工人黨，致力於庫德人的民族獨立和解放並進行各式武裝及恐怖襲擊，被西方各國列為恐佈分子，一九九八年曾尋求俄羅斯的庇護，一九九九年遭到土耳其逮捕後監禁至今。

㊲ 穆克塔達．薩德爾（阿拉伯語：Muqtada al-Sadr , 1974–），於二〇〇三年伊拉克戰爭之後迅速崛起的伊拉克政治家，也是當地什葉派穆斯林的領袖之一，創立並組織了什葉派政黨「薩德爾運動」（Sadrist Movement）和武裝組織「邁赫迪軍」（Peace Companies），其主張在伊拉克建立伊斯蘭政權，並反對美英聯軍對伊拉克的占領。

㊳ 雷傑普．塔伊普．埃爾多安（Recep Tayyip Erdoğan, 1954–），或譯艾爾段，土耳其政治人物、伊斯蘭主義者、新奧斯曼主義及民族保守主義者，現任土耳其總統、正義與發展黨領袖，意圖恢復土耳其過去在奧斯曼帝國時代的影響力。埃爾多安於二〇一七年發動修憲公投，將土耳其現行的議會制改為總統制，廢除總理職務，總統身兼國家元首和政府首腦，並被賦予極大的權力。

庫德人
民族發明大事記

時間	事件
中世紀	**庫德斯坦酋長國** 中世紀的庫德斯坦酋長國（Kurdish chiefdoms）位於伊拉克與敘利亞之間的山地，由各庫德人部落所組成，目前可追溯的最早時間為西元10至11世紀的文獻記錄。庫德斯坦酋長國隨著11世紀突厥人與13世紀蒙古人的入侵，成為各突厥與蒙古封建邦國的屬地，但依然保有著高度的自治性及軍事傳統，這是今天伊拉克庫德斯坦的最早起源
16至20世紀	**奧斯曼帝國統治下的庫德斯坦** 從16世紀開始，庫德斯坦酋長國所在地區的統治權，在波斯薩珊王朝與奧斯曼帝國間有過數次易手，最終在17世紀中期正式歸屬於奧斯曼帝國，並持續至一次大戰結束後，奧斯曼帝國解體為止。由於庫德人與土耳其人共同信奉伊斯蘭教遜尼派，因此並未遭到奧斯曼帝國特別歧視；並且庫德人具有深厚的軍事文化傳統，他們為帝國提供各種軍事服務並擔任土耳其軍隊的將領。
1918年至1923年	**《色佛爾條約》與《洛桑條約》對庫德斯坦的影響** 一次大戰結束後，協約國與奧斯曼帝國於1920年8月10日簽訂《色佛爾條約》，條約中規定庫德斯坦地區將進行民族自決，以公投決定是否獨立，引起土耳其民族主義者不滿。庫德人數百年來被奧斯曼帝國認為是「山地土耳其人」而非獨立的民族。1923年，獨立後的土耳其共和國和協約國簽訂了《洛桑條約》，重新釐定了現代土耳其的疆域，也否決了位於土耳其與伊拉克邊界的庫德斯坦自治的選項。
1919至1930年	**伊拉克地區的三次庫德人起義** 1919年5月22日，馬赫穆德・巴爾贊吉（Mahmud Barzanji）宣布成立庫德斯坦自治政府，但遭到英國迅速鎮壓，巴爾贊吉被流放至印度。1922年，巴爾贊吉再次宣布成立庫德斯坦王國並自任國王，英國耗費2年時間才鎮壓這次起義。1931年，當英屬伊拉克王國正式加入國際聯盟後，巴爾贊吉發動第三次起義，但最後依舊失敗；這次起義誕生了一位著名的庫德人英雄穆斯塔法・巴爾札尼（Mustafa Barzani）。

1960至1970年	**第一次伊拉克—庫德戰爭** 1958年，伊拉克王國發生軍事政變，「自由軍官團」推翻君主制度並成立伊拉克共和國。「自由軍官團」的領導者阿卜杜勒—卡里姆·卡塞姆於政變初期支持伊拉克庫德人的獨立，但在1960年時背棄承諾，引發穆斯塔法·巴爾札尼領導的第一次伊拉克—庫德戰爭（又稱為巴爾札尼起義）。戰爭持續至1970年代，最後在蘇聯的調停下，貝克爾的伊拉克與巴爾札尼達成庫德人的自治協議，並正式成立伊拉克庫德斯坦自治區。
1975至1979年	**第二次伊拉克—庫德戰爭與《阿爾及爾協議》的簽訂** 1974年，貝克爾的伊拉克再次進攻伊拉克境內的庫德斯坦自治區，並與伊朗在1975年簽訂《阿爾及爾協議》，促使伊朗中斷對庫德斯坦自治區的援助，導致巴爾札尼領導的庫德人軍隊全面潰敗，伊拉克重新控制了庫德斯坦自治區，巴爾札尼流亡至美國。伊拉克政府於1976年開始實施庫德斯坦的阿拉伯化政策，於隔年引發庫德人的全面反抗，直至1979年停止。
1986至1989年	**安法爾屠殺** 兩伊戰爭後期，海珊的伊拉克於1986年以化學武器與集中營實施代號為「安法爾」的大規模屠殺行動，持續至1989年，造成約5萬至10萬庫德人死亡。安法爾屠殺（The Anfal genocide）於2013年正式被國際社會正式承認為「種族滅絕」。
1991至2005年	**從波斯灣戰爭到美伊戰爭** 1991年，庫德民族組織「自由鬥士」（Peshmerga）藉波斯灣戰爭成功將伊拉克軍隊趕出北部地區，伊拉克庫德斯坦重新獲得自治。2003年，美伊戰爭爆發，美國推翻伊拉克海珊政權。2005年，伊拉克新憲法頒布實施，新憲法規定庫德斯坦作為伊拉克聯邦的一部分。
2017年9月25日	**庫德斯坦自治區獨立公投** 伊拉克庫德斯坦（Kurdistan Region）自治區於2017年9月25日進行獨立公投，這是該地區自2005年以來第二次舉辦獨立公投；本次地方性公投僅為諮詢性質，不具有法律約束力，而公投結果遭到伊拉克及土耳其政府的反對。

（此表只限於伊拉克庫德斯坦居民，而不包括中東地區的庫德人）

黎巴嫩

Lebanese Republic

al-Jumhūrīyah al-Lubnānīyah

獨立時間：1943年11月22日

首都：貝魯特

二、黎巴嫩

東方基督教會的共同體結構

「黎巴嫩」是一個異常古老的名詞，早在古老的《舊約聖經》時代就已經存在了。歷史上位於今天黎巴嫩這個地理區域的居民，從來就是分成三個部分的，他們在一八六〇年以前從來沒有被統治在同一個政治實體之下。第一個部分是沿海，從今天土耳其的伊斯肯德倫（skenderun）一路向南，經過《舊約聖經》時代的泰爾（Tyre）和西頓（Sidon）[①]，一直到今天以色列的北部邊境。這裡是一系列港口城市，通常一個城市就是一個城邦共和國。第二個區域今天黎巴嫩的中部與北部的平原地帶。這塊區域相連於今天敘利亞南部的平原地帶，也是古代的安提阿（Antioch）和今天的阿勒坡（Aleppo）所

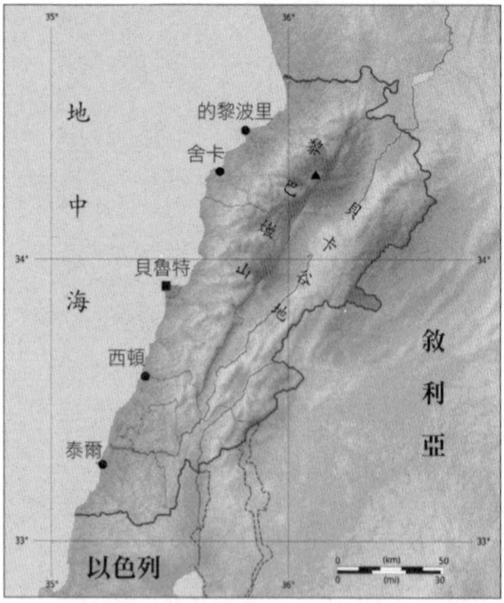

黎巴嫩山位置圖　黎巴嫩國名源自於境內縱貫國土的黎巴嫩山（Mount Lebanon），以廣大的森林著稱；此山盛產的雪松（Cedrus），作為貴重的原木料，在聖經時代曾用作所羅門聖殿的建設以及腓尼基人打造的貿易船隊，具有古老的文化意涵，也是今天黎巴嫩的國家象徵。

在的那一片肥沃的平原[2]，兩者在地理上、文化上和人種上都沒有辦法區隔開來。黎巴嫩與敘利亞之間的邊境，就像是浙江省和江蘇省的邊境一樣，除了在行政區劃上有意義以外，兩邊的人是沒有什麼區別的。第三部分就是以黎巴嫩山（Mount Lebanon）[3]為中心的那山區地帶，這裡才是政治意義上的真正的黎巴嫩。近代的黎巴嫩作為一個國家，是從黎巴嫩山開始的。而今天的這個黎巴嫩照十九世紀的政治術語來講叫做大黎巴嫩，大黎巴嫩是相對於僅僅包括黎巴嫩山的「雙州」（Double Qaimaqamate）[4]的那個小黎巴嫩而言的。

我們要注意，「大」和「小」這兩個名詞在民族構建的過程中總是反反覆覆的出現，例如，

① 伊斯肯德倫（土耳其語：Iskenderun），位於今天土耳其南部的重要港口城市，由亞歷山大大帝於西元前三三三年所建，希臘語稱之為「小亞歷山大」（Alexandretta），是從安那托利亞及地中海進入敘利亞地區的重要門戶。記載於《舊約聖經》的泰爾（Tyre）和西頓（Sidon）皆為今天黎巴嫩南部的港口城市，在古代皆為腓尼基人建立的城邦，為地中海文明傳播的重要樞紐，其中西頓即為西元前三世紀的地中海強權迦太基的殖民母國。

② 安提阿（Antioch）由古希臘人建立於西元前四世紀末，位處香料與絲綢貿易的交通要道的重要城市，與基督教歷史關係密切，又被稱為「基督教的搖籃」，中世紀後隨著內亞貿易路線的中斷而沒落。阿勒坡（Aleppo）位於今天敘利亞北部的阿勒坡高原（Aleppo plateau），是該國的最大都市及商業重鎮。

③ 黎巴嫩山（Mount Lebanon）是縱貫今天黎巴嫩的主要山脈，平行於地中海海岸線，平均海拔超過二千公尺，黎巴嫩之國名即來自於此山。黎巴嫩山的森林為其特產，古代政權如腓尼基人用以打造船隊，中世紀的基督徒及穆斯林則用以建築各式宗教場所。

④ 一八四二年，奧斯曼帝國蘇丹為遏止黎巴嫩的基督教徒與德魯茲教徒之間的衝突，將大馬士革州總督管轄下的黎巴嫩山，分為北部的基督教地區和南部的德魯茲地區，並設立各自的行政區，此體制被稱為「雙州」（Double Qaimaqamate）。

「大萊茵和小萊茵」、「大德意志和小德意志」、「大塞爾維亞和小塞爾維亞」、「大俄羅斯和小俄羅斯」。當然，不言而喻，凡是帶那個「大」字的，它都會摻雜一些從民族發明學的角度來看可能是有害的內容：一旦擴大政治共同體的地理邊界，反而卻削弱了共同體內部的凝聚力；而凡是帶「小」的這一系列名詞都是恰好相反，是按照狹義來劃分未來準備發明的這個政治共同體的邊界，把可發明也可不發明的那一部分盡可能劃出去，這樣一個小小的共同體，內部的凝聚力就會比較高。假如我們用大萊茵、大德意志這樣的方式來設想的話，那麼今天我們看到的瑞士聯邦就是一個小瑞士，它是沒有出海口的。假如一八一二年和一八四八年的民族發明家不滿意小瑞士連一個出海口都沒有，於是決定把隆河（Rhône）下游的法國和義大利領土一起發明到瑞士聯邦境內去，使瑞士獲得一條通向地中海的走廊，那麼這樣一個大瑞士就可能會變成歐洲的「黎巴嫩」了，它造成的後果會跟大黎巴嫩對小黎巴嫩造成的後果非常相似。

我們要注意，為什麼瑞士的居民跟山下的法國和義大利的居民有很大的不同，而黎巴嫩山區的居民又跟平原地帶和海岸地帶的黎巴嫩居民有極大的不同？這一點跟地理環境有關係，也跟基督教會乃至於中東地區的社會政治形態有非常密切的關係。黎巴嫩山的基督徒社區就是一八六〇年黎巴嫩作為政治民族的發明核心，他們最初的起源是拜占庭帝國末期的馬代特人（Mardaites）。我們今天往往不求甚解地把他們稱為馬龍派基督徒（Maronites）⑤，用字典編纂家喜歡、但是卻會讓讀者完全摸不著頭腦的那種解釋方法解釋說他們是馬龍派基督徒。

不過這種解釋就等於什麼也沒有解釋。因為「解釋」的意思就是你得讓外行讀者看明白，但這樣貼標籤的解釋卻讓他們一點都不明白它在政治和宗教上的意義。民族構建是一個政治概念而不是宗教概念，宗教在民族構建方面的意義是作為民族構建中區別「自我」和「他者」的一個標籤發揮作用的，跟它本身的教義沒有直接關係；而是跟它的組織形式有著相當大的關係。宗教是重要的社會組織形態，它直接決定了社區本身的組織形態。

我們回顧拜占庭帝國的晚期歷史，這是一個專制主義不斷加深、軍事獨裁日益嚴重的時期。原先古典時代作為社會基礎單位的城邦，在軍事專制主義的壓力之下正在節節敗退。「皇帝」（Imperator）這個詞原本只是軍隊的統帥，是打了勝仗的羅馬士兵在歡呼聲中向他們的統帥祝賀的一個詞，本身並不是一個正式官銜。它既不是執政官（Consul）也不是護民官（Tribunus）⑥，只是像蘇拉（Sulla）這樣的名將經常在士兵的歡呼聲中得到的一個自發的讚譽，後來元老院也樂於用這個頭銜作為一個榮譽來獎賞打了勝仗的將領。只要羅馬仍然是共和國，這樣的稱號就僅僅是榮譽稱號。但是隨著羅馬兼併或說保護了當時已知的整個文明世界，羅馬（至少是義大利）以外的地方漸漸地變得越來越離不開羅馬軍團了。原先實行共和主義的只是羅馬和義大利各城邦，頂多再加上希臘各城邦和馬賽、西班牙的若干類似希臘羅馬的城邦，古典世界的大部分並沒有能力實行城邦共和主義，而是只能依靠羅馬軍團的保護，或說接受羅馬行政官的剝削。這兩者的結果就是，羅馬作為一個國際體系，沒有自我統治能力的部分占了絕大多數。最終，照羅馬人的話來說就是，東方專制主義從內部侵蝕了羅馬，使羅馬的專製成分最終壓倒了原先憲政中的自由成分，使原先不過是羅馬軍隊的統帥，變成了凌駕於元老院和羅馬人民之上、凌駕於保民官、護民官和監察官之上的實際統治者，也就是羅馬皇帝。

羅馬皇帝為了養活他的幾十萬大軍，不斷地增加羅馬世界的負擔，結果是使原先的城邦組織受到進一步的侵蝕。我們都知道，在戴克里先時代，原先被人視為是非常了不起的榮譽職位的各城邦的元老已經沒有多少人願意擔任了，因為他們承擔不起來自皇帝和軍隊沒完沒了的勒索。以至於皇帝必須下令，凡是擔任過元老的議員，都不准私自離開他們原有的城邦，就像今天某一個地方的戶籍居民不能夠隨便離開他自己的戶籍所在地一樣。這就是羅馬世界失去政治自由的一個主要標誌。在這種情況下，原先的城邦組織承擔不起帝國和軍隊日益增加的負擔，漸漸地紛紛破產，人口逃散，他們的逃散又進一步加重了帝國剩餘臣民的財政負擔；而原先在羅馬世界的外交和憲法中沒有地位的其他組織，因為在原先的羅馬憲法中不存在，所以也不用承擔這些負擔，反而利用這個機會日益成長起來。這些機構當中，有很多都是東方的各教會組織，例如密特拉（Mithraism）崇拜、伊西斯（Isis）[7]崇拜之類的。我們今天所知道的基督教，只不過是眾多東方宗教的其中一種而已。

從保守派的羅馬元老角度來看，他們看到羅馬世界明顯正在走向衰亡，原先自己不認識的這些組織如同雨後春筍一樣，組織勢力迅速地成長、擴張，同時境外的蠻族不斷向羅馬世界侵襲，於是就哀歎說，諸神已經不再保護羅馬了。他們沒有注意到，羅馬世界的衰亡是因為古典羅馬和古典希臘最基本的政治結構——城邦結構承擔不起官僚機構和軍隊的巨大負擔的結果。而這些新興組織的成長，無論是帝國境外的蠻族還是帝國境內的東方各教派，恰好就是在羅馬的政治結構之外，因為沒有承擔原有結構的巨大負擔，而不斷地成長起來。他們找不到這種變化的原因，就像今天福利國家的歐洲不能理解為什麼穆斯林的人口越來越多，而原先構成十九世紀國民共同體主體的那些居民反而好像是喪失了生育欲望一樣，人口越來越少，其實兩者的原因都是相同的。有很多人，包括很多極有學問、見識很高的知識分子，都把原因放到宗教和文化上來，忽視了更加重要的組織和財政負擔的因素。其實，今天歐洲的基督教會和民族國家，扮演的正是古典時代多神教會和城邦組織扮演的角色；而今天歐洲的第三世界移民——包括伊斯蘭教移民在內扮演的角色，恰好就是蠻族、基督教以及東方宗教在羅馬帝國末期扮演的角色。

從過去的城邦組織中間逃散的人口，如果沒有跑到蠻族居住的邊境之外，他們最大的可能是投奔包括基督教在內的東方各教會，造成教會組織持續地壯大。儘管基督教會是最後的勝利者，但是在開始它並不是唯一的競爭者。為什麼境外的蠻族人口越來越興盛了？因為對於他們來說，大家庭仍然是有利可圖、或至少是輕鬆愉快的事情。境內的教會也是這樣。而城邦呢，包括羅馬元老的這些上層階級的家庭，正如奧古斯都痛心疾首所指出的那樣，他們無論結婚多少次，都很少有孩子。他甚至用罰款和經濟獎勵的方法來促使他們生孩子，但是效果基本上等於零。奧古斯都本人結了三次婚，結果卻只生了茱莉亞（Julia the Elder）[8]一個女兒；而茱莉亞的離婚案讓奧古斯都丟盡了臉，大大損害了過去他在元老院議員面前道貌岸然地發表演講時的權威。而包括基督教會在內的東方各教會的生育率始終是興盛，針對城邦居民而設計的社會和財政負擔並沒有壓到他們頭上，因此維持家庭對他們仍然有利可圖。

我們都知道，羅馬帝國晚期的歷史發展是教會征服了帝國，或是說，以君士坦丁大帝皈依基督教[9]作為教會的勝利——當然這是一個簡化的說法，實際上教會與帝國曾經歷過許多次反反覆覆的衝突；而最後君士坦丁決定依靠教會的力量來統治帝國，其實是一個不得已的措施，因為在當時的帝國境內，最有生機的力量也就只剩下基督教會了。在基督教會的人口占當地人口絕大多數的地方，例如小亞細亞和敘利亞，人口是格外繁盛的，它的生命力是人人都可以感受得到的；而在多神教和城邦占優勢的地方，特別是在羅馬帝國的起源地義大利，人口凋敝的趨勢是極為明顯的。過去在羅馬和迦太基打仗的時候動不動就能夠動員出十五萬、二十萬軍力的義大利核心地帶，現在已經是滿目荒煙，變成了蚊子和沼澤地所在的地方。羅馬皇帝一再三令五申，任何人只要願意在這些地方開墾土地，不但可以免稅，還可以拿到國家補貼，但還是只有很少人回應。最後使得帝國離不開東方教會了。

但是帝國與教會的結合，對教會而言並非全是福音。教會原先有力量，正是因為它是自發秩序的力量，這意味著它適應新形勢和新社會的習慣法，而且無需承擔原有帝國的各種負擔；一旦它跟帝國結合，帝國原有的負擔也就要跟教會聯繫在一起了，最後教會就變成了國家機構的一部分了，也促使帝國的政治鬥爭和教會上層的政治鬥爭不可分割地聯繫在一起。在原先基督教會懷

⑤ 馬代特人（Mardaites）是歷史上曾經居住於今天土耳其與敘利亞交界處「努爾山脈」（Nur Mountains）的少數族群。現今關於馬代特人的資料不多，只能推測他們是信奉一性論的早期基督徒，具有波斯人或亞美尼亞人血統，民風勇猛好戰，在歷史上多為各帝國或政權的軍事傭兵。馬代特人被現代黎巴嫩的馬龍派基督徒（Maronites）聲稱為其歷史上的先祖，但尚有爭議。

⑥ 「皇帝」（Imperator）雖為古羅馬的軍事頭銜，但並非羅馬共和制度上的正式職銜，而是榮譽性的稱呼。一般來説，共和時代的羅馬軍隊統帥為執政官（Consul）或臨時指派的獨裁官（Dictator），而護民官（Tribunus）則通常出任羅馬軍團的高級軍官。

⑦ 密特拉教（Mithraism）崇拜的主神「密特拉」為來自伊朗高原的太陽神；伊西斯（Isis）則是古埃及傳統宗教中象徵豐饒與生育的大地女神，此兩者皆為西元一至四世紀時，流行於羅馬帝國的諸多東方信仰，基督教也是其中一種。

⑧ 茱莉亞（Julia the Elder, 39 BC–14），古羅馬女性政治人物，父親為首任羅馬帝國皇帝奧古斯都，曾與重臣阿古力巴結婚，因故離婚後又嫁給後來成為第二任皇帝的提比略，因其生活放蕩，在西元二年時被奧古斯都以通姦及叛國罪逮捕，最終遭到流放。

⑨ 君士坦丁一世（Constantine I, 272–337），又被稱為「君士坦丁大帝」，羅馬帝國晚期的重要皇帝，結束長期內戰後，三三〇年以君士坦丁堡作為帝國新都，並召開尼西亞大公會議，扶持基督教勢力，其臨終前也受洗入教，是第一位皈依基督教的羅馬皇帝。

念的純潔時代或使徒時代時，教會實際上只是一個民間的國際非營利組織（NGO），它在傳教的同時承擔社會福利的任務；教會內部的領袖當然也是各有各的意見，但無非也是像今天比如說《紐約時報》（*The New York Times*）和《福斯新聞》（*Fox News*）發生了糾紛，那麼各人說各人的話、各人之間掐一掐也就得了；但它既然變成了帝國機構的一部分，那麼兩者之間的糾紛就會變成比如說是聯邦調查局和國家安全顧問之間的糾紛，那就不是你私人企業之間的糾紛，而變成了政府官員之間的糾紛，這將嚴重影響國家大政。因此，隨著教會跟帝國政體的合一，帝國的官僚政治也就感染了教會組織。

同時，在羅馬帝國晚期，基督教逐漸演變為國教、開始歧視和限制非基督教的其他宗教的過程中，是否接受基督教信仰也就變成了一個政治抵抗力的判斷。黎巴嫩沿海的各城邦跟義大利各城邦一樣，早已經匍匐在帝國的統治之下，失去了維持自己政治自由的能力。敘利亞的平原當然已經變成了順民所在的地方，但是黎巴嫩山原有的山地部落，正如希臘羅馬時期的政論家和孟德斯鳩常說的：山民是桀驁不馴、最難統治的；雖然他們是從唯心主義的角度去解釋問題的，但是實際上也有物質的因素在內。例如，山民本身就是比較貧窮的，征服他們的利益是不大的。山民原先就經常跟自然界打交道，經常要做獵人，經常要跟猛獸打交道，因此他們習慣於自備武器，具有一定的戰鬥力。外人統治山民經常是無利可圖的，所以很少有人願意去征服他們。山民因為長期不被人征服、不被人統治，當然習慣於接受自身部落酋長與領袖的管治。

即使是在基督教已經傳到了黎巴嫩山以後，山區的基督教跟敘利亞平原和黎巴嫩沿海的基督教仍然是有很大的不同——這個不同主要不在教義上。我們要注意，教義通常是不同性質的政治組織的一個象徵符號。如果我們自己的社會組織和政治組織有明顯的不同的話，那麼即使我們是同一個宗教的信徒，我們也自然會傾向於支持不同的教派，以此把我們的共同體區分開來。結果就是，敘利亞平原上的順民的宗教信仰總是跟君士坦丁堡的統治者的宗教信仰一致，而黎巴嫩山的基督教徒總是會選擇當時主流教派認為是異端的宗教形式。這樣做的結果就是，黎巴嫩山的基督徒從拜占庭皇帝和君士坦丁堡牧首的角度來講是一批應該受到討伐的異端分子。但是實際上，正如異教時代的山民是很難討伐的一樣，黎巴嫩山的馬代特人也是很難討伐的。所以，在安提阿距離不遠的地方就有一幫桀驁不馴的山民，像土司頭領一樣，是很難統治的，拜占庭皇帝通常就只能把他們放在一邊去，不去理會。然後當穆斯林征服者迅速地擊敗了拜占庭，征服了敘利亞和埃及的廣大土地。接下來的事情我們都看到了，平原地帶的基督徒迅速地在幾代人的時間——以埃及為最快，敘利亞稍微慢一點——改信了占統治地位的伊斯蘭教，而原先抗拒拜占庭皇帝的山地的馬代特人卻堅持了他們的異端基督教信仰。

我們要回顧一下托克維爾的名言，當他談論旺代的叛亂時就說：「正是因為安茹的貴族在路易十四搞中央集權的時候敢於抗拒國王的命令，在國王被革命黨砍了頭以後，他們才能夠拿起武器保衛國王。如果他們當時像法蘭西島和其他地方的貴族一樣服從國王的命令，放棄了自己的人民，都來到凡爾賽宮，變成了國王的宮廷寵臣，在地方共同體和社會共同體當中喪失了影響力，喪失了保護人民的能力，那麼當國王倒台的時候，他們也會跟國王一起被砍頭，不可能起兵勤王的。正是當時拒絕服從國王命令的貴族，在國王倒台以後才有能力起兵勤王。」（出自《舊制度與大革命》）後來西班牙自由主義革命以後，巴斯克人便扮演了法國大革命時期的保皇黨人，例如安茹人、布列塔尼人同樣的角色。西班牙人把他們稱為卡洛斯黨（Carlist）；在西班牙國王要求所有各地的貴族服從的時候，只有巴斯克人桀驁不馴，因此被國王和宮廷憎惡。但是正因為如此，他們在國王和宮廷面臨自由派的進攻、朝不保夕的時候，才能夠拿起武器，捍衛過去鎮壓他們的王權。黎巴嫩山的基督徒或馬代特人也是這樣的。

順民在拜占庭皇帝是基督徒的時候選擇做基督徒，當穆斯林的哈里發統治他們的時候他們自然而然也就選擇做穆斯林了；山地的自由人在拜占庭皇帝選擇做基督徒的時候願意做基督教的異端教派，而穆斯林的皇帝征服敘利亞和埃及基督徒的時候他們仍然堅持自己的異端教派。於是在伍麥葉王朝[10]統治的敘利亞就出現了以下的奇妙景象：阿拉伯的部落勇士們覺得，東方基督教會就是費拉順民的代名詞，只有伊斯蘭教的阿拉伯貴族才是像滿洲蒙古勇士一樣的天生的統治階級，他們不斷從海陸兩路進攻君士坦丁堡，拜占庭皇帝為了購買和平，必須支付供品或以公主和親，就像漢家皇帝把明妃（指王昭君）嫁給匈奴單于一樣；然而在離穆斯林哈里發的首都大馬士革近在咫尺的黎巴嫩山，馬代特基督徒像他們過去攻打拜占庭皇帝一樣，不斷地下山攻打大馬士革，於是哈里發為了解除後顧之憂，不得不向黎巴嫩山的基督徒納貢，把他從拜占庭皇帝那裡拿到的貢品拿給黎巴嫩山的基督徒。一面是君士坦丁堡的皇帝向大馬士革的哈里發納貢，一面是大馬士革的哈里發向黎巴嫩山的馬代特人納貢。阿拉伯人威震歐洲，席捲了安納托利亞和西班牙，更不要說是北非和敘利亞了，卻偏偏拿這批近在咫尺的山民沒有辦法。這就是費拉和自由人的區別。

我們要注意土耳其人和歐洲人對「費拉」（Fellah）[11]這個詞的定義。最經典的費拉指的是埃及人，不是特指穆斯林或東方基督教徒，而是包括所有的放棄了自己統治權的埃及穆斯林和東方科普特基督教徒（Copts）[12]，但是不包括突厥人、切爾克斯人（Cherkess）[13]、高加索人這些類似滿洲人及蒙古人的征服者族群，當然也不包括西方的法蘭克人、十字軍和歐洲列強。費拉的邊界線是建立在政治統治權上：凡是有能力實施政治統治權、願意拿起武器保護自己和征服別人的人，他們就不是費拉；不能自我保護、需要依靠別人保護、願意用納貢代替統治的，他們就是費拉。最初在伍麥葉王朝統治的時期，信奉伊斯蘭教的阿拉伯人不是費拉，而敘利亞和埃及的基督徒是費拉；但是大批的敘利亞和埃及基督徒改信伊斯蘭教以後，伊斯蘭教就不再是界定費拉的標準了，因為在現在的伊斯蘭教徒當中也有很多人變成費拉了，而阿拉伯統治者像入關以後的滿洲人一樣，迅速喪失了他們的武德。

當新的征服者——也就是土耳其人和高加索人席捲而來的時候，無論是原先的阿拉伯征服者還是後來改信伊斯蘭教的敘利亞和埃及基督徒，已經沒有辦法區別了。就像是辛亥革命以後，你要在北京人當中尋找旗人和非旗人的區別，那是很困難的，他們都已經變得像是他們過去征服的大明國的順民一樣，變得不能打仗，只能任人保護和宰割了，不再像是過去的蒙古人和滿洲人那樣能

埃及農民「費拉」形象圖　此圖為瑞士畫家格萊爾（Charles Gleyre, 1806–1874）創作於1835年的作品，生動地描繪了不同世代的埃及農民「費拉」的肖像。埃及「費拉」作為生活於平原地帶的農業族群，數千年來臣服於無數外來的征服者民族，從未建立過自身的獨立政權。這是一個歷史已然終結的「順民民族」。

夠征服和保護臣民。所以新來的奧斯曼土耳其人也就一視同仁地把他們當作費拉了。當然，原先的埃及和敘利亞東方基督教會，原先本來就被阿拉伯人當作費拉的那一部分，在土耳其人眼裡面當然還是費拉。然後歐洲人打敗了土耳其人、來到近東的時候，也就接著土耳其人，把這些人統統叫做費拉了。這就是我經常使用的費拉起源。

費拉在中東的定義是什麼呢？就是沒有政治統治權、但是有社會自治的人。我們剛才提到的東方基督徒被阿拉伯人鄙視，被土耳其人鄙視，也被歐洲人鄙視，他們享有什麼樣的權利，他們的地位是怎樣的呢？在阿拉伯穆斯林帝國、土耳其穆斯林帝國和他們所有的繼承國眼中，他們是

⑩ 伍麥葉王朝（Umayyad dynasty），由穆阿維亞一世（Muawiyah I）於西元六六一年建立的世襲哈里發（Caliphate）王朝，在《舊唐書》中被稱為「白衣大食」，最終在西元七五〇為阿拔斯王朝（Abbasid Caliphate, 黑衣大食）所滅。

⑪ 費拉（英語：Fellah），來自於阿拉伯語，意指「農夫」，指涉對象主要為埃及農民，據統計埃及迄今仍有約百分之六十的埃及人口屬於「費拉」；德國學者史賓格勒在其著作《西方的沒落》曾使用「文化性質的費拉」（德語：Fellachentum）指涉「文明晚期階段的最後之人」；而本書作者所使用的「費拉」主要採納史賓格勒的概念，不單指埃及農民，而是指長久受到征服者或統治者的保障和壓迫下，喪失保護自身共同體意願及能力的「順民」。

⑫ 科普特人（Copts）是今天埃及的重要少數族群之一，他們是基督化的古埃及人，特別是在基督教成為羅馬帝國的國教之後，現在他們組成了埃及中最大的基督教教派，埃及的科普特人也是中東和北非最大的基督徒人口，是該地區最大的宗教少數群體。

⑬ 切爾克斯人（Cherkess）為西北高加索地區的少數民族，該名來自於俄羅斯及土耳其人的稱呼，他們自稱為阿迪格人（Adyghe people）。十九世紀期間，俄羅斯帝國與奧斯曼帝國合作，在西北高加索地區進行種族清洗，大批切爾克斯人移居或被驅逐至奧斯曼土耳其境內，一些人遷到更南的敘利亞、約旦、巴勒斯坦和黎巴嫩定居。

處在這樣的狀態：他們不能夠做官或當兵，通常也不願意當兵，但是除此之外，他們在社會生活方面是完全自治的。東方基督教徒的教區，根據穆罕默德在《古蘭經》中定下的原則，他們的大主教、教長或猶太教的拉比就是東方基督徒或猶太教社區的法官或領袖，當然也是他們的學校的教育總監。穆斯林要求他們納貢，但是納貢以後就允許他們社區自治，只要你們不干涉政治事務和軍事事務，同時又願意給征服者交錢，剩下的事情就讓你們自行管理。

你們內部如果出了什麼糾紛，猶太人打官司，拿《塔木德》（*Talmud*）做你們的法典，由猶太人的拉比裁決；基督教徒打官司，由你們的大主教當法官，按照你們的教會法典裁決。穆罕默德本人在比較可靠的、比較老資格的經訓當中就曾經做過這樣的事情。當猶太人來找他打官司的時候，他就告訴他們，你們可以用《舊約》來給人判案。這個帶有一定統戰性質的待遇，從原則上來講適用於「有經人」[14]，也就是說，在宗教和社會意義上來講可以說是伊斯蘭教先驅者的猶太人和基督徒，但能不能夠適用於非猶太教、非基督教的其他東方宗教，例如拜火教、印度教、佛教之類的，那就是一個很有爭議的問題。我們都知道，《古蘭經》是承認摩西和耶穌是先知的，他們只是不承認耶穌是上帝之子而已，所以猶太人和基督徒的社區在伊斯蘭教帝國中享有的自治權利是像憲法權利一樣鞏固、無可爭議的；東方各宗教，那就要涉及伊斯蘭教法學家的各種解釋了。但是這個跟我們的主題無關。

現在我們就可以看出，費拉這個詞指的就是有能力掌握自己的教育和司法事務、但是沒有能力掌握政治和軍事事務的東方基督教徒和穆斯林。那麼你如果按照這個標準來界定的話，我們請問，在共產黨統治之下的中國基督教會和基督徒可不可以稱之為費拉呢？說可以也行，說不可以也行。如果我們把費拉定義為沒有能力行使政治和軍事責任的人，那麼共產黨統治下的這些東亞基督教徒顯然像敘利亞和埃及的東方基督教徒一樣，他們大多數沒有這樣的能力，他們沒有統治的能力，也沒有保衛自己的能力；但是如果按照埃及費拉的第二個比較次要的標準——費拉是有能力主管自己的教育機構和司法機構的人，那麼我們可以很負責任地說，中國共產黨統治之下的大多數基督教會還不能被稱為費拉。所謂不能被稱為費拉就是說，他們還沒有做費拉的資格。

任何一個穆斯林帝國統治下的埃及和敘利亞的基督教徒，讓自己的孩子接受基督教的教育，並且在結婚、離婚或打官司的時候用基督教的法律來裁判，都是理所當然、天經地義，穆罕默德本人和任何一位哈里發和蘇丹對此都沒有任何異議；但是中國共產黨統治之下，我們不說全部，至少有很多基督教會，如果你要自己辦學校，要使自己的子女受基督教的教育而不接受共產黨的公立學校的無神論教育，或是基督徒和基督徒打官司不去共產黨的法院，由自己的牧師或長老自己搞民辦法庭，私人裁決，你完全可以想像接下來會發生什麼事情。可以說，只有極少數戰鬥力很強、特別桀驁不馴的教會，用非正式的、帶有強烈社會抗爭性質的手段，勉勉強強爭到了與此類似的一些並沒有得到正式承認的權利；而中東的基督教會，哪怕是公認為費拉的基督教會，對這些權利都認為理所當然，從未被他們的穆斯林統治者和鄰居否認過的。

但是在眾多的東方基督教會當中，馬代特人——也就是今天黎巴嫩人的政治祖先當然是例外。他們拒絕臣服於穆斯林統治者並且極力反抗，使穆斯林長期以來無法征服他們，他們當然不是費拉。所謂大敘利亞的基督教徒，就是包括今天約旦、巴勒斯坦、以色列和黎巴嫩平原地帶的這些地方，當地的東方基督教會組織經過長期的順民生活，已經習慣於不再保衛自己了。所以等到十字軍來征服他們的時候，他們當中的大多數人沒有說是因為歐洲的封建騎士跟我們一樣都是基督徒，我們就向著他們，而是覺得，封建主義的原則要任何統治者都要當兵打仗，這是很煩人很累的事情，還不如讓穆斯林統治者統治我們，我們交一點錢就不用打仗了。結果他們當中的大多數人依然支持既有的穆斯林統治者。

上述的格局直到十九世紀中葉仍然沒有改變。當土耳其的穆罕默德蘇丹在君士坦丁堡發布花廳御詔（一八三九年）⑮、開始「維新變法」時，他宣布奧斯曼帝國過去的歧視性規定統統作廢，今後要實行西方式的奧斯曼主義，也就是無論你是基督徒、穆斯林還是猶太人，是希臘人、阿拉伯人還是土耳其人，今後都是「奧斯曼人」，在法律上享有同等地位，當然也必須按照同樣的標準納稅和服兵役。然後東方教會的基督徒就提出抗議說，我們在過去的穆斯林帝國征服者的統治下都是不用服兵役的，現在你們給我們以平等的待遇，你們要讓我們像法蘭西共和國的公民都要為共和國打仗一樣，去為新的奧斯曼國家打仗，但是我們不願意當兵，請允許我們回到過去執行沙利亞法的時代，讓我們繼續做二等公民吧，讓土耳其人去打仗，我們交錢就好。如果蘇丹的錢不夠，我們願意另外再交一筆「代役金」給他，只要他不讓我們打仗就行了。於是蘇丹拍了拍腦袋想，這個辦法很好，我老人家也不缺人手，你們願意出錢那就出錢吧。於是，代役金制度就開始實行了。

當你在有資格獲得平等待遇的時候不願意獲得平等待遇，只願意輕鬆享福，這就是費拉的最佳證明。因為國家統治階層的權力是源於征服者的武力，比如突厥征服者、滿洲征服者、蒙古征服者和西歐的封建貴族都是靠打仗打出來的江山。近代的民主國家，從法蘭西共和國開始，從華盛頓將軍的民兵開始，從來都是依靠公民軍隊。如果法蘭西共和國的公民都支付代役金而不去打仗的話，法蘭西共和國就不存在了。如果華盛頓將軍沒有民兵的話，那麼美利堅合眾國當然也就不存在了。東方基督教徒寧願讓土耳其人去打仗，像拜倫勳爵在《哀希臘》（*The Isles of Greece*）那首詩中悲憤地寫道：他們發出了可恥的聲音，「打仗讓土耳其蠻子去打，我們要讓希俄斯的紅酒快流！」[16]發出了這樣的聲音以後，統治權就不可能屬於他們了。

但是，黎巴嫩山的那些基督教徒在當時仍然是例外。他們之所以得到了法國人和俄國人格外的重視，就是因為他們在東方基督教徒當中是極少數能夠打仗的人。在阿拉伯帝國征服、土耳其帝國征服以後，他們在山地的酋長和封建領主的統治之下，有的時候是跟穆斯林帝國敵對的，有的時候是在穆斯林帝國名義上的統治之下保持著封建的自治的。所以等到十九世紀中葉，在拿破崙三世皇帝跟俄羅斯的沙皇競爭東方基督教徒的保護人的時候，黎巴嫩就引起了法國人的重視。從土耳其帝國的角度來講，東方基督教徒的保護權只是米勒特制度[17]的一個自然延續。從拿破崙三世的法蘭西帝國和俄羅斯帝國的角度來講，誰能夠得到耶路撒冷聖墓大教堂的保護權[18]，是件很有面子的事情，但是未必有明顯的實際利益，因為耶路撒冷的東方教會

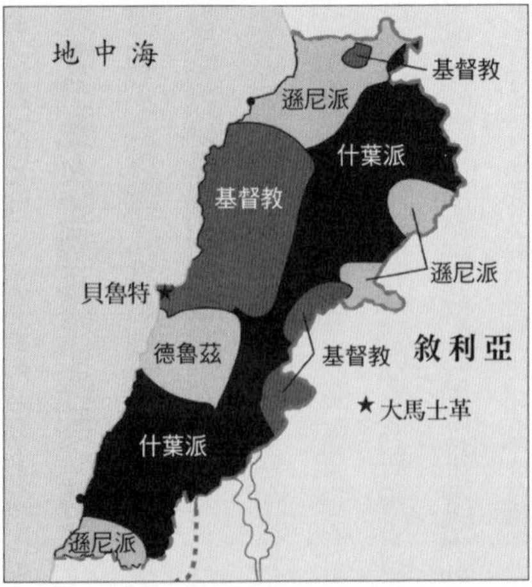

黎巴嫩宗教分布圖　由於歷史因素，黎巴嫩是中東國家裡宗教信徒最為多元化的社會。主要的兩種宗教是伊斯蘭教——包括遜尼派和什葉派，以及源自於伊斯蘭，但通常不被認為是穆斯林的德魯茲教派；以及基督宗教——包括馬龍派、安提阿希臘正教會、默基特（Melkite）希臘禮天主教會、亞美尼亞使徒教會和各種新教。

跟大馬士革或亞歷山大的東方教會一樣，無論他們在教義上是怎麼講的，他們在政治上是願意服從奧斯曼蘇丹的，他們並不想自己統治自己，他們享有社會的自治權就已經足夠了，追求政治上的統治權並不是他們希望的。中東地區只有黎巴嫩山的基督教徒還有能力追求政治上的統治權，因為他們從阿拉伯帝國征服的時代開始，一直到十八世紀中葉西方殖民者來到中東，都不斷地跟周圍的穆斯林和德魯茲人[19]打仗，不斷地流血，這使得法國人感到他們是值得保護的。

近代黎巴嫩的起源，就產生於法蘭西對黎巴嫩山基督徒的保護。最初的說辭並不是要製造一個黎巴嫩政治民族，而是要保護黎巴嫩基督徒，要防止他們在跟德魯茲人和穆斯林的反覆仇殺中

⑭「有經人」（People of the Book），即所謂「曾受天經的人」（出自《古蘭經》第九章二十九節），一般是指猶太人和廣義上的基督徒，也包括了袄教徒及印度教徒，他們以繳稅換取伊斯蘭穆斯林的保護，因此在法律上也被稱為「被保護者」。

⑮花廳御詔或御園敕令（Edict of Gülhane）是由奧斯曼帝國蘇丹於西元一八三九年發布的改革詔令。此詔命開啟了「坦志麥特」（Tanzimat）時代，也就是奧斯曼帝國進行的近代化改革，包括建立現代化的、歐洲的憲政運作模式，並將東正教徒、阿拉伯人、亞美尼亞人等各族裔整合入一個更為統一的「奧斯曼民族」的身分認同。

⑯原文：「Leave battles to the Turkish hordes, And shed the blood of Scio's vine!」

⑰米勒特（Millet）是一種教團自治制度，主要作用是維持民族、宗教穩定。奧斯曼帝國於一四五三年土攻占君士坦丁堡後，實施米勒特制度，同意非穆斯林宗教團體或氏族在不損害帝國利益並承擔捐稅的基礎上，可擁有獨立的宗教文化和教育機構，可以保持本民族語言文字，充分享受內部自治權。

繼續流血。無論如何，土耳其人得罪不起法國人，土耳其的變法非常需要法國的技術支援，就接受了法國人的外交干涉。於是，根據著名的《雙州方案》（一八四二年），黎巴嫩山地成立了兩個自治邦——不是獨立國家，而是自治邦。這個自治邦類似於巴爾幹半島泛希臘各邦成立的例如塞爾維亞自治邦、東魯米利亞治邦[20]，變成了後來塞爾維亞和保加利亞這些國家的前身。雙州方案成立的這兩個自治邦，一個是東方馬龍派基督徒的自治邦，一個是德魯茲派的自治邦。他們可以產生自己的長官，自己治理自己，只是名義上接受土耳其蘇丹的最高領導，事實上由法國的外交官保護。我們要注意，這個由東方基督徒和德魯茲派組成的雙州只包括小黎巴嫩，也就是今天的黎巴嫩山區，不包括黎巴嫩的沿海地帶和平原地帶。

無論如何，在法國的保護之下，小黎巴嫩就算是變成了歐洲在海外的一個領地，搭上了直達歐洲的特快車。如果回頭看看東亞的香港和深圳為什麼會發展得這麼迅速，那麼最簡單的答案就是，香港和深圳的居民原先差別不是很大，但是香港人搭上了大英帝國的直達車，獲得了歐洲人的待遇，所以在經過了一百多年以後，他們就變成了兩個不同的地方，直到中國改革開放後，作為開放特區的深圳才又搭上了直通西方的順風車。而小黎巴嫩在十九世紀搭上了法國人的順風車，然後他們的留學生就到了歐洲，他們的精英人物自然就會到了歐洲。他們的基督教會的頭面人物，因為是非常古老的、使徒時代的老基督教會，跟羅馬教廷差不多是同樣的壽命，比路德教和加爾文教的新教會壽命要長得多，而且過去宗教戰爭的舊怨早已經被人遺忘了，歐洲人只看到了他們是自己的基督教同胞，因此他們也獲得了准歐洲人的待遇。

結果，小黎巴嫩就變成了土耳其帝國境內發展得最好、最歐洲化的地方，這樣自然就會引起民族發明的衝動：既然瓦拉幾亞的希臘人為了爭取獨立可以把自己發明成為羅馬尼亞民族，我們也可以這麼做。發明成為羅馬尼亞民族這件事情也是為了討好拿破崙三世，因為拿破崙三世為了跟盎格魯人對抗，試圖把所有拉丁人都集結到自己的領導之下，於是他就企圖證明，拉丁美洲的拉丁人、義大利人、西班牙人全都是拉丁人，跟法蘭西人一樣，應該歸他領導。結果巴爾幹半島

⑱ 聖墓教堂（Church of the Holy Sepulchre）是耶路撒冷舊城內的一所基督教教堂，當地基督徒認為此教堂即建立在《新約聖經》中描述的基督耶穌殉難之地上，從西元四世紀開始便已是重要的聖地。此教堂今天是耶路撒冷牧首的教座所在，而建築本身則由羅馬天主教會、亞美尼亞使徒教會、正教會三個教會負責主要的行政及管理，另外敘利亞正教會、衣索比亞正教會、科普特正教會則享有部分祭壇等設施的使用及管理權。

⑲ 德魯茲（the Druze）是中東的一個源自於伊斯蘭教什葉派伊斯瑪儀派（Isma'ilism）的獨立宗教教派，其經典為諸位創立者的信函集《智慧書》，教義深受基督教影響，因此德魯茲人通常不被認為是穆斯林。目前，德魯茲人主要分布在黎巴嫩、敘利亞、以色列、約旦以及北美、澳洲等地，人數約在一百二十萬至二百萬人之間，使用黎凡特阿拉伯語，有著強烈的身分認同。

⑳ 一八七八年的《柏林條約》規定，在奧斯曼帝國境內，允許馬其頓以東、巴爾幹山脈和洛多皮山脈之間的地區成立名為「東魯米利亞」（Eastern Rumelia）的自治省，以普羅夫迪夫（今保加利亞第二大城）為首府。

這些希臘人就覺得，如果我們不做希臘人而改做拉丁人的話，一方面可以擺脫雅典那一幫既沒有用處、話又特別多、幫不了我的忙還要指手畫腳管我們的洪秀柱和馬英九[21]，一方面又可以得到拿破崙三世和強大的法蘭西的保護。所以他們就拍了拍腦袋，在民族發明學的記錄上，把他們從一八二一年的希臘東正教徒修改為一八六〇年以後的古羅馬人後代了，這樣他們就有希望得到拿破崙三世的保護了。黎巴嫩的這些東方基督教徒也是抱著同樣的希望，指望法國人的保護能夠使他們成立一個黎巴嫩政治民族，於是他們就提出，黎巴嫩不應該僅僅只是一個地理名詞，而更應該是一個政治民族。

但是接著問題就來了：假如瑞士各州的居民要索取法國和義大利的土地，那麼今天的瑞士聯邦還能不能是自由的聖地和聯邦制度的典範呢？恐怕不行。法國和義大利那一部分長期在法國絕對君主制的統治之下，已經習慣於類似郡縣制的管理模式了，瑞士聯邦那種社區自治的模式跟他們的憲法結構不一樣。如果合併這兩個部分，你不要因為日內瓦人說的是法語，而馬賽人說的也是法語，就會以為把馬賽併入瑞士聯邦會帶來什麼好處，必然會變成瑞士議會裡面的破壞性力量。兩個政治習慣不同的實體，即使原先在一百年或五百年以前是同一個社會，但經過了不同政治制度的訓練以後，他們在一起工作也是非常困難的。連英國人和愛爾蘭人在同一個議會中都無法合作，更不要說是日內瓦人和馬賽人了。所以瑞士人非常明智，他們堅持小瑞士的原則，並不去發明大民族神話，說是我們日內瓦人跟馬賽人講的是同一種語言，而我們小小的瑞士缺乏一個出海口，就要把隆河下游也劃入大瑞士的領土。

但是，小黎巴嫩的政治家在這一點上就犯了一個錯誤。他們覺得小黎巴嫩雖然已經變成一個小歐洲，變成中東的瑞士，生活水準和政治文明程度已經明顯超過了奧斯曼帝國的其他地區，但是還是有一個美中不足的地方——它沒有出海口。如果能夠到法國去做一點外交工作，讓強大的法蘭西出面干涉，把我們領土擴大一點，把沿海地帶劃給我們，那麼我們的大黎巴嫩豈不就是十全十美了。他們的外交工作發揮了作用，法國人果然進行了干預，最終在奧斯曼帝國解體的時候，讓法國獲得了大敘利亞的委任託管權，然後法國外交家在地圖上用紅藍鉛筆劃了一下，劃出一個大黎巴嫩來。這個大黎巴嫩不再是像雙州方案的小黎巴嫩那樣是基督徒州和德魯茲州組成的，而是包括了大量的穆斯林。按照法國人在第一次世界大戰後所做出的統計，大黎巴嫩的基督徒大概占人口的百分之五十五左右，各種穆斯林占人口的百分之四十五左右。

這樣一來，大黎巴嫩制定憲法時就要大費周章了。於是正如我們所見到的，它就形成了目前的這樣一種體制：總統和國防部長歸基督徒擔任，總理歸遜尼派穆斯林擔任，議長歸什葉派穆斯林擔任。這種不平衡的局面是後來的黎巴嫩走向解體的根本原因，因為黎巴嫩政治民族從一個地理名詞變成一個政治民族是可以的，有很多地方都是從地理名詞變成政治民族的，例如烏拉圭東岸本來就是阿根廷的一個行省，然後就變成一個民族了，但是前提條件是，國民共同體的構建一定要能夠成功。國民共同體需要凝聚核心，而小黎巴嫩的核心毫無疑問就是馬龍派基督徒的社區，他們是東方基督教徒中唯一相對不費拉的組成部分。但是，他們取得了山下的敘利亞的平原和沿海地帶，雖然表面上基督徒和穆斯林的人口都有了增加，但是實際上卻增加了大量的費拉人口。

像泰爾、西頓、的黎波里和貝魯特這些大城市也有一些東方基督徒，但是他們跟山地的山民不一樣。他們像耶路撒冷的基督徒一樣，已經習慣於穆斯林統治，也就是說他們缺乏自己治理自己的政治習慣。而東方的穆斯林大多數在土耳其人的統治之下，也跟東方的基督教徒犯有同樣的毛病，他們滿足於產生自己的教法學家、產生自己的卡迪（Qadi）和穆夫提（Mufti）[22]，也就是說在社會方面管理自己就夠了，結婚、離婚或是處理財產糾紛讓我們自己的學派管、不受君士坦丁堡的大穆夫提管理就行了。土耳其的蘇丹雖然是哈乃斐派（Hanafi）的，但是如果我們的小社區是罕百里派（Hanbali）[23]的，我們照樣自己管理自己，選舉出自己的罕百里派教法學家。那麼這個罕百里派的穆夫提在土耳其憲法中的地位，就跟土耳其帝國統治之下猶太人社區的拉比和東方基督教社區的主教是一樣的。無論你是拉比、主教還是穆夫提，你都可以按照自己教派的規矩管理自己，前提條件是你必須不問政治。你管社會是可以的，管民法財產權、婚姻繼承權這些，那是你分內的事情，但是政治和軍事你不能管，那是征服者的事情。

大黎巴嫩一半以上的人口都是由這樣的東方基督教和穆斯林的順民人口組成的，結果造成的後果就是我們已經看到的，他們不像過去的小黎巴嫩那樣能夠維持一個中東瑞士的格局。尤其是，他們在政治上失勢，被那些比他們資格更老、政治上更有經驗的小黎巴嫩人歧視的時候，立刻就會看不清自己的利害關係，而是覺得：這些人歧視我們，是因為他們是老基督徒、而我們是什葉派或遜尼派的緣故，我們可以到敘利亞或伊拉克去尋找我們的盟友。這樣的政治選擇就是有沒有政治德性的一個判斷。比如說，台灣的國民黨人如果看到，他們回歸中華人民共和國以後頂多像大陸的民革[24]一樣，在政協裡面占一個委員的職位，連做台北市長的資格都沒有了，他們就會明白，維持台灣的獨立，哪怕是台灣變成一個獨立國家，他們只能在這個獨立國家裡面當在野黨，但是能夠掌握住實實在在的台北市的真實權力，總比在政協會議裡面當傀儡要好得多。但是他們看不到這一點，他們寧願去做政協委員，這就是缺乏政治德性的體現。

相反，日內瓦的瑞士人絕不會因為拿破崙是如此的強大，威震天下，打遍義大利沒有敵手，我們就放棄瑞士聯邦的自由，去加入法蘭西。瑞士聯邦三分之二以上都是德語人口，我們講法語和義大利語的三分之一在瑞士聯邦中注定是受壓迫的，所以我們要退出瑞士，加入法國。如果他們這麼幹的話，那麼瑞士聯邦的自由就完蛋了。但是日內瓦共和國的法語居民從中世紀以來一直習慣於自我治理，他們的政治德性很高，拒絕了這樣的誘惑。同樣，蘇黎世（Zürich）的德語居民，無論希特勒或是威廉皇帝打了多少勝仗，他們都寧願跟日內瓦的法國人共同維持瑞士聯邦的自由，而不願意去加入希特勒的大德意志民族。這就是我所謂的政治德性，政治德性是通過政治選擇體現的。

而大黎巴嫩的許多社區，主要就是原先那些平原和沿海地區的費拉社區，無論他們是基督徒還是穆斯林，都很容易做出跟瑞士聯邦相反、但是跟台灣國民黨人完全一致的政治選擇，到海外去尋找盟友，破壞本身的中立，結果就導致了黎巴嫩的內戰。黎巴嫩在一九七五年以前，它被歐洲人稱為「中東瑞士」（Switzerland of the Middle East）；雖然它是一個地中海國家，但居民卻覺得自己跟賽普勒斯和馬爾他差不多，都是歐洲的一部分，很少會想到近在咫尺的敘利亞和伊拉克。戰爭爆發以後，情況當然就完全變了。外界的人不大明白這裡面的奧妙，以為問題出在基督教和伊斯蘭教之間，其實不是這樣。有些基督教會，包括他們的武裝，實際上是親敘利亞的，比如說像是以前薩米爾·吉亞加（Samir Geagea）[25]的民兵就是這樣的，非常急於把敘利亞的軍隊拉進來，在黎巴嫩內戰中給他們自己撐腰；而某些穆斯林的社區，例如像拉菲克·哈里里（Rafic Hariri）[26]所在的穆斯林社區卻是強烈反對敘利亞的。

這個就跟大敘利亞的社區結構有非常密切的關係。我們剛才提過，大敘利亞的東方基督教徒大部分是費拉，他們習慣於依靠穆斯林統治者來反對十字軍。今天敘利亞的基督教會也是這樣的，他們寧願讓阿拉維（Alawites）[27]少數派當權，依靠他們的保護來抵抗其他的穆斯林教派，所以跟他們有聯繫的黎巴嫩基督教會在政治上反倒是支持敘利亞的。如果你看到今天的敘利亞內戰，你不免會問，庫德人在敘利亞人口中占多少比例？不到百分之五。但是他們有自己的軍隊，他們建立了自己的自治政權。而敘利亞的東方基督教徒的人口占敘利亞人口多少？答案是，占敘利亞人口的百分之二十。他們的軍隊在哪裡，他們的自治社區在哪裡？答案是，他們既不想組織民兵，也沒有能力自治，他們依附人口比他們少得多的阿薩德的阿拉維派，依靠他們的保護去對

㉑ 作者使用馬英九、洪秀柱等台灣知名人士作為書中比喻，不代表出版社立場。

㉒ 穆夫提（Mufti），是負責解釋伊斯蘭教法的學者，同時也是伊斯蘭宗教的知識分子與教法官，有權發布伊斯蘭教令。卡迪（Qadi）即依據伊斯蘭教法對穆斯林當事人之間的民事、商事、刑事等訴訟執行審判的法官或裁判官。

㉓ 哈乃斐派（Hanafi）及罕百里派（Hanbali）為伊斯蘭教的遜尼派教法學四大派之二，前者分布範圍較廣，從中東、土耳其、巴爾幹乃至於中亞、印度及中國地區；後者則以沙烏地阿拉伯與卡達為主。其他兩派為瑪利基法派（Maliki）與沙菲耶派（Shafi'i）。

㉔ 民革指創立於一九四八年的中國國民黨革命委員會，是中華人民共和國排名第一的「民主黨派」。在中國政治體制下，中國共產黨對民革進行政治領導，但聲稱保證組織獨立和法律地位平等，不會干擾其獨立性及日常事務

㉕ 薩米爾．吉亞加（Samir Geagea, 1952–），黎巴嫩政治家，黎巴嫩的基督教政黨及右翼民兵團體「黎巴嫩軍團」（Lebanese Forces）的領導者。

㉖ 拉菲克．哈里里（Rafic Hariri, 1944–2005），黎巴嫩前總理，出生於遜尼派的穆斯林家庭，他從政前是黎巴嫩一位白手興家的億萬富豪，於一九八〇年代開始從政，在一九九二年黎巴嫩內戰結束後擔任總理，推行多項經濟改革與重建計畫，二〇〇五遭到伊斯蘭極端分子暗殺。

抗其他的教派和族群，無論是庫德人、穆斯林還是其他什麼教派。所以在這個問題上，起作用的是自治能力或政治德性，而不是宗教上的標籤。

我們今天稱之為「敘利亞化」的政治結構，便是指國民共同體的構建失敗所造成的族群衝突狀態。小黎巴嫩未能構建一個黎巴嫩國民共同體，而瑞士的德語居民和法語居民卻能構建一個瑞士國民共同體，儘管他們的宗教和語言都不一樣，歸根結底還是政治德性的問題。瑞士聯邦沒有要大瑞士，它的所有各州，無論是德語州、法語州還是義大利語州，都是自古以來就習慣於自治的，他們不要那些哪怕是跟他們語言和文化一致、但是不像他們那樣習慣於自治的地方；而黎巴嫩民族發明家做了相反的選擇，使今天的黎巴嫩四分五裂。

黎巴嫩民族構建失敗的原因在於，沒有在社區共同體的基礎上，進一步構建國民共同體。例如，波蘭的天主教社區就是波蘭民族構建的基礎。當然這個民族構建的代價就是，把路德派的教徒——本來在宗教改革之前跟他們是一家兄弟、只是因為信了路德教就變成不同社區的那些人重新發明為德國人，把他們從波蘭民族共同體中踢出去；把那些信仰了東正教的親戚發明成烏克蘭人，把他們從波蘭民族共同體中踢出去。這樣，以波蘭的天主教社區共同體為基礎，就發明成功了波蘭的國民共同體或民族共同體。而波蘭人如果也像是黎巴嫩那樣，非要說歷史上我們波蘭王國曾經統治過普魯士和烏克蘭，即使他們是路德教徒和東正教徒，我們也要把他們發明成為波蘭民族，那麼你可以想像，在國際政治不可避免的風吹草動當中，波蘭境內的烏克蘭人必然會像赫梅爾尼茨基（Bohdan Khmelnytsky）[28]一樣向俄羅斯求援，波蘭境內的路德教徒必然會向德國人求援，那麼波蘭國民共同體就會像今天的黎巴嫩一樣支離破碎了。黎巴嫩就是由於社區共同體和基礎共同體的底盤不夠大，而民族發明家的野心又太大，超過了基礎共同體所能支持的程度，而造成了惡果。在一九七五年時，我們把這種民族發明失敗、國家解體、社區各自為戰的狀態稱之為「黎巴嫩化」，但是今天我們把它稱之為「敘利亞化」。歷史上的敘利亞和黎巴嫩是有密切聯繫的。今天的「敘利亞化」與一九七五年的「黎巴嫩化」的歷史意義其實是一模一樣的。

在黎巴嫩和敘利亞國民民族發明都失敗了的情況下，基礎共同體或社區共同體就變成了你唯一的保護。你原先所在的那個社區的長老，如果他有能耐、不是費拉的話，他就會組織一個叫做黎巴嫩長槍黨（Kataeb Party）[29]、庫德民兵、庫德敢死隊或其他什麼名義的組織，名稱是什麼不重要，反正有了這支軍隊就證明你不是費拉了，你的社區有能力保護自己。所以，黎巴嫩化、敘利亞化儘管殺得很凶，內戰打了幾十年，但是據說造成的人口損失非常少，每一次戰役通常只有幾十人、頂多幾百人傷亡。有難民，但是大規模的人口損失很少。東亞改朝換代，動不動就像是張獻忠、洪秀全和常遇春那樣，四川省的人口殺得一個也不剩，動不動就死幾百萬人，動不動就是海內人口減半，這種現象說明了什麼？說明基礎共同體的社區沒有建立起來，你產生不了像長槍黨這樣的有自衛能力的社區。

如果這樣的社區能夠產生出來，那就會出現越南戰爭時期那種情況：共產黨根據列強的談判結果占領了北越以後，北越的天主教社區就武裝起來，組織自己的民兵，萬里長征南下，逃離北越，投奔自由。他們即使是不能打，至少還有武裝逃亡能力。如果既不能打又不能武裝逃亡，輕輕鬆鬆就被人消滅掉了，那麼我就可以很負責任地說，你沒有基礎共同體的組織能力，你就是費拉。戰爭就是一個考驗。「敘利亞化」被說得這麼嚴重，但是人口損失卻非常之少，為什麼？因為他們雖然在政治共同體這個級別發明民族失敗，但是在基礎共同體的級別上，建設社區卻是成功的。

聖馬龍（St. Maron）圖　聖馬龍是大約在西元4世紀晚期至5世紀初期敘利亞著名的隱修士，在他去世後，他的追隨者建立了一座以「馬龍」為名的修道院，成為敘利亞當地的基督教會中心，並於西元687年獲得拜占庭皇帝的認可，得以任命宗主教。隨著伊斯蘭的興起，馬龍教派的基督徒在與穆斯林對抗的過程中，逐漸搬遷到黎巴嫩山中形成各式社區，構成了今天黎巴嫩的主要起源。

而東亞的專制主義是比奧斯曼帝國更徹底的。證據就是，在奧斯曼帝國的統治下，能夠允許你司法自治和教育自治，包括除了政治和軍事之外的民法、婚姻法、財產法、商業法這些方面自治的這種機制，這不只是土耳其，也普遍存在於中東的各伊斯蘭帝國，然而卻不存在於東亞大陸。東亞大陸上的居民，普遍是「編戶齊民」，也就是說，連埃及費拉那一點自治權利都沒有。埃及費拉和敘利亞費拉僅僅是沒有政治自治權，他們不像普通法之下的封建歐洲的居民和瑞士聯邦的居民，那些人是既有政治自治權，又有社會自治權；中東的費拉是，沒有政治自治權，只有社會自治權，所以他們才被叫做費拉；而東亞的「編戶齊民」，既沒有政治自治權又沒有社會自治權，非常可憐；所以管你叫做費拉，那是在侮辱埃及人。

當然，今天的基督教在東亞傳播得很快，我們可以樂觀地假定，某些基督教會已經具備了社會自治能力，但是他們是不是已經具備了黎巴嫩長槍黨和敘利亞庫德人目前已經具備的那種組織民兵和政治組織的力量，我現在還不敢說。也就是說，如果樂觀地估計東亞的宗教結構和社區結構的話，最近幾十年產生的基督教會可能已經建立起了能跟埃及費拉相比的基礎共同體或社區，但是他們當中有多少人的政治自治能力已經發達到像敘利亞庫德人和黎巴嫩長槍黨那種地步，我是不敢下斷語的。但是有一件事情是可以肯定的，就是說，從長遠上來講，政治共同體是取決於基礎共同體的。美國為什麼能夠建立起共和制度？就是因為新英格蘭地區的清教徒擁有強而有力的自治社區。瑞士聯邦為什麼能夠存在？當然是因為瑞士諸州的自治社區早就存在了。因此，庫德人和黎巴嫩長槍黨的基礎共同體自衛有餘，建國能不能成功還有待於歷史考驗。

而東亞呢，現在是社區共同體正在建設當中，形成了跟黎巴嫩和敘利亞一樣的犬牙交錯的局面，也就是說，各地原先被共產黨破壞農村的鄉紳結構和城市的資本家以後製造出來的一盤散沙，有很大一部分已經被基督教的和伊斯蘭教的社區組織接管過去了，以至於，目前的基層社區當中可能有一億人口、甚至是更多正在經歷這個社區的組成過程，但是恐怕還沒有任何社區能夠形成比如說像蘇格蘭長老會（Church of Scotland）那

約翰·諾克斯與蘇格蘭民族發明　圖為蘇格蘭畫家威爾基（David Wilkie）創作於1832年的作品，描繪了蘇格蘭長老教會的建立者約翰·諾克斯（John Knox, 1514–1572）於1559年說服蘇格蘭貴族建立「主的聖會」（The Congregation of the Lord），並在1560年與英格蘭締結新教同盟的歷史事件。本書作者認為這是蘇格蘭民族發明的起源。

種連州跨縣的成片領土。如果他們有了這樣的領土，就可以像是蘇格蘭長老會發明蘇格蘭民族一樣，把自己的社區發明成為一個國民共同體；但是如果他們的社區像是黎巴嫩的長槍黨或敘利亞的庫德人那樣，是分散的、零零碎碎的，分散在很多不同的地區，那麼他們即使是不僅有社會構建能力、而且有政治構建能力，他們能夠得到的恐怕也就是黎巴嫩長槍黨或庫德人那種斷斷續續的政權。

我知道在共產黨統治下的基督教會，對於未來往往有很多不切實際的幻想。其中之一是「君士坦丁大帝」的幻想，希望整個東亞能夠基督教化，但是在我看來這是不可能的；另一個幻想則是按照韓國的先例，通過社會運動，以基督教會為中心促進民主，實現民主轉型，但是鑒於韓國的威權主義模式的成功，實際上是因為美國替它承擔了秩序輸出的結果，所以也完全不適用於共產黨統治下的中國。在我看來，即使他們傳教工作做得最好，社區建設的工作做得最好，社會抗爭做到極致，頂多就在東亞大陸形成大片類似黎巴嫩和敘利亞那樣的社區共同體，而這些社區共同體因為彼此互不連續、中間被很多比他們更加費拉的社區隔斷的緣故，他們要像在君士坦丁大帝時代那樣把整個羅馬帝國盤下來，或是像韓國基督徒那樣索性發明一個韓國民族，這對於他們都是沒有多少希望做到的事情。他們能夠得到的最大機會，也就頂多是像一八六〇年前後的小黎巴嫩，把一些比較小的社區，例如假定溫州附近的連續幾個地級市都有大量的基督教人口，可以把錢塘江東岸連成一片基督教社區，那麼他們也許能夠發明一個「小吳越民族」，或是在圖們江沿岸發明一個「小滿洲民族」，或是在膠東半島發明一個「小齊州利亞」民族之類的。現在還想發明比這更大的政治共同體，他們的處境就會落到比敘利亞庫德人和黎巴嫩長槍黨還要差的局面。如果你的政治野心跟你的社區基本盤不相匹配的話，那你就很容易因為謀求太多的東西，連較少的東西都得不到。

就目前東亞的社區形勢來講的話，我可以很有把握地說，如果現在統治他們的共產黨突然不復存在，最有可能出現的局面就是敘利亞化或黎巴嫩化的局面，在任何秩序出現之前，都無法避免長期的流血衝突；或另一個可能的結局就是，要麼共產黨繼續存在下去，要麼共產黨被「八個大大」[30]或其他新的外來者征服，同樣推行大一統的專制主義，然後再把這些新產生出來的社區力量盡可能壓成費拉，使他們願意在一定程度的社會自治和教育自治之下放棄政治上的權利。目前，照他們自己的社區構建能力來講，最有可能出現的就是這兩種結果，因為在這些基督教會當中，已經有很多表現出願意接受費拉式的選擇，放棄政治權利，只要求自己能夠在教育和社會方面得到一點小小的讓步就滿足了，另外一些哪怕是抗爭性最強的教會，再加上他們的兄弟教會和兄弟社區，能夠覆蓋的地理空間也並不比黎巴嫩長槍黨或敘利亞庫德人大上多少。對於他們來說，他們如果堅持中華民族或漢民族的構建，那就等於說他們在政治上鐵定要失敗了。他們必須得發明很小的民族單位，甚至要發明比我設想的——像滿洲國或「吳越民族」這樣的單位小得更多的民族單位，他們才能夠在未來的政治鬥爭中獲得勝利。

㉗ 阿拉維派（Alawites），又稱「努賽爾派」（Nusayris），是屬於伊斯蘭什葉派分支的神秘主義派別，其教義與伊斯蘭傳統有相當大的區別。今天敘利亞的阿拉維派人口只有約五十萬人，但隸屬於該派的阿薩德（al-Assad）家族則是敘利亞最有力的掌權者並控制當地政治。

㉘ 赫梅爾尼茨基（Bohdan Zenobi Chmielnicki, 1595–1657），十七世紀烏克蘭軍事領袖，被認為是烏克蘭的國父。他在一六四八年發動起義，率領烏克蘭人擺脱波蘭立陶宛聯邦的統治，但在一六五四年與沙皇訂立《佩列亞斯拉夫條約》，將沙皇勢力引進烏克蘭，最終造成了烏克蘭遭到俄羅斯帝國吞併的結果。

㉙ 黎巴嫩長槍黨（Kataeb Party）成立於一九三六年十一月，是基督教馬龍派的主要政黨之一。該黨領導著由馬龍派民兵組成的一支軍隊，是馬龍派主要依靠的武裝力量。一九七五年四月十三日，該黨四名成員遭到巴勒斯坦遊擊隊射殺，隨後展開對巴勒斯坦人的報復，開啟了黎巴嫩內戰（1975–1990）的序幕，該黨於一九八二年製造了著名的「貝魯特難民營大屠殺」（Sabra and Shatila massacre）。

㉚ 「八個大大」是恐怖組織伊斯蘭國的首領巴格達迪（Abu Bakr al-Baghdadi, 1971–2019）的諧音，以產生幽默和暗語的效果，泛指將來可能從內亞方向闖入東亞的伊斯蘭教勢力；也對應「七個大大」，即中共政治局的七個常委。

黎巴嫩
民族發明大事記

時間	事件
西元前9至7世紀	**腓尼基海洋帝國與古黎凡特地區** 西元前約9世紀，腓尼基人在地中海東岸的黎凡特地區（今天的大黎巴嫩地區）建立城邦並通過黎巴嫩山的木材資源打造了海洋帝國，被視為是今天黎巴嫩的前身。然而在民族發明學的意義上，黎巴嫩現在的基礎共同體是基督教興起後，於拜占庭帝國統治時代建立的馬龍教會產物。
約西元7世紀	**馬代特人與今天黎巴嫩的馬龍人** 馬代特人是早期的基督徒，在穆斯林興起的西元7世紀左右，在黎巴嫩北方的努爾山脈建立了自治政權，並掌控了位於當時拜占庭帝國與伊斯蘭勢力交界處的戰略要道「阿曼尼亞門」（Amanian Gate）。馬代特人被今天黎巴嫩的馬龍人（Maronites）聲稱為歷史上的祖先，但尚有爭議。
西元4至5世紀	**馬龍教會的建立** 聖馬龍的追隨者在黎巴嫩地區建立了崇尚一神論（Monotheism）的馬龍教會，是今天黎巴嫩社會的主流群體之一的馬龍人祖先。此教會於西元7世紀伊斯蘭宗教勢力興起後，遷往黎巴嫩山區建立了基層共同體，並在歷代阿拉伯或土耳其帝國的統治下取得了一定的自治權。
西元11世紀	**德魯茲教派的建立** 德魯茲教派起源於西元11世紀，原本為伊斯蘭什葉派的一個分支，由於其獨特教義受到基督教及其它宗教影響，其追隨者通常不被視為穆斯林。德魯茲教派於11世紀開始在黎巴嫩南部傳播並形成了基層共同體，為今天黎巴嫩社會的主流群體之一的德魯茲人祖先。
1517至1841年	**黎巴嫩山酋長國** 奧斯曼土耳其帝國於1516年擊敗埃及的馬穆魯克人並征服黎巴嫩及敘利亞地區之後，准許黎巴嫩南部信奉德魯茲教的「馬尼家族」「Ma’n dynasty」成立自治的黎巴嫩山酋長國（Mount Lebanon Emirate）。馬尼家族的統治於1697年後由「希哈卜家族」（Shihab dynasty）取代。希哈卜家族原本信奉德魯茲教，但於18世紀後期皈依馬龍派基督教，並積極推動黎巴嫩山酋長國脫離奧斯曼帝國統治但失敗。希哈卜家族的改宗是黎巴嫩長期存在著基督徒與德魯茲人或穆斯林衝突的縮影，也是黎巴嫩民族發明的關鍵事件。

1842年

雙州方案與黎巴嫩內戰

奧斯曼帝國為解決黎巴嫩馬龍人與德魯茲人長期以來的衝突，在1842年制定《雙州方案》，將黎巴嫩山酋長國分拆為兩個自治邦，分開馬龍人與德魯茲並讓他們自治，但此舉卻更加深馬龍人與德魯茲人之間的隔閡及歐洲勢力的介入，埋下於1860年爆發的「黎巴嫩山內戰」導火線。

1861年

黎巴嫩山穆塔薩勒夫領建立

爆發於1860年的「黎巴嫩山內戰」造成交戰各方死傷慘重，戰爭後期占據優勢的德魯茲人對馬龍人社區展開大屠殺等種族滅絕行徑，引起以法國為首的歐洲勢力干涉。1861年在法國主導下，建立一個以馬龍人為主、名義上歸屬於奧斯曼帝國的「黎巴嫩山穆塔薩勒夫領」（Mount Lebanon Mutasarrifate），並由歐洲列強進行保護。

1920年

大黎巴嫩邦與法國託管地

一戰結束後，原奧斯曼帝國所屬的黎巴嫩於1920年合併至新成立的敘利亞王國內；但該王國於1922年遭到法國反對並撤銷其獨立，同年改為「法屬敘利亞及黎巴嫩託管地」，黎巴嫩山及南部的平原及沿海地帶被合併為「大黎巴嫩州」，為今天黎巴嫩的前身。

1926年5月23日

黎巴嫩憲法的制定與《國家公約》

大黎巴嫩邦於1926年5月23日通過《黎巴嫩憲法》，奠定了黎巴嫩共和國及國內各宗教族群權利規範的基礎。在此憲法基礎上，黎巴嫩於1943年通過《國家公約》，規定黎巴嫩為一個阿拉伯國家，馬龍人不得尋求西方勢力改變之；但是黎巴嫩共和國的總統及最高軍隊司令將永久為馬龍人擔任；政府總理永久為遜尼派穆斯林；國會議長永久為什葉派穆斯林；副總理及副議長永久為希臘東正教徒；軍隊參謀長永久為德魯茲人；議會席次的基督徒與穆斯林（包括德魯茲人）比例永久為6比5。

1975至1990年

黎巴嫩內戰爆發

黎巴嫩共和國雖然於二戰後期的1943年11月23日獨立，但國內的多宗教族群結構依然是其民族發明的最大隱憂。隨著1950年代泛阿拉伯民族運動的興起及巴勒斯坦危機，更加深了國內的族群的對立。1970年，約旦強制驅逐國內的巴勒斯坦難民，導致這些難民湧向黎巴嫩，引發黎巴嫩國內各宗教團體的軍備競賽，最終在1975年爆發大規模的武裝內戰並持續至1990年。

敘利亞

Syrian Arab Republic

Waḥdah, Ḥurrīyah, Ishtirākīyah

獨立時間：1945年10月24日

首都：大馬士革

三、敘利亞

文化泛民族主義的流產試管嬰兒

我們今天要講一講阿拉伯民族主義（Arab nationalism）。阿拉伯民族主義是一個非常接近於漢族主義的民族構建，它對全世界的民族發明學都有極大的意義。民族發明學在世界上的任何地方都是西方衝擊東方的產物，在近代西方文明以外的地區是沒有民族概念的；而同時它也是近代對前近代社會衝擊的產物，因為西方在法國大革命以前也是沒有正式的民族概念。一般的研究者都把阿拉伯民族主義的起源追溯到拿破崙在埃及的登陸，但是我們要想一想，國民或民族的概念在法蘭西是怎樣起源的？也是起源於法國大革命。從法國大革命到拿破崙在埃及登陸，也不過是十年時間。也就是說，民族主義

弄蛇人與東方主義　圖為法國畫家傑洛姆（Jean-Léon Gérôme）創作於1879年的作品，描繪了混合土耳其與埃及文化的弄蛇人場景，被譽為東方主義（Orientalism）藝術的傑作，此圖被用作美國學者薩伊德於1978年發表的《東方主義》初版封面。所謂「東方」，主要是指以中東地區為主的社會及文化所構成的想像，此想像建立在許多東方作家或藝術家訴諸知識及感官的各式作品。

在法蘭西起源剛剛十年，就把它的衝擊波送到了埃及。

歐洲人所謂的東方人主要是指近東（Near East），而遠東（Far East）實際上是之後才發展出來的概念。中世紀時期，歐洲人心目中的東方是以阿拉伯、土耳其和伊斯蘭教徒為代表的近東，這個概念對於他們來說就是整個東方。所謂的東方問題，指的是君士坦丁堡、蘇伊士、黎巴嫩，還有巴爾幹半島這些地區的紛爭。也就是說，地中海東部，異質的阿拉伯、伊斯蘭文化，對於他們來說是東方。更加遙遠的印度、東亞這些，當時在他們的視野中間還只是模模糊糊的、遙遠的天涯海角。當十五世紀葡萄牙人到達印度以後，他們才開始意識到，還有另外一個比近東更遙遠的東方，以後才產生出近東和遠東的區別。

當然，遠東跟近東相比起來，始終是一個微不足道的陪襯。直到現在西方的當紅人物愛德華・薩伊德寫出他那部著名的《東方主義》[①]，情況仍然是這樣的。當他提到「東方主義」的時候，是指夏多布里昂（Chateaubriand）[②]、福樓拜（Gustave Flaubert）等法國作家筆下，包括蘇伊士運河（Suez Canal）、宣禮塔（Minaret）[③]的那個「東方」。德國浪漫主義者發掘出來的那個以印度次大陸為代表的東方並沒有進入薩伊德的視野，更不要說是比印度更加遙遠的東亞大陸。

如果你把世界看成是一個巨大的圓的話，那麼這個圓的核心是以歐洲和大西洋為中心的一個小圈；在這個小圈之外，是包含著中東的另一個圈；在這個圈以外，是包含內亞和印度的又一個圈；再在這個圈之外，才是包括東亞、太平洋列島、印第安美洲和黑非洲的那個最遙遠的大圈。如果說阿拉伯人、巴勒斯坦人所代表的那個多元文化的、非西方的衝擊是核心之外的第一層圈的話，那你不要忘記，包含東亞在內的這層圈，已經是第三層而且是最外圍的圈了。他們不僅相對於歐洲西方的核心來說是遙遠的邊陲，甚至相對於面對西方、以挑戰者自居、被西方認為和自認為是挑戰者的中東或近東的穆斯林，他們也是位居外圈的邊陲。

現在我們回到阿拉伯民族主義本身。在拿破崙把法蘭西大革命的國民構建理論帶到東方以前，包括埃及和敘利亞在內，講阿拉伯語、信伊斯蘭教的這個東方是怎樣一種狀態呢？它的基本社會單位是烏瑪（Ummah）[④]。請注意，「烏瑪」這個詞有非常多種含義，但最基本的意思是「社區」，也就是指信奉伊斯蘭教的信徒們組成的兄弟友愛的社區。在這種社區之上，在正統的哈里發逝去以後，基本上誰是征服者誰就是統治者。在拿破崙來到東方以前，東方已經被作為征服者的奧斯曼土耳其人統治了數百年。

但是，在比土耳其人更古老的阿拉伯語居民的眼中，奧斯曼人實在是草原上的野蠻人。阿拉伯人看待奧斯曼人的方式，就像是大明國的士大夫看待滿洲人和蒙古人的方式。現在我們衰弱了，被你們征服了，我們是費拉，服從了你們的統治，但是我們內心深處還是瞧不起你們這些草原上的征服者。你們過去是異教徒，甚至不是真正的伊斯蘭教徒，真正的伊斯蘭教徒不是你們這樣的，你們甚至連純正的阿拉伯語都說不大好。雖然現在我們是費拉，只能默認你們的統治，這是沒有辦法的事情，但是我們大明和朝鮮仍然是文明古國，你們滿洲和蒙古仍然是草原上的野蠻人，純正的阿拉伯語的優越性仍然是至高無上的。

從征服者奧斯曼人、當然還有最後打敗了奧斯曼人的歐洲人的角度來看，你們阿拉伯的基督徒和穆斯林，過去曾經被阿拉伯穆斯林征服過的那些基督徒，以及現在跟阿拉伯基督徒一起被土耳其人征服的這些阿拉伯穆斯林，你們都是費拉。費拉是什麼呢？我在上一講提過，就是有能力

① 愛德華．瓦迪厄．薩伊德（Edward Wadie Said, 1935–2003），美國著名文學理論家與批評家，後殖民理論的創始人，也是巴勒斯坦建國運動的活躍分子，其著作《東方主義》（*Orientalism*）於一九七八年出版後，使其成為了美國最具爭議的學院派學者之一。

② 弗朗索瓦－勒內．德．夏多布里昂（François-René de Chateaubriand, 1768–1848），出身法國沒落貴族家庭的浪漫派作家、政治家、法蘭西院士，在法國大革命時期曾參加保皇黨人的軍隊，後擔任拿破崙帝國時期的法國外交官，一八〇四年因不滿時政而辭職離開法國，前往希臘、小亞細亞、巴勒斯坦、埃及和西班牙等地遊歷，並於一八一一年發表其著名的東方旅程見聞集：《巴黎到耶路撒冷紀行》（*Itinerary from Paris to Jerusalem*）。

③ 蘇伊士運河（Suez Canal）處於埃及西奈半島西側，橫跨在亞洲、非洲交界處的蘇伊士地峽，連結地中海與紅海以直通印度洋的重要人工運河。早在古埃及時代便以開鑿，近代的蘇伊士運河則於一八六九年完工，全長約一六三公里，是全球少數具備大型商船通行能力的無船閘運河。宣禮塔（Minaret），又稱光塔或是喚拜塔，是清真寺常有的建築，用以召喚信眾禮拜。蘇伊士運河及宣禮塔在此引申為「東方」的具體象徵物。

④ 烏瑪（Ummah），可翻譯為「民族」（nation）或為「社群」（community）。理論上信仰伊斯蘭的穆斯林，均可超越國界或身分限制，同屬於擁有共同歷史的「烏瑪」成員，而非西方「民族國家」意義下的單一民族。

構建社會共同體、實施社會自治，但是沒有能力構建政治共同體，因此在政治上屈從於人的社區。土耳其人當然允許阿拉伯基督徒和阿拉伯穆斯林構建自己的社區，讓阿拉伯基督徒以他們自己的教長和主教為領袖自治，讓阿拉伯穆斯林以他們各自的教法學家為領袖自治，不需要跟土耳其征服者使用同樣的教法學家，實施同樣的教規和法律。

對於大多數沒有政治和軍事野心的普通人民來說，實際上他們的生活中是不需要接觸到奧斯曼皇帝的。對於他們來說，是馬穆魯克當皇帝，還是奧斯曼人當皇帝，還是拿破崙當皇帝，是沒有任何區別的。他們自己的教長和他們自己的教法才是真正唯一重要的東西。他們有問題，就去請教他們的教長。日常生活中，結婚、離婚、處理財產糾紛、處理商業糾紛、處理鄰里糾紛和一切問題，都以他們自己所屬教派的教法處理，而不需要與土耳其征服者的法律維持一致。

當然，歐洲意義上的民族概念對他們來說是聞所未聞的，是拿破崙把這個概念帶到了中東。阿拉伯語原本是沒有國民或民族這個詞彙，是艾資哈爾大學（Al-Azhar University）⑤的校長在翻譯法語文獻的時候，才把法國人一天到晚、反覆提起的國民和民族翻譯成了阿拉伯語。我們要注意，艾資哈爾大學可是一個宗教性的大學。於是在接下來的一百多年內，阿拉伯世界的基督徒和穆斯林開始在自己的語言中創造相當於國民和民族這個詞的對應物。他們選擇的對應物之一就是「烏瑪」。烏瑪原先當然指的是社區，但是主要是社會性的社區而不是政治性的社區，所以它才能夠容忍突厥征服者和其他征服者的統治。但是民族是要盡政治責任的，所以這就意味著要對原有的烏瑪進行政治啟蒙。

近東地區的第一批民族發明家是黎巴嫩和敘利亞的阿拉伯基督徒，然後才是埃及的科普特基督徒，最後才是敘利亞的穆斯林，這體現了當地人接觸歐洲文明的順序。儘管阿拉伯的基督教社區從政治上來講仍然是費拉，但是畢竟他們名義上跟西方的基督徒同樣是基督徒，所以他們接受西方教育就會比較方便一些，接觸西方思想比較早。大概在十九世紀中葉的六十至七十年代之間，阿拉伯民族的第一批發明家不是黎巴嫩就是敘利亞的基督徒。第一個民族綱領也是由這批阿拉伯基督徒的留學生在巴黎用法語發表的。這時，絕大多數講阿拉伯語的居民仍然是按照他們的傳統方式生活，效忠於奧斯曼的蘇丹兼哈里發。

這批阿拉伯基督徒的留學生在近東歷史上的地位，比較接近於近代遠東那一批同盟會和保皇會前往日本的留學生。他們在巴黎推動民族發明的主因在於，此時有一批奧斯曼帝國的政治流亡者，包括了自由主義者、反對派和留學生，也在巴黎推動奧斯曼主義的民族發明。奧斯曼主義的民族發明是一個典型的「梁啟超主義」，試圖把奧斯曼帝國境內所有的米勒特、所有的社區都發明成為一個民族，以消滅過去的「滿漢分歧」，讓征服者（滿人）和被征服者（漢人）從此親如一家，希臘人、亞美尼亞人和阿拉伯人以後都是奧斯曼人。當然，這樣做就同時引起了希臘主義者和阿拉伯主義者的不滿。希臘人的留學生和阿拉伯人的留學生當然也就與此同時紛紛跳出來，像同盟會的汪精衛和張繼跳出來辦《民報》[6]、與保皇會的梁啟超辦的《新民叢報》大打嘴仗。

汪精衛和張繼說，我們是漢族，不是什麼狗屁的中華民族。梁啟超搞中華民族，無非是想推銷你們那一套保皇派的謬論，想把萬惡的滿洲人和蒙古人也發明進來，繼續征服、奴役和統治我們。而我們大明國的子孫是要跟日本人和韓國人一起團結起來，把你們這撥萬惡的征服者趕出去的。所以我們不要中華民族，我們只要漢族和炎黃子孫。希臘主義者和阿拉伯主義者跟奧斯曼主義者作對，也是本著同樣的邏輯。但是這樣一來就引起了一個阿拉伯民族發明的根本性的問題：阿拉伯主義的鑒定標準是什麼？如果是阿拉伯語的話，那麼它必然要包括阿拉伯基督徒和伊斯蘭教以前的多神論的阿拉伯各部落和國家，但是卻不包括那些與穆罕默德的子孫同樣信仰伊斯蘭教、但並不講阿拉伯語的土耳其人、伊朗人或其他穆斯林。

奧斯曼主義的發明，我們要注意，它是直接受到法國式國民民族發明刺激的產物，但是法國式的民族發明也是要推陳出新的。在拿破崙三世推翻了第二共和國當政以後，他懾於盎格魯人（英國）和斯拉夫人（俄國）的強大，便企圖將一七八九年的法蘭西國民發明推廣到西班牙和義大利、甚至拉丁美洲，以建構出一個「拉丁民族」，並由法蘭西來擔任民族領袖。他的理論來自於文化泛民主主義，並以泛拉丁文化作為拉丁民族的共同性；其他的拉丁系民族和國家儘管在歷史上並不曾被法蘭西統治過，但是出於文化上的共同性，可以把文化上的共同性變成政治上的支柱，讓他們在法蘭西的領導之下對抗盎格魯人與斯拉夫人的強權。於是他便入侵了墨西哥，並推動「馬西米連諾帝國」⑦的建立。因此，在十九世紀後期的法蘭西本土就出現了國民民族主義和文化泛民族主義這兩種路線。

文化泛民族主義和國民民族主義的區別是什麼呢？國民民族主義是自我統治的共同體，它至少建立了兩個法蘭西共和國，並證明講法語的這批人在不需要國王和皇帝的情況下建立自己的民族議會，自己統治自己；但是拉丁系各語言的各共同體是不是能夠做到同樣的事情，這還是一個有待於證明的事情。阿拉伯主義和希臘主義便是類似拉丁主義的文化泛民族主義，因為它們在歷史上並不存在一個像法蘭西共和國這樣能夠自我統治的政治實體。它們只能用假設的方法，像黃興和汪精衛那樣，假設講漢語的這些居民在未來可以像講法語的居民一樣，建立一個能夠自我統治的共同體，這個共同體就叫做炎黃子孫或漢族，它可以建立一個中華民國，並且在排除滿洲和蒙古的基礎上，把大明國的十八省建立成為一個政治共同體。但這是一個假設，中華民國能否建立，或能不能建立成為一個民主的、自我統治的共同體，對當時的汪精衛、黃興、孫文等人來說，是有待歷史考驗的事情。但是法蘭西的民族發明家就不需要證實了，他們已經證實了這一點。

同樣，一八二〇年代的希臘民族發明家和一八六〇年代的阿拉伯民族發明家也需要證明，他們分別以希臘語和阿拉伯語為依據創造的共同體，將來能不能夠接受歷史的考驗。而希臘主義接受歷史考驗的結果就是，從希臘主義者當中又分化出了保加利亞主義者、塞爾維亞主義者，然後又再分化出馬其頓主義者、波士尼亞主義者或類似更小的二級、三級民族發明。但是無論如何，他們在十九世紀中葉是投入了實驗的。十九世紀中葉的東方問題，很大一部分就是巴爾幹問題。在巴爾幹的希臘主義者和希臘主義者繁衍出來的類似於湖南民族主義和南粵民族主義的羅馬尼亞民族主義和保加利亞民族主義相繼誕生建國，用事實證明了自己的建國能力以後，巴爾幹衝突和希臘問題不再是東方問題的重要部分了；但是敘利亞問題和黎巴嫩問題仍然是東方問題的重要部分，因為他們的前途仍然懸而未決。他們到底是接受奧斯曼主義的發明呢，還是接受阿拉伯主義的發明呢？這還是有待於考驗的問題。這個問題在近代遠東的歷史中，就相當於是梁啟超的「中華民族」和章太炎、汪精衛的「漢族」之間的較量。

中華民族是奧斯曼主義式的概念，它有一個政治實體，但是很不幸，這個政治實體不是能夠自我統治的國民共同體。奧斯曼帝國、大清帝國和俄羅斯帝國都是存在的，並不是像希臘主義、拉丁主義和阿拉伯主義那樣虛無縹緲、從來沒有存在過。但是很不幸，法蘭西共和國是一個自我統治的共和國，奧斯曼帝國、俄羅斯帝國和大清帝國不是自我統治的共和國。所以，奧斯曼主義、大俄羅斯主義和中華民族主義要混到一個合格的國民民族主義的資格，那是很不容易的。你必須證明，大俄羅斯帝國實現民主以後能夠不解體，奧斯曼帝國實現民主以後能夠不解體，大清帝國實現民主以後能夠不解體。而一百多年來的鐵一樣的事實證明，這些帝國一旦實現民主，它們馬上就解體了。

而漢族主義、希臘主義和阿拉伯主義這樣的文化泛民族主義的發明則比奧斯曼主義還不如。奧斯曼主義有一個已經存在的國家，雖然它們不像國民民族主義國家那樣既有國家又能自我統治。奧斯曼主義者是有帝國存在，但是帝國沒有辦法自我統治；而文化泛民族主義者比國民民族主義者低了兩級，比奧斯曼民族主義者低了一級，因為他們不僅沒有自我統治的能力，連一個雖然不能自我統治、但是好歹存在過的政治國家也沒有。大清帝國不是漢族的國家，你頂多說它是滿洲人和蒙古人的國家。奧斯曼帝國也不是阿拉伯人和希臘人的國家，你頂多說它是土耳其人的國家。俄羅斯帝國當然也不是烏克蘭人或喬治亞人的國家。所以對於希臘民族、阿拉伯民族和漢族這樣的發明家來說，他們的考驗是格外沉重的，他們必須驅除韃虜恢復希臘、驅除韃虜恢復阿拉伯、驅除韃虜恢復漢族。

「恢復」這個詞在民族建構的意義上就等於「發明」。所謂「恢復」的意思，就無非是想發明一個比較遙遠的祖先，例如像是把黃帝、漢摩拉比作為自己的祖先，使自己的聲勢顯得比較壯一點。這個祖先是誰都可以找出來的。例如，如果我要像保加利亞民族主義者解構希臘民族那樣說我們保加利亞人不是希臘人，我只要說，儘管我們保加利亞人講希臘語，上希臘東正教的學校，但是我們是保加爾突厥人的後代，而不是你們希臘人的後代，然後我再把自己的學校改一改，另外學一學保加利亞語，編一部保加利亞史，就可以完成了。按照同樣的程式我就可以說，巴蜀利亞人是三星堆文化[8]、西亞文化的產物，跟你們中華民族和漢族毫無關係，然後我再把蜀語拿出來國語化一下，搞一些蜀語學校，把你們的普通話學校、國語學校、滿大人語（Mandarin）學校統統給我踢出去，然後巴蜀利亞民族就可以發明出來了。

阿拉伯民族主義面臨著的就是這樣的問題。首先，它要抵制奧斯曼主義的發明；其次，它要論證為什麼在阿拉伯語的這個空間之下，你就不能夠發明出一個比如說黎巴嫩民族、德魯茲民族或科普特民族，或按照地理空間發明成為敘利亞民族、埃及民族或其他的小民族。民族發明的理論是無法從邏輯上來論證的，邏輯上能夠論證的只是一種可能性，你只能通過政治現實來加以解決。也就是說，阿拉伯民族發明家和漢族發明家必須打敗奧斯曼主義者和地方民族主義者——也就是黎巴嫩和敘利亞的小民族發明家，才能夠使泛阿拉伯民族站住腳。但是很不幸，這個任務是無法完成的。

第一批阿拉伯民族主義者都是基督徒，所以他們就必須面對人數比他們更多的阿拉伯穆斯林的問題。從阿拉伯穆斯林的角度來講，民族這個詞本身就是異端邪說。伊斯蘭教的本質是普世主義的，它講究天下一家、兄弟友愛，所有普天之下的穆斯林都是兄弟，真主不會厚此薄彼。你不能說，僅僅因為你講了阿拉伯語就要怎樣怎樣；那些不講阿拉伯語、同樣學習《古蘭經》的穆斯林就要怎樣怎樣。同時，阿拉伯語的使用者當中有很多是異教徒和基督教徒，按照傳統的伊斯蘭教倫理來講顯然是，同為穆斯林、但不會講阿拉伯語的其他穆斯林，比起同樣講阿拉伯語、但不是穆斯林的基督徒和多神論者更親一些。所以占人口絕大多數的傳統穆斯林必然認為，阿拉伯民族主義者是西方帝國主義者——特別是法蘭西帝國主義者的代理人。第一代阿拉伯民族主義者大

⑤ 艾資哈爾大學（Al-Azhar University），位於今天的埃及開羅，創立於西元九七五年，屬於伊斯蘭遜尼派，是世界上最早的大學之一。

⑥ 《民報》是一九〇五年由同盟會在日本東京創辦的時事政論刊物，由張繼擔任編輯兼發行人，汪精衛則與胡漢民、陶成章、章炳麟等人擔任主編，每期約六、七萬字，至一九一〇年二月停刊，共有二十六期。

⑦ 此名源自於馬西米連諾一世（Maximilian I, 1832–1867），他出身於奧地利的哈布斯堡家族，曾任義大利北部的倫巴第一威尼西亞王國（Kingdom of Lombardy–Venetia）總督（1857–1859），他於一八六三年接受法國拿破崙三世的建議，前往墨西哥就任「墨西哥帝國」（Second Mexican Empire, 1863–1867）的皇帝，卻捲入了當地法國軍隊與共和派革命軍得戰爭，無法順利進行統治，最終於一八六七年二月遭到共和派以叛國罪處決。

⑧ 三星堆文化遺址位於四川省廣漢市的南興鎮三星村，是目前已知規模最大的古蜀青銅文化遺址；該遺址據考證為古蜀王國的早期都城，年代約於西元前二千年至前一千四百年之間。

多數都是基督教徒，首先必須處理的便是阿拉伯民族與穆斯林之間關係的問題。

而穆斯林的反擊，就體現於跟阿拉伯主義同樣屬於文化泛民族主義、同樣比國民民族主義要低兩級、比奧斯曼主義要低一級、既沒自我統治的政治共同體、甚至是連不能自我統治的政治共同體也不曾有過的泛伊斯蘭主義。泛伊斯蘭主義是奧斯曼主義和阿拉伯主義雙重刺激的產物。它的發明者阿富汗尼（Jamāl al-Dīn al-Afghānī）[9]，你從這個名字就可以看出，他不是一個阿拉伯人，而是阿富汗的穆斯林，他對那些阿拉伯基督徒發明出來的阿拉伯民族是十二分的不順眼。對於他來說，最好是把奧斯曼蘇丹推崇成為全體穆斯林的哈里發，然後把所有的穆斯林以伊斯蘭文化為基礎，發明成為一個政治共同體。

泛伊斯蘭主義和泛阿拉伯主義都是文化泛民族主義，只不過它們的基點不一樣。按照泛阿拉伯民族主義的觀點來看，非阿拉伯的穆斯林不屬於他們的共同體；按照泛伊斯蘭主義的觀點來看，非穆斯林的阿拉伯基督教徒不屬於他們的共同體。通過這兩種相互衝突的發明方式，雙方都把對方的精英人物給踢出去了。泛伊斯蘭主義的精英人物不是阿拉伯人，但卻是穆斯林；泛阿拉伯主義的精英人物是阿拉伯人，但卻不是穆斯林。

近代泛阿拉伯主義的主要代表人物就是今天小阿薩德（Bashar al-Assad）[10]的阿拉伯復興社會黨（Ba'ath Party）[11]的鼻祖米歇爾・阿弗拉克（Michel Aflaq）[12]，我們可以把他稱之為阿拉伯的「孫中山」。他本人正如第一代的阿拉伯民族發明家一樣，也是一個敘利亞的基督徒。他們發明出來的阿拉伯民族系譜比較像凱末爾和突厥主義發明出來的突厥民族系譜，是從漢摩拉比時代開始算起的。當然漢摩拉比既不是基督徒也不是穆斯林，而是異教時代的偉大國王，但是他們可以把漢摩拉比時代的巴比倫發明成為阿拉伯人的祖先。當然，穆罕默德以前的那些異教時代的阿拉伯多神教部落和城邦也是阿拉伯人的祖先。阿拉伯自古以來就有輝煌的文明，早在基督教和伊斯蘭教興起以前。當然，基督教和伊斯蘭教的阿拉伯傑出人物也被阿拉伯民族發明家發明成為他們的愛國英雄了，但他們的發明主流是這個樣子的：我們不以宗教為認同的標準，而以阿拉伯語

⑨ 賈邁勒丁・阿富汗尼（Jamāl al-Dīn al-Afghānī, 1838–1897），泛伊斯蘭主義的提倡者，出身於伊朗或阿富汗（尚有爭議），曾任教於埃及艾資哈爾大學及擔任阿富汗國王的顧問，但從未出任正式官職。他於一八八三年在法國巴黎創辦阿拉伯語刊物以宣揚泛伊斯蘭主義，對阿拉伯世界有廣大影響。

⑩ 即巴沙爾・阿薩德（Bashar al-Assad, 1965–），現任敘利亞總統兼武裝部隊總司令、敘利亞阿拉伯復興社會黨總書記，敘利亞實際上的統治者。他出身阿拉維派的阿薩德家族，曾前往英國就讀醫學，於一九九四年回到敘利亞成為家族接班人，二〇〇〇年其父老阿薩德過世後掌握敘利亞大權直到今日，其統治政策引發了二〇一一年的敘利亞內戰。

⑪ 阿拉伯復興社會黨（Ba'ath Party），一九五三年由阿拉伯復興黨和阿拉伯社會黨合併而成，總部設在敘利亞的大馬士革，並在伊拉克等阿拉伯國家建立了分支機構。一九六三年分別在伊拉克和敘利亞取得政權，但隨即陷入總部與分部之間的政治鬥爭，並於一九六六年分裂為伊拉克阿拉伯復興社會黨與敘利亞阿拉伯復興社會黨，並互相指責對方背叛革命，導致敘利亞與伊拉克的長期敵對狀態。

⑫ 米歇爾・阿弗拉克（Michel Aflaq, 1910–1989）敘利亞哲學家、社會學家和阿拉伯民族主義者。早年留學法國，曾參加共產主義運動，一九三二年返回敘利亞後投入政治，並於一九四〇開始推動宣揚泛阿拉伯主義的「阿拉伯復興運動」並出版多本著作；一九四七年在敘利亞成立阿拉伯復興黨並擔任主席；一九五〇年促成埃及與敘利亞共同成立「阿拉伯聯合共和國」並於一九五四

和文化為認同的標準。

泛阿拉伯主義和泛伊斯蘭主義在打擊奧斯曼主義和奧斯曼帝國這方面存在共識，但是它們爭奪的「國民」卻是同一批人口。因此，它們在沒有獲得政權的希望時，還可以有一定程度的合作，但是一旦這種希望出現後，就必然要分道揚鑣。泛阿拉伯主義者處在比較有利的地位，因為奧斯曼帝國最終站錯了隊，在第一次世界大戰當中站到了大英帝國的對立面去，因此英國人的政策就由保護奧斯曼帝國、抵抗俄國南下，變成支持奧斯曼帝國境內的各種分裂力量，包括阿拉伯主義的分裂力量。這時，阿拉伯的勞倫斯（Lawrence of Arabia）的故事[13]就開始上演了。過去泛泛的、只有一撥城市知識分子所

費薩爾親王與阿拉伯的勞倫斯　此紀錄照拍攝於1919年的巴黎，一戰結束後，費薩爾親王與勞倫斯為爭取阿拉伯國家的獨立，前往巴黎參加凡爾賽和會。圖中第一排的站立者為費薩爾親王，第二排左起第四位站立者為英國軍官湯瑪斯．勞倫斯，俗稱「阿拉伯的勞倫斯」。

支持的阿拉伯主義，現在有了現實政治力量。但是這些現實政治力量是這些知識分子控制不了的，他們就是英國人和協約國武裝起來的阿拉伯酋長。這些酋長的部隊在阿拉伯的勞倫斯和費薩爾親王（Faisal I of Iraq）[14]的率領之下一路打進了大馬士革，解放了講阿拉伯語的各地區。

然後在第一次世界大戰結束後，國際聯盟（League of Nations）[15]把這些地方分別交給英國人和法國人託管。託管的意思就是說，要培養這些地方的自治能力，使他們有朝一日可以獲得獨立。如果說泛阿拉伯主義者和泛伊斯蘭主義者的目的只是為了推翻萬惡的「滿清」，那麼他們已經達到了目的；如果說他們的目標是根據他們的理論建立泛阿拉伯的共同體的話，那麼他們的考

年擔任阿拉伯復興社會黨總書記；一九六六年敘利亞政變後遭到敘利亞復興社會黨流放，前往伊拉克成為該黨無實權的總書記。雖然他被譽為阿拉伯復興社會黨之父，但在軍人把持政權的敘利亞與伊拉克卻始終遭到排擠，無法掌握真正權力。

⑬ 湯瑪斯．愛德華．勞倫斯（Thomas Edward Lawrence, 1888–1935）愛爾蘭貴族出身的英國軍官，因協助一九一六至一九一八年的阿拉伯起義而出名，又被稱為「阿拉伯的勞倫」，其自傳性質的著作《智慧七柱》（*Seven Pillars of Wisdom*）深受英國公眾愛戴並於世界各地流傳。

⑭ 即費薩爾一世（Faisal I of Iraq, 1885–1933），出身先知後裔的哈希姆家族（Hashemites），曾與阿拉伯的勞倫斯一同參與一九一六年的阿拉伯起義，一九二〇年短暫擔任阿拉伯敘利亞王國的國王，一九二一年開始擔任伊拉克國王至一九三三年病逝。

⑮ 國際聯盟（League of Nations），簡稱國聯，成立於一九二〇年的跨政府組織，總部設於瑞士日內瓦，是世界上第一個以維護世界和平為其主要任務的國際組織，其任務具體包括透過集體安全及軍備控制來預防戰爭，藉由談判及仲裁來平息國際間的紛爭，但仍然無法避免二戰的爆發，最終在一九四六年被新成立的聯合國取代。

驗才剛剛開始。託管當局按照地方的原則託管他們，就把講阿拉伯語的地方放在了不同的列強手裡面，連肥沃月灣地帶的核心大敘利亞都被分給了英國和法國兩方面。法國人得到的就是今天的敘利亞和黎巴嫩，英國人得到的就是今天的巴勒斯坦和約旦。

這個安排對於泛阿拉伯主義者來說是談不上滿意的，但是託管當局引進了西方的政治制度，使他們獲得了不完整的、但是至少是一個自治訓練的機會。他們現在有了自己的議會和自己的總統。儘管還沒有獲得完全獨立，但是西方式的政治制度就給他們提供了一個訓政的機會。訓政的背後是英國和法國的太上皇。法國人按照法蘭西的政治模式，企圖在敘利亞和黎巴嫩建立共和國，他們的設想主要是受到我在上一講中提到的黎巴嫩民族發明家的影響，企圖建立一個穆斯林的敘利亞共和國和一個基督徒的黎巴嫩共和國，這兩個國家都在法國的保護之下有了自己的總統和議會；而英國人按照英國式的君主立憲制的模式，在約旦建立了外約旦埃米爾國（Emirate of Transjordan）[16]，巴勒斯坦則留待以後國際社會處理它的猶太人問題和阿拉伯人問題。

這時，我剛才講到的阿弗拉克的阿拉伯復興社會黨開始有了機會加入議會選舉。通過議會選舉，雖然沒有獲得完整的政治統治權，但是至少已經獲得了政治發言權或參政權。他們的故事跟中華民國初期舊國會中的國民黨是差不多的。他們一度成為法國人保護下的敘利亞國會的第一大黨，到處宣揚他們的泛阿拉伯主義的政治綱領。但是這個政治綱領促使他們必然要跟法國保護人作對，因為法國保護的敘利亞只是大敘利亞的一部分，更不要說只是大阿拉伯的一部分，而泛阿拉伯主義者是要建立起一個大阿拉伯的。因此他們就要說，法國當局設置的種種政治制度歸根結底是西方帝國主義為了分割阿拉伯人而設置的種種陰謀，按照國民黨的術語來說就是帝國主義為了瓜分中國而設置的種種陰謀。

如果你聽任帝國主義的安排一路發展下去，那麼滿洲必然會在日本的保護之下將來發明出一個滿洲民族；「桂尼士蘭」必然會在法國的保護之下跟它的「南粵坎通尼亞」親戚分離開來，建立一個類似越南的共和國；「吳越民族國」必然會在英國人的保護之下建立一個跟滿洲不同的國家⑰。這樣一

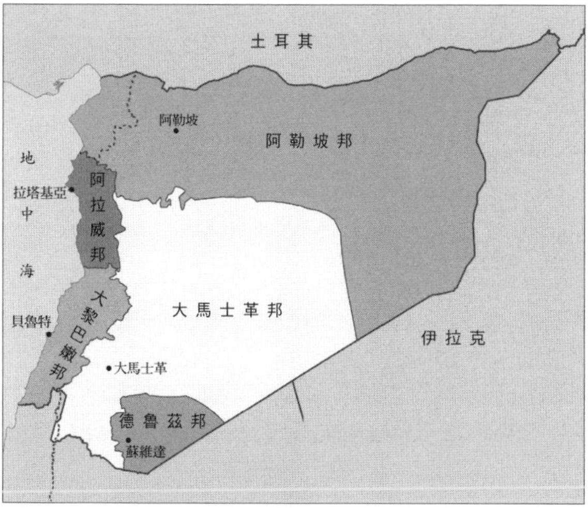

1922年法屬敘利亞與黎巴嫩託管地行政圖　今天的敘利亞及黎巴嫩原為奧斯曼帝國領土，在一戰結束後曾於1920年建立短暫的敘利亞王國。但在法國迅速將其推翻後，於1922年成立法屬託管地，並按照宗教及地理條件劃分為數個不同的行政區。直到二戰末期才獨立為今天的敘利亞及黎巴嫩。

路發明下來，根據帝國主義的安排搞下來，那麼大清帝國的版圖就會四分五裂。國民黨人雖然很高興把滿洲人和蒙古人踢出去，但是卻很希望能夠把大明國留下來的十八省統一起來發明一個漢族。如果按照條約體系安排下去的話，結果就必然是，滿洲人和蒙古人固然會如他們所願的滾蛋，但是大明國的十八省也會被發明成為像拉丁美洲一樣的不止十八個、也許是幾十個小共和國。這樣，國民黨企圖發明的那個大漢民族就要像復興社會黨企圖發明的大阿拉伯民族一樣變成鏡花水月了。

所以，文化泛民族主義的發明邏輯驅使阿拉伯復興社會黨不僅要反對奧斯曼帝國，也要反對保護他們的法蘭西共和國，他們的任務就變得十分艱鉅了。他們要在協約國替他們趕走奧斯曼帝國後，再把協約國和法國人也趕出去，然後利用敘利亞的資源統一整個大阿拉伯。事實上，這就是一個蔣介石式的任務。蔣介石的國民黨必須在推翻滿洲人的統治之後，再把保護袁世凱、張作霖、吳佩孚、陸榮廷等各路諸亞和諸夏軍閥的帝國主義一起趕出去，依靠國民黨的革命力量，最終把汪精衛和章太炎在東京時期發明的炎黃子孫落實下來，把遠及馬來亞的所有漢語居民全都統一起來。

漢族主義其實是綜合了阿拉伯主義和泛伊斯蘭主義的民族發明：漢族主義是以漢字為文化為基礎的，這一點跟阿拉伯主義以阿拉伯語為界定標準是一樣的；另一方面，漢族主義也是以孔孟之道和儒家文化為界定標準的，這一點又跟阿富汗尼的泛伊斯蘭主義比較接近。漢族主義的很多發明家自身都是基督徒，例如蔣介石本人就是一個基督徒，但是他們在發明的時候堅持要以儒家文化作為他試圖創立的這個炎黃子孫漢族概念的核心。因為沒有辦法，在他企圖發明的這段民族史的大部分時間內，儒教是占統治地位和主流地位的，儒教徒的人數也要比基督徒的人數多得多，所以即使是基督徒蔣介石，也必須提出以儒教為基礎來發明。這一點，他們就沾染上了阿富汗尼的泛伊斯蘭主義的特點了。漢族主義的發明作為文化泛民族主義的發明模式，同時混雜了阿拉伯主義和伊斯蘭主義的特點，這恰好就是漢族發明的基礎比阿拉伯主義和伊斯蘭主義還要弱的一個證明。

越強的民族發明，它所能夠引用的歷史和文化基礎就越強。而阿拉伯語在歷史上的地位至少是比漢語要強大得多的，它不僅包括阿拉伯半島和阿拉伯帝國的征服區域，而且一路順著《古蘭經》，傳播到東印度諸群島。儒家文化的各帝國在東南亞跟講阿拉伯語的穆斯林競爭的結果，從來都是一敗塗地的。儒家文化只影響了越南，而在東南亞的其它地方都輸給了伊斯蘭宗教，同時也輸給了阿拉伯文化。這一點，你從印尼和馬來的那些講漢語或信奉儒教的居民的政治命運上就可以看得很清楚，即使是在政治上跟東亞有很多密切關係的朝鮮半島、滿洲和內亞地區也是如此。如果我們要問蒙古人、滿洲人、朝鮮人的語言是從哪裡來的，你會發現，它們是從維吾爾文字來的，而維吾爾文字又是從古敘利亞文字來的，它們跟阿拉伯文的親緣關係要大得多。即使儒家對滿洲皇帝和朝鮮國王還有一定的統戰價值，但是他們的語言和文字仍然是更接近於阿拉伯文、維吾爾文和敘利亞文，跟漢字和方塊字是差得很遠的。

也就是說，漢族主義的發明基礎比阿拉伯主義和伊斯蘭主義都要差得多。漢字文化在國際上來講，不僅比拿破崙三世所依賴的拉丁文化、希臘主義者所依賴的希臘文化弱得多，而且比阿拉伯文化要弱得多。儒家作為宗教或準宗教，它在國際社會上的地位不僅低於處於核心地位的西方基督教文化，而且比中東伊斯蘭文化也弱得多；它不僅在國際社會上跟美國和基督徒沒法相比，而且即使在週邊的競爭——像東南亞這種週邊的週邊的競爭當中，都競爭不過本來就是基督徒手下敗將的阿拉伯人和伊斯蘭教徒。如果說阿拉伯主義的發明和伊斯蘭主義的發明都不能成功的話，那你就很難想像條件差得多的漢族主義的發明能夠成功。所以，我們看一下阿拉伯主義和伊斯蘭主義在敘利亞的命運，就可以大致上估計出漢族主義在東亞會落到什麼樣的下場了。

我們可以看到，敘利亞基督徒阿弗拉克先生創立的敘利亞復興社會黨在敘利亞共和國的舊國會當中，發揮了「坎通尼亞」基督徒孫中山先生創立的國民黨在帝國主義保護下的中華民國舊國會當中發揮的同樣作用。西方的帝國主義儘管被國民黨人和復興社會黨人說成是很想瓜分阿拉伯世界，但實際上並不十分想要在這個倒賠錢的地方委任統治得太久，很想把這個包袱及早扔出去。第二次世界大戰以後，他們就迅速地把這些包袱扔了出去，因此也使得復興社會黨獲得了解放。當然，帝國主義者拍拍屁股走人以後，他們的代理人還沒有完全滾蛋。也就是說，帝國主義留下來的憲法仍然是西方式的議會制憲法，這個憲法當中仍然有很多黨派，這些黨派的勢力強大到足以使阿拉伯復興社會黨和國民黨沒有辦法稱心如意地支配敘利亞政局的地步。要想稱心如意地支配敘利亞的政局，依靠純粹民主的方式是做不到的。

我們可以看到，如果國民黨完全按照西方民主那一套走的話，那麼他們頂多就變成最大的反對黨，能不能夠單獨組閣都很成問題。就算是單獨組閣，那也無非是當上四或五年的總統或總理，然後他們還得下台，新一屆政府和總理又要變成梁啟超等人或其他什麼人。這樣的政權實現不了蔣介石的偉大志向，當然也實現不了阿弗拉克和阿薩德的偉大志向。只有建立起一個國民黨一黨專政的中華民國，阿弗拉克和孫中山所設想的那種理想才能夠實現。但是，這樣的一黨專政的國家只能通過武力革命、推翻憲政民主的方式才能夠實現。

你可以想像，今天無論是共和黨或民主黨當了總統，他都不可能改變美國憲法，讓以後下一屆政府永遠是他們自己的人，然後讓他們自己的主義永遠變成美國的主義。美國國歌永遠不會唱「共和黨的主義是吾黨所宗」[18]，「川普領導我們永遠向前」。美國的國父只能是華盛頓將軍，美國的總統職務和國會議員屬於所有美國公民，而不是專屬於共和黨或民主黨的。如果川普想讓自己變成美國的國父、想讓未來的美國兒童高唱「川普主義是吾黨所宗，共和黨的黨旗就是美國國旗」的話，那麼他除了發動政變以外是沒有其他方式的。而如果美國共和黨的資源不夠讓他發動政變，他也只有尋找外援了。所以我們看到以後的歷史發展就不要奇怪，國民黨無法通過議會民主的方式實現剛才的美夢，它只有依靠蘇聯的支持，通過《孫文越飛宣言》[19]，依靠蘇聯的武器和盧布，武裝顛覆中華民國的議會民主制，才能夠實現他的大漢族主義的偉大理想。

同樣的道理，阿弗拉克和阿薩德的阿拉伯復興社會黨儘管在法國人開創的敘利亞共和國當中占了很多席位，曾經一度是最大的在野黨，但他們永遠不能指望通過議會民主的方式，哪怕是在當上了敘利亞共和國的總統以後，就能夠以敘利亞共和國的資源去實現泛阿拉伯主義的野望。敘利亞的選民未必會長期支援他們的野望，這個野望是需要幾十年的時間和幾代人的時間才能夠實現的。而敘利亞的選民就算是讓阿拉伯復興社會黨執政四年或五年，在下一次議會選舉當中又可能會讓他們下台。所以他們不可能通過民主方式，使敘利亞的選民同意他們投入全敘利亞的資源去統一整個阿拉伯世界，建立一個大阿拉伯國。因此他們必須發動政變，而政變需要的資源，在當時也只能來自於野心勃勃的共產國際。

道理很簡單：西方列強本身和支持西方列強的所有力量，就相當於敘利亞北洋軍閥的那些力量，不可避免地主張尊重現有的國際秩序。既然敘利亞、約旦和埃及已經各自立國了，那麼我們就把泛阿拉伯主義的理想推遲到不確定的未來吧，現在維持現狀是王道，不值得用台灣的資源去統一中華民國，先維持現狀，幾代人以後再說吧。這種很沒有志氣的說法當然不能得到馬英九和洪秀柱的支持，不能使蔣介石和戴季陶滿意。但是只要議會民主一天還在運作，這種很沒有骨氣、很現實主義、但是能夠讓大多數選民滿意的方案就必然會在議會政治當中占上風。因此，阿拉伯復興社會黨做出了孫文和越飛曾做過的事情：他們發表了自己的《孫文越飛宣言》，開始了跟敘利亞共產黨和蘇聯「國共合作」合作的歷史。接下來可以省略一萬兩千字，因為你已經在國民黨的黃埔軍校與北伐軍的歷史中看過這段故事了。

⑯ 外約旦埃米爾國（Emirate of Transjordan），「外約旦」（Transjordan）意思為「約旦河東岸」，即「約旦河以外的地區」。第一次世界大戰結束後，奧斯曼帝國崩潰，英國支持阿拉伯人在外約旦建立一個獨立國家，因此在一九二三年推舉伊拉克國王費薩爾一世之兄——阿卜杜勒一世（Abdullah I）擔任統治者並由英國保護。英國於一九四六年結束保護，外約旦獨立並改為今日的約旦王國。

⑰ 「桂尼士蘭」、「南粵坎通尼亞」、「吳越民族國」皆為虛構的諸夏國家。

⑱ 來自中華民國國歌第一句：「三民主義，吾黨所宗。」

⑲ 《孫文越飛宣言》，由孫文與蘇聯外交部副部長越飛（Adolph Joffe, 1883–1927）於一九二三年共同發表，奠定了國民黨和蘇聯合作的基礎。內容主要分為四點：一，共同促成中國的統一，強調共產主義和蘇維埃制度不適用於中國。二，蘇聯願意放棄俄羅斯帝國時代對中國一切不平等條約，另行訂立新約。三，中國和蘇聯政府應共同協商東北鐵路管理問題。四，蘇聯無意令外蒙古獨立於中國之外。

阿弗拉克和敘利亞復興社會黨的主意跟孫中山在廣州革命政府時期對待蘇聯和共產黨的主意是一樣的。他們一方面強調復興社會黨和蘇聯是推翻帝國主義的忠誠夥伴，一方面又要強調阿拉伯復興社會黨的阿拉伯主義和蘇聯的共產主義有本質上的不同。我們在國際上要聯合蘇聯，這是不錯的，但是在黨內一定要堅決清除共產主義的影響，因為共產主義跟阿拉伯主義本質上是不同的。阿拉伯主義僅僅屬於阿拉伯，而共產主義則是一種不講任何民族主義的國際主義。共產主義要剷除阿拉伯社會的地主和土豪，而阿拉伯復興社會黨則沒有這個剷除本土地主資本家的意思。儘管我們要爭取蘇聯的支持，但是我們本黨黨員要清楚，阿拉伯文化是高貴和特殊的，而共產主義是不適合阿拉伯國情的。共產主義那一套也許在蘇聯很好，也許在全世界都很好，但是不適用於我們阿拉伯人。阿拉伯主義和蘇聯共產主義有本質上的不同，它不要求廢除一切財產，而是要求保護小地主與小資產階級的財產。

從蘇聯共產主義者的角度來講，阿拉伯主義實際上是一種小資產階級民族主義和社會主義，但是鑒於阿拉伯世界的共產黨（包括敘利亞共產黨）論政治實力來講遠遠趕不上阿拉伯民族主義和阿拉伯復興社會黨，所以蘇聯根據國共合作、讓共產黨加入國民黨的同一套邏輯，也要求敘利亞共產黨為了蘇聯在國際戰略方面的大計，犧牲本黨的利益，配合阿拉伯世界的國民黨——也就是阿拉伯復興社會黨的革命工作。蘇聯的援助大批地交給了阿拉伯復興社會黨，於是阿拉伯復興社會黨在「黃埔軍校」的努力之下，終於實現了軍事政變（1963 Syrian coup d'état），通過軍事政變和革命，實現了他們通過議會民主得不到、也不可能得到的東西，也就是阿拉伯復興社會黨的敘利亞。他們的革命是遍及全阿拉伯世界的，包括海珊的前任貝克爾總統[20]時代的伊拉克。

復興社會黨在敘利亞和伊拉克同時執政以後，就發表了聯邦宣言，要把敘利亞和伊拉克聯合起來，作為阿拉伯民族復興的基地。但是主要是出於爭權奪利的原因，雙方反反覆覆地鬧「寧粵分裂」。汪精衛占住廣州，一定要把南京的蔣介石趕下去；而蔣介石占住南京，也一定要把廣州的汪精衛趕下去。儘管汪精衛和蔣介石都堅決要求廣東和吳越統一起來，把孫文的主義發揚光大，但是他們都同樣堅決地說，這個位置只能由我來占。巴格達的海珊和大馬士革的阿薩德在阿拉伯世界，就扮演了南京的蔣介石和廣州的汪精衛同樣的歷史作用。儘管他們是同一個國民黨，同一個阿拉伯復興社會黨，同樣都在蘇聯盧布和武器的支持之下推翻了議會民主制，同樣都主張把廣州和南京統一起來、把敘利亞和伊拉克統一起來，但是在這個統一的阿拉伯該由誰來當主席的問題上產生了不可調和的分歧，雙方都痛罵對方依靠軍閥勢力破壞統一。

但是你要是從協力廠商的角度來看，包括從蘇聯保護人的角度來看，到底蔣介石算軍閥還是汪精衛算軍閥，到底蔣介石算國民黨正統還是汪精衛算國民黨正統，到底海珊還是阿薩德誰才是阿拉伯復興社會黨的正統或破壞統一的軍閥，這個還真是誰也說不清楚的。唯一能夠解決問題的方式就是，如果有一方把對方給打倒了，那麼失敗的那一方就肯定是反對統一的萬惡軍閥了，勝利的那一方當然也就是中華民族和阿拉伯民族的民族英雄了。

而阿拉伯世界的倒楣之處就是在於，他們還沒有發展到最終決出勝負、最終確定誰是蔣介石誰是汪精衛的那一步，更沒有發展到蔣介石和汪精衛相互殘殺、在跟西方帝國主義打了一場抗日戰爭以後讓蘇聯得到機會、使敘利亞共產黨像毛澤東一樣連蔣介石帶汪精衛都一腳踢開、實現一個「滿江紅」的阿拉伯蘇維埃共和國的那一步，阿拉伯世界的歷史還剛剛發展到一九三五年蔣介石和汪精衛相互掐架的那一步，蘇聯保護人就轟然倒塌了。蘇聯保護人培養出來的毛澤東和王明在失去保護人以後，迅速地被海珊和阿薩德鎮壓得乾乾淨淨。而海珊和阿薩德失去蘇聯保護以後，也就更加失去了相互吃掉對方、實現泛阿拉伯統一的最後一點點機會。敘利亞和伊拉克在冷戰結束後的歷史，就相當於是國民黨的蔣介石和汪精衛在南京和廣州分別建國、誰都吃不掉誰以後即將出現的那種局面。

當然，統一阿拉伯民族的野望並沒有隨著冷戰結束後而消失。阿薩德——不是現在這位像蔣經國一樣的小阿薩德，而是像蔣介石一樣的老阿薩德（Hafez al-Assad）[21]，在一九八二年跟阿拉法特（Yasser Arafat）[22]會晤的時候，還在憤怒譴責巴勒斯坦人的分裂主義。他當著阿拉法特的面說，從來就沒有一個巴勒斯坦民族，也不可能有什麼巴勒斯坦民族。巴勒斯坦民族自古以來就是我們阿拉伯敘利亞民族的一部分，你們不要仗著歐洲人的國際支持，跟以色列人鬧獨立，妄想在我們敘利亞之外再建立一個獨立國家。約旦當然也不是一個獨立國家，是哈希姆家族（the Hashemites）在英帝國主義的保護之下（像萬惡的張作霖一樣）企圖分割我們大敘利亞的一個卑鄙的陰謀。我們阿拉伯民族主義如果勝利了以後，要把哈希姆家族這樣赤裸裸的反動派，還有像你們巴勒斯坦解放組織（Fatah）這樣赤裸裸的分裂主義力量都給狠狠的鎮壓。他老人家對黎巴嫩的基督徒比較客氣，強調敘利亞與黎巴嫩只是有一種類似俄羅斯和烏克蘭的特殊歷史關係，因此並不要求把黎巴嫩完全併入大敘利亞。這當然是因為黎巴嫩山及其基督徒居民自古以來都

⑳ 艾哈邁德·哈桑·貝克爾（Ahmed Hassan al-Bakr, 1914–1982），伊拉克軍人出身，一九五六加入阿拉伯復興社會黨的伊拉克分部，一九五九年成為黨魁後，歷經多次反政府運動，最終通過一九六八年政變（17 July Revolution）成為總統，持續統治伊拉克直到一九七九年退休，並由其表親薩達姆·海珊繼任其政權。

㉑ 即哈菲茲·阿塞德（Hafez al-Assad, 1930–2000），出身敘利亞阿拉維派的家庭，一九四六年加入阿拉伯復興社會黨，因家境貧困而就讀軍校，一九五一年畢業後分配到敘利亞空軍，逐漸成為阿拉伯復興社會黨的重要人物並參與一九六三年政變；一九七〇年發動政變（Corrective Movement）奪取政權後，長期擔任總統掌控敘利亞政權直到二〇〇〇年過世為止。現任敘利亞總統小阿薩德為其次子。

㉒ 阿拉法特（Yasser Arafat, 1929–2004），出生於埃及開羅，一九五〇年加入埃及軍隊，曾參加蘇伊士危機；一九五九年創辦巴勒斯坦解放組織（簡稱法塔赫，Fatah），從事積極的反以色列武裝運動，發動多次恐怖襲擊，一九八〇年代後減少攻擊改以外交方式與以色列進行和平談判，一九九四年巴勒斯坦自治政府成立後任主席，同年並獲得諾貝爾和平獎。

不能算是阿拉伯一部分的緣故。但是，沿海地方的黎巴嫩平原地帶倒還真是歷史上的大敘利亞的一部分。不要說別的，就說諾貝爾獎獲得者、黎巴嫩基督徒紀伯倫（Kahlil Gibran）[23]的那些詩集，你就可以看出，紀伯倫經常是以敘利亞人自居的。這個就是阿拉伯主義在當今歷史上的殘餘。

敘利亞的阿拉伯復興社會黨直到它的最後關頭都沒有放棄它自己重新統一阿拉伯世界的野望。它像是台北的洪秀柱一樣堅決聲稱，小小的黃復興黨部[24]有權利而且有責任實現孫文和汪精衛當年在東京的理想。小小的大馬士革政權，它的眼睛也是盯著整個肥沃月灣地帶，只不過他們的阿拉伯敘利亞有兩種不同的解釋，阿薩德的解釋其實還是屬

紀伯倫與自由敘利亞　著名詩人紀伯倫（上圖左）雖然出生於黎巴嫩並於美國成長，但他卻認為自己「是敘利亞人而非阿拉伯人」（Syria does not belong to the Arabs, English or French）；他於1919年繪製了一幅名為「自由敘利亞」（Free Syria）的素描（上圖右），並在旁注記：「在我們過去的廢墟上，即將建立榮耀我們的未來」（On the rubbles of our past, we'll build the glory of our future）

於右派。左派的解釋是包括整個肥沃月灣地帶的，至少要把埃及也包括進來的；阿薩德所在的右派的解釋比較謹慎，它可以放棄埃及，但是無論如何也要包括小肥沃月灣地帶，也就是說從巴勒斯坦到伊拉克這一大片土地都要包括在內的。它在現實主義的政治當中只占據了敘利亞這一小片河山，但是這一小片河山從法統和法理的角度來講仍然只不過是它的反共基地而已。

這就是為什麼在海珊入侵科威特的時候，敘利亞的阿薩德要派出軍隊反對海珊，並且在美國人推翻了海珊政權以後阿薩德要用光國內的財源，在伊拉克境內培養各種反對派武裝的原因。而他培養的這些反對派武裝，最終的結果是產生出了像伊斯蘭國[25]這樣的組織，導致了今天的

㉓ 紀伯倫（Kahlil Gibran, 1883–1931）出生於黎巴嫩（當時屬奧斯曼帝國統治下的敘利亞行省）的一個馬龍派基督徒家庭。幼年未受正規學校教育，後隨家庭移居美國，從小便展現其藝術才華，並於一九〇八年赴巴黎師從羅丹學習，在巴黎開始接觸青年土耳其運動。一九一〇年代後興趣逐漸轉向寫作，初期用阿拉伯語，後期用英語進行寫作，其享譽全球的作品《先知》（*The Prophet*）出版於一九二三年，最終於一九三一年因病過逝於美國紐約，遺體歸葬於黎巴嫩。

㉔ 黃復興黨部，成立於一九五六年七月，正式名稱為「國軍退除役人員黨部」，寓意「炎黃子孫，復興中華」。是中國國民黨在台灣設立的非地區特別黨部，主要成員為退役官兵及其眷屬。由於黃復興成員占國民黨黨員比率高與高投票率，有左右黨內選舉及初選的影響力。

㉕ 伊斯蘭國，全稱為（The Islamic State，簡稱IS），前稱伊拉克和沙姆伊斯蘭國（Islamic State of Iraq and al-Sham，簡稱ISIS）或伊拉克和黎凡特伊斯蘭國（slamic State of Iraq and the Levant，簡稱ISIL），興起於二〇〇六年，是一個活躍在伊拉克和敘利亞的薩拉菲聖戰主義組織以及未被世界廣泛認可的政治實體，奉行極端保守的伊斯蘭原教旨主義瓦哈比派，組織領袖巴格達迪於二〇一四年自封為哈里發，宣稱自身對於整個穆斯林世界（包括非洲東部、中部、北部、黑海東部、南部、西部，中亞和西亞、歐洲伊比利半島和巴爾幹半島、印度半島幾乎全境、中國西北地區）擁有統治地位。該組織於二〇一七年後活動漸趨式微。

「敘利亞化」。這也就是為什麼阿薩德政權要不斷干涉黎巴嫩內政、在黎巴嫩境內埋伏上各種各樣的親敘利亞武裝力量的原因。而敘利亞在黎巴嫩推行黎巴嫩化，結果就導致了今天敘利亞內戰。

「敘利亞化」是敘利亞的阿拉伯復興社會黨不顧自身條件、拒絕發明小敘利亞民族、堅持要搞泛阿拉伯主義的結果。當然，敘利亞之所以變成敘利亞化的重災區，還是因為敘利亞的社會結構的緣故。敘利亞的社會結構跟我以前講過的黎巴嫩的社會結構是一樣的，有少數烏瑪超越了費拉的水準，達到了黎巴嫩長槍黨人的那個水準，他們已經能夠建立一個小小的政體了，但這個政體的

大洪水傳說　圖為法國畫家多雷（Gustave Doré, 1832–1883）創作於1866年的版畫作品，描繪了《舊約聖經》裡記載的大洪水（The Deluge）傳說，內容一般為：大洪水淹沒所有土地及大多數人類，少數倖存者在洪水退去後繁衍後代，成為今天人類的祖先。此傳說不只出現於基督教或猶太教，世界許多大宗教或古文明都有類似的記錄。本書作者取其神話意涵，引申為「社會秩序崩潰後發生的大規模滅絕狀態」之術語。

規模太小，沒辦法接下敘利亞這個大盤子。而其他大部分教派和社區還處在費拉狀態，可以讓滿洲人、蒙古人、奧斯曼土耳其人來來去去，把政治和軍事都管好，但是他們能夠管得住社區的事務，能夠管得住司法、民法、商業法、財產法、婚姻法的事務。他們這個費拉水準上的社會自治足以保證在征服者來來去去的時候，雖然不能夠建立自我治理的政治共同體，但是足以保持社會本身的延續性，保持社會本身不至於解體，保持社會不至於瓦解成張獻忠狀態。也就是說，有費拉教會和社區的地方，就不會有張獻忠和大洪水。

費拉化的教會和社區雖然無法建立像中東瑞士和小黎巴嫩那樣的自治性的政治共同體，但是他們能夠在其他人來來回回征服的時候保持社區的延續性，避免大規模流民的產生。這就是為什麼敘利亞和黎巴嫩打了幾十年戰爭卻沒有大量人口損失的緣故。如果是在社會基礎更加薄弱、基本的社會共同體連費拉教會和社區的水準都達不到的東亞的話，那麼我們都熟悉的故事就要重演：張獻忠或黃巢殺人數百萬，海內人口減半，新朝重新統計戶口，從極少數沒有被殺光的地區——例如山西派出大量的強制移民去填補河南和山東的無人區，從湖廣和廣東派遣大批強制移民去填補張獻忠在四川造成的無人區。每一次朝代更迭都要爆發大洪水，每一次大洪水都要經過社區重建。社區重建、張獻忠現象和大洪水說明什麼問題？說明你的社區組織度連費拉的水準都沒有達到。有費拉就沒有大洪水，有大洪水就是因為你的組織水準連費拉的水準都沒有達到。

我們可以做一個樂觀的估計。今天的東亞基督徒和穆斯林，還有民營企業家，還有黑手黨，還有無論其他什麼力量，假如過上一、兩代人以後，他們也許能夠達到費拉水準。請注意，我是從寬處理的。中東的費拉社區，它們是從使徒時代的基督教會一脈相傳下來的，是從穆罕默德時代的伊斯蘭教烏瑪和社區一脈相傳下來的，它們都已經跨代跨了幾百年了，維持社區的能力是經過歷史的考驗的；而你們東亞目前的這些各式各樣的社區，基督教的、伊斯蘭教的、各種黑手黨的、民營企業家的、文革以後重建的儒家宗族和種種社區，你們還只有一代人的時間，你們的長老頂多都不過是王怡[26]那樣的中年人，你們還沒有經歷過世代交替。連世代交替這一關都沒有經過，如果我現在就把你們鑒定成費拉的話，那就相當於是我給一個剛剛通過高考進入大學的大學生發了畢業證，其實他能不能通過畢業考試還是說不準的事情。我給一個剛剛通過高考的大學生發畢業證，實際上是在偏袒你，在給你作弊。給你們這些還沒有來得及經過世代交替的教會和社區發費拉證明，也就是在偏袒你們。把你們跟包特羅斯．蓋里這樣經過幾代人歷史考驗的費拉社區平起平坐，把你們這些剛剛通過高考的大學生跟那些已經通過畢業考試的大學畢業生平起平坐，我是在欺負那些真正的費拉，在偏袒你們，這一點是確鑿無疑的。

包特羅斯．蓋里是什麼人呢？他是埃及的科普特費拉基督教徒。他們的基督教社區從使徒的時代、從亞他那修（Athanasius）[27]的時代就一路傳下來，經歷了穆罕默德子孫的多次征服，又經歷了土耳其人的征服，最後在大英帝國來到的時候為大英帝國當帶路黨。包特羅斯·蓋里當了英國人保護下的埃及王國的首相，並跟英國人簽署了《蘇伊士協定》，按照這個協定，大英帝國直到二十一世紀的今天仍然應該管理蘇伊士運河，而不會有納賽爾的蘇伊士運河危機（Suez Crisis）[28]以及後來的一九六七年的六日戰爭（Six-Day War）[29]。這一位蓋里首相就是曾擔任聯合國秘書長的包特羅斯—蓋里（Boutros Boutros-Ghali）[30]的祖先。包特羅斯—蓋里的家族所處的那個教會就是一個典型的費拉社區。你們東亞的新建的基督教會在全世界的基督教會當中有沒有古老的敘利亞和埃及東方教會那樣的地位。你們現在培養出來的精英當中有沒有能跟蓋里家族平起

㉖ 王怡（Wang Yi, 1973–），筆名王書亞，中國作家、詩人、學者、加爾文主義改革宗牧師，長期從事寫作，並在多間新教教育機構和神學院擔任教師並長期從事中國民間維權運動，二〇一八年遭到中共當局逮捕並以「煽動顛覆國家政權」罪名判刑九年，著有《憲政主義》、《不服從的江湖》、《天堂沉默了半小時》、《我有平安如江河》等書十餘種。

㉗ 聖亞他那修（Athanásios Alexandrías, 296–373），古羅馬時期埃及亞歷山大城的主教，又稱「亞歷山大的亞他那修」，是第一個列出今天《新約聖經》二十七卷正典書目，並對早期基督教教義貢獻良多的神學家，晚年不滿君士坦丁大帝而遭到放逐，三六三年後因放逐令取消而重返教會，死後被教會封為聖人。

㉘ 蘇伊士運河危機（Suez Crisis），又稱第二次以阿戰爭（Second Arab–Israeli war,），發生於一九五六年，埃及與以色列及英法二國，因蘇伊士運河的航權爭議問題而爆發的軍事衝突。

㉙ 六日戰爭（Six-Day War），又稱第三次以阿戰爭（Third Arab–Israeli War）、發生在一九六七年六月初，起因是戈蘭高地的敘利亞與以色列兩方軍隊爆發軍事衝突，與敘利亞同為阿拉伯國家並有外交協議的埃及、伊拉克、約旦也隨之參戰，戰爭一共只進行了六天，結果為以色列獲得壓倒性的勝利並繼續控制戈蘭高地。

平坐的人物，你們自己也清楚。當然這些都並不重要，我之所以把你們算成費拉，主要就是因為，儘管你們很不合格，如果放到敘利亞化的中東去的話，你們會一敗塗地，但是東亞的其他社區也同樣不合格或更加不合格，所以蜀中無大將廖化作先鋒，你們在東亞相對而言就算是強社區了。

我們看看，今天的東亞有哪些社區呢？答案是，第一，有列寧主義者的殘餘，有列寧主義的機關幹部、公務員、國有企業和鄉鎮幹部、大學中學教師，總而言之是過去那個吃國家糧的列寧主義體系的殘餘。我們要注意，遠東的列寧主義石敬瑭政權（指中共政權）在組織度方面和歷史成就方面都遠遠不如史達林同志。史達林同志那一套列寧主義機器在勃列日涅夫時代達到最高峰的時候，是一度囊括了全國八、九成的人口的；而毛澤東的模仿品和衍生品——人民公社，在一九五八年的最高峰的時候才剛剛接近勃列日涅夫時期的水準，囊括了全國百分之八、九十的人口，然後只維持了兩、三年就迅速垮下來，退縮到只能夠囊括全國百分之二、三十的人口的地步。今天我們寬打寬算，把列寧主義機器籠罩的人口再加上依靠他們吃飯的家屬和週邊人口加在一起，頂多三億人。這三億人就是將來可以吃公家糧、平時吃土豆饅頭、過節的時候從供銷社領油領肉的那批人。

同時，新興的和古老的天主教社區、基督教社區、穆斯林社區，無論是新興的還是古老的，改革開放以後產生的民營企業家，產生的復活的儒家宗族組織，各種黑社會組織，總而言之，體制外的各種土豪，各種組織力量，無論你是基督教的，伊斯蘭教的，儒教的，佛教的，什麼教也不是、只是民營企業家的，或是連企業家都算不上、只算是走私販子與黑社會的，無論你是誰，無論你是黑還是白，只要你是有那麼一點點組織力量，還能夠蔽蔭一方人口並組織一個社區，樂觀估計的話，你們連同你們能夠蔭蔽的人口，大概是三億人。你們這些人必然就是共產黨再列寧化、打黑除惡的主要攻擊對象，因為共產黨是不容忍任何社區意義的競爭對手的。然後大概還有三億人，是這兩個集團——列寧主義集團和各色五花八門的土豪集團爭奪的中間人口。

所以就像是毛澤東所說的：「三分之一的政權不在我們的手中」，那是在文化大革命前的一九六四年。今天，四分之三的社會不在共產黨的手裡面。共產黨只控制了全部人口的四分之一；另外有四分之一的人口控制在包括一億基督徒、幾千萬穆斯林和其他各類土豪控制的異己人口當中，這些人是共產黨主要的攻擊對象；還有大概四分之一的人口，在列寧主義機器和土豪系統之間搖擺不定，犬牙交錯，像一個社會性戰爭的戰場一樣，在雙方的爭奪當中；最後還有大概三、四億人口，他們就是純粹的兩腳羊[31]人口，他們過去在張獻忠的統治下，現在在張獻忠的統治下，未來估計還是在張獻忠的統治下，只會在比如說什麼黑磚窯人口、拐賣摘取器官、楊改蘭自殺[32]之類的社會新聞當中偶爾露出一個角來，證明他們悲慘的命運。他們是什麼人呢？他們是連費拉都不如的兩腳羊。費拉沒有政治權利，但是他們有社區組織；而兩腳羊人口是赤裸裸的原子化個人，不但沒有政治權利，連社區的保護都沒有，所以他們隨時隨地都會成為犧牲品。在天下大亂的時候，兩腳羊人口會擴張到全部人口的百分之七、八十甚至是八、九十，但是即使是在治世或黃金時代，他們通常也要占到東亞全部人口的三分之一到四分之一。

如果你比較一下中近東和歐洲，你就會發現，中近東的費拉人口在歐洲的階級結構當中找不到一個對應物。在歐洲，即使是無產階級也有一定的政治發言權，只是發言權比較弱而已。費拉人口在歐洲代表著一個比無產階級更弱勢的群體，但是它在中東是主流。而東亞的兩腳羊人口如果放到中東去，又代表了一個連費拉的階級地位都沒有的最弱勢團體，他們連費拉所能夠得到的這些社會性保障都是不存在的。社會階級結構和各文明在歧視鏈中的相對位置是密切相關的。正如古羅馬人認為的，如果羅馬公民要在戰場上勇敢地面對外邦人，就不可能在國內安全的環境當中面對官吏瑟瑟發抖，他們必然會以主人的姿態出現在官吏面前。當然，埃及的費拉既然在本國都已經服從於征服者和官吏的權力了，在國際上當然也是打不贏的。至於兩腳羊人口，那就是連費拉都不如的。本文明體系最低階級如果在其他文明體系當中找不到對應物，那就說明你所在的文明在世界文明的體系當中比別人要低。中東的費拉人口放到歐洲去，連最低階級都比不上，這就說明中東在世界文明體系當中是低於歐洲的；而東亞的兩腳羊人口放到中東去連費拉的資格都沒有，這就預示著東亞文明在世界文明體系當中連邊陲的伊斯蘭世界都比不上，它是邊陲的邊陲的邊陲。

目前的局勢是，列寧主義體系已經向各路土豪發出了宣戰令，決心摧毀你們的體系。摧毀不代表它一定能把你們控制的人口收編到它自己手中。雖然有些人說「今天不可能再回到過去的人民公社。」，但是打散領袖是可以做到的。在鬥地主和建立人民公社之間隔了十年時間，人民公社照樣沒有建立起來；但是那些在鬥地主時被打散的、從儒家宗族散出來的人口，該餓死的餓死，該流亡的流亡；共產黨收容不了你們，但是並不代表共產黨能夠容忍你們另外建立自己的社

㉚ 包特羅斯．包特羅斯—蓋里（Boutros Boutros-Ghali, 1922–2016），曾任聯合國第六任秘書長（1992–1996）並推動人權高級專員辦公室（OHCHR）的設立，出生於埃及開羅的科普特基督徒家庭，其名字源自於祖父包特羅斯．蓋里（Boutros Ghali, 1846–1910），包特羅斯．蓋里因其知識分子與基督徒身分傾向，深受英國信賴，並於一九〇八年開始擔任英國保護下的埃及王國首相，於一九一〇死於埃及民族主義者的刺殺。

㉛ 出自南宋莊季裕，《雞肋編》：「自靖康丙午歲（1126），金狄亂華，六七年間，山東、京西、淮南等路，荊榛千里，斗米至數十千，且不可得。盜賊官兵以至居民，更互相食，人肉之價，賤於犬豕，肥壯者一枚不過十五千，全軀暴以為臘。登州范溫率忠義之人，紹興癸丑歲泛海到錢塘，有持至行在猶食者。老瘦男子謂之饒把火，婦人少艾者名之下羹羊，小兒呼為和骨爛：又通目為兩腳羊。」

㉜ 發生於二〇一六年中國的社會案件，甘肅臨夏回族自治州康樂縣的農婦楊改蘭殺死自己的四個幼兒後服毒自殺，其丈夫也在一周後自殺；關於此事件的評論文章《盛世中的螻蟻》，在網路上發布後引發重大輿論爭議，遭到中共迅速查禁。

會組織。在城市資本家裡面打爛了私人資本家、打爛了帝國主義的外資企業留下來的那些工人，國有企業也是雇傭不了的，你只有去失業，去流浪。不是說我們趕走了帝國主義資本家、打倒了民營企業家以後因此而失業的那些工人，國有企業就會包養起來，對不起，國有企業不包養你們，你們可以自己去餓死。但是我還是要打倒那些土豪，因為他們在政治上和社會上對我構成了競爭。這就是你們面臨著的局面。你們怎麼處理，那當然是你們自己的事情，但是我可以合理預測，這樣鬥爭的結果必然會使過去改革開放三十年之內重新成長起來的土豪和他們蔭蔽的社區進一步解體，而流動出來的人口會有相當一部分重新變成張獻忠和兩腳羊人口。也就是說，本來就至少有三、四億的張獻忠和兩腳羊人口將會大大擴張。

未來的東亞將會是這三種勢力博弈的場所。我預計，列寧主義機器已經不像以前在蘇聯大力支持的五十年代那樣強大，因此它不可能像是當年消滅地主資本家那樣把你們這些新興土豪徹底消滅掉，但它可以把土豪的勢力打掉很大一部分，從而流出很多張獻忠人口來。所以，未來的東亞不可避免將是列寧主義組織機構、各路土豪組織機構和張獻忠人口這三方之間的博弈。而東亞即將面臨的歷史節點，是「敘利亞化」和「張獻忠化」這兩種路徑的競爭。不要以為敘利亞化路徑很壞，當然這對中東的費拉社會來說是很壞的，但是對於東亞這個連做費拉都沒有資格的張獻忠社會來說的話，也就是勉強能夠指望的最好前景。那些運氣比較好、條件比較好、社區建設搞得比較好的地方，才能夠實現敘利亞化；各方面條件都不好的地方，不可避免要出現廣闊的張獻忠地區。這就是東亞即將面臨的未來。

敘利亞
民族發明大事記

時間	事件
16世紀以前	**古代敘利亞** 位處地中海東岸交通要道的敘利亞地區，在古代便已發展出高度的文明及城市組織，在歷史上相繼為波斯帝國、亞歷山大帝國及羅馬帝國統治。敘利亞的大馬士革於西元7世紀伊斯蘭勢力興起後，為伍麥葉王朝（白衣大食）的首都，歷代阿拉伯帝國的核心地區之一。
1516至1918年	**奧斯曼征服敘利亞** 1516年，奧斯曼帝國擊敗了馬穆魯克軍隊後，征服了敘利亞與埃及，將敘利亞納入版圖後劃分為大馬士革、阿勒坡、拉卡（Raqqa）、的黎波里等數個行省。
1860年代	**阿拉伯民族運動的興起** 在歐洲民族思潮及列強勢力的影響下，敘利亞及黎巴嫩地區興起了阿拉伯民族的發明運動，此運動的主要推動者為當地的阿拉伯基督徒知識分子，代表人物有：易卜拉欣．亞齊吉（Ibrahim al-Yaziji）及弗朗西斯．馬拉什（Francis Marrash）。他們試圖讓大敘利亞地區脫離奧斯曼帝國的統治並建立一個大阿拉伯民族國家。
1911年	**阿拉伯青年協會成立** 1908年，奧斯曼帝國爆發了追求近代化及土耳其民族主義的「青年土耳其革命」，影響了法國巴黎的阿拉伯留學生；這些留學生於1911年成立了「阿拉伯青年協會」（Al-Fatat），宗旨為推動奧斯曼帝國統治下的各阿拉伯領土之自治，並追求土耳其人與阿拉伯人的平等權利。
1916至1918年	**阿拉伯起義與阿拉伯的勞倫斯** 正值一次大戰期間的1916年，奧斯曼帝國統治下的阿拉伯人發動武裝革命，領導者為麥加哈里發海珊．賓．阿里（Hussein bin Ali），企圖建立一個從敘利亞到整個阿拉伯半島的阿拉伯民族國家。著名的英國軍官湯瑪斯．勞倫斯與賓．阿里的次子費薩爾王子參與了這次起義。此起義的結果是在一戰結束後，先後成立了阿拉伯人的敘利亞王國與伊拉克王國，並由費薩爾王子擔任國王。

1922年

敘利亞王國與法屬託管地的成立

一戰結束後，奧斯曼帝國的黎巴嫩及敘利亞領土於1920年合併為敘利亞王國；但該王國於1922年遭到法國反對並撤銷其獨立，同年改為「法屬敘利亞及黎巴嫩託管地」。大敘利亞地區被分割為阿勒坡邦、大馬士革邦、德魯茲邦及沿海的阿拉維自治區。

1945年10月24日

敘利亞共和國獨立

二次大戰爆發後，法屬敘利亞託管地於1941年7月宣布獨立，但在英國及自由法國等盟軍的占領下並未實行。二戰結束後，敘利亞於1945年10月24日再次宣布獨立，但遭到法國反對並實施軍事鎮壓；最後在英美等國的壓力下，法國於1946年4月撤離軍隊，敘利亞共和國正式獨立。

1947年4月7日

阿弗拉克建立阿拉伯復興黨

阿拉伯的民族發明家米歇爾．阿弗拉克於1947年4月7日在大馬士革成立左傾世俗主義的阿拉伯復興黨，宗旨為推動大阿拉伯民族國家的建立，並陸續在伊拉克、埃及、葉門、約旦等地成立黨支部。該黨於1953年與阿拉伯社會黨合併，更名為阿拉伯復興社會黨，對中東地區的民族發明有著重大影響。

1949年3月

敘利亞共和國的軍事政變

敘利亞共和國的政局在獨立後始終無法穩定，並於1948年捲入了以色列獨立戰爭，結果導致了以敘利亞軍方以參謀長胡斯尼．扎伊姆（Husni al-Za'im）為首的軍事政變，敘利亞的民選議會及政府遭到推翻，但胡思尼也在數月後被其他軍方勢力推翻並遭到處決。敘利亞在接下來的1950年代連續發生數次軍事政變，政局及社會皆處於高度不穩定的狀態。

1963年3月8日

阿拉伯復興社會黨執政

阿拉伯復興社會黨於1963年3月8日發動軍事政變，成功奪取敘利亞政權，但該政權的內部權力鬥爭直到1966年，原本領導復興黨的阿弗拉克被迫流亡至伊拉克，並由老阿薩德（Hafez al-Assad）獲得最後勝利後才終止。老阿薩德所屬的阿薩德家族，通過掌握阿拉伯復興黨政權成為敘利亞的最高統治者直至今天。

伊拉克

Republic of Iraq

Jumhūriīyah al-ʿIrāq; Kurdish

獨立時間：1958年7月14日

首都：巴格達

四、伊拉克

「三民主義」未能統一阿拉伯國以後

伊拉克作為一個近代民族國家的歷史，實際上是從一九二一年開始的。伊拉克民族發明的歷史，開始於十九世紀中葉；但是作為它的民族神話起源，毫無無疑是世界上最古老的。從吉爾伽美什[①]到漢摩拉比，再到阿拔斯王朝[②]的哈里發，伊拉克歷史上的民族英雄數之不盡。人類最古老的文明，兩河流域的蘇美爾文明，就產生在這裡；不論是四大文明或其他多少文明古國，無論你按照什麼標準去算，伊拉克是必定會被算進去的。但是這樣的歷史就跟從舊石器時代、新石器時代、印第安人時代到北美殖民地的美國歷史一樣，它是有虛有實的。

如果你要寫美國歷史的話，當然要從北美洲舊石器時代的各種遺址、以及早期美洲原住民（印地安人）一路寫下來，然後才到北美殖民

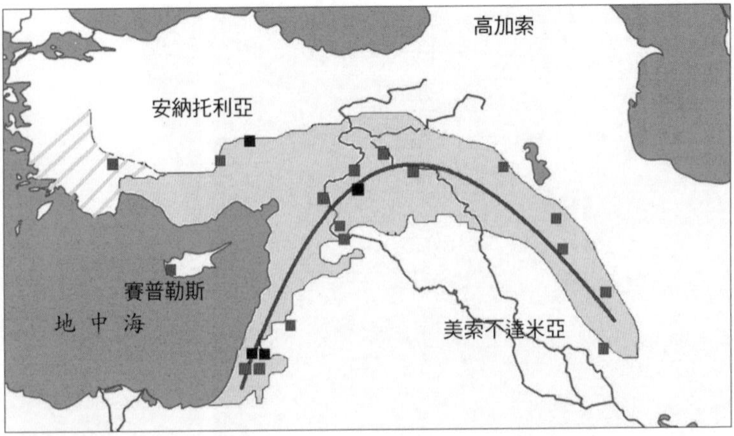

肥沃月彎區域圖　肥沃月灣（Fertile Crescent），為美國考古學家布雷斯特德（James Henry Breasted）提出的歷史地理概念，是指從美索不達米亞（兩河流域）、黎凡特（Levant）到埃及尼羅河三角洲的所構成的肥沃土地區域，此區域孕育了多種人類歷史上的古老文明。

地，然後才有後來的美國、南北戰爭之類的。但是實質上，作為一個政治民族的美國，那頂多只能從北美殖民地算起，嚴格來說恐怕只能從南北戰爭算起。但是以前那個美國的早期歷史，就是樸茨茅斯殖民地、五月花號以前的美國，並非沒有意義。這個印第安人的美國，把美國跟英國和德國區別開來，使它不是一個西北歐的新教國家，而是一個有印第安史前史的國家。正如紐西蘭的民族發明學一定要把毛利人③的歷史加進去，因為有了毛利人的歷史，紐西蘭才跟澳大利亞和英國都不一樣。也就是因為有了印第安人的歷史，美國才跟北歐的新教國家、跟其他的英語國家都不一樣。這就是民族發明學的另一個側面。

當然，歷史上的政治民族，沒有一個是能夠超過二百五十年以上的，伊拉克當然也不例外。伊拉克與敘利亞相同，是我們在上一回提到過的泛阿拉伯主義，其實是產生於阿薩德家族和海珊家族的阿拉伯復興社會黨。復興社會黨的綱領是「三民主義」——確實就是三民主義，而且跟孫文與國民黨的三民主義是基本相同的。孫文與國民黨的三民主義，我們都知道，第一是民族主義——至於是漢族或是中華民族，這要看是在哪個歷史階段了，他們在辛亥革命時期是主張用漢族主義來反對內亞各征服者（特別是滿洲人和蒙古人），然後在南京國民政府的時代又接受了梁啟超的中華民族的觀念；第二是民權主義，就是西方的自由民主那一派，表示他是要建立一個西方式的自由民主的共和國的；第三是民生主義，也就是指社會主義。

阿拉伯復興社會黨的三民主義，第一是民族主義，從西方帝國主義和猶太復國主義的手中爭取泛阿拉伯民族的獨立。請注意，它不是要爭取廣東民族主義或浙江民族主義的勝利，它也不是要爭取敘利亞民族主義或伊拉克民族主義的勝利。敘利亞和伊拉克無非是奧斯曼帝國統治下的阿拉伯語地區的兩個省分，正如浙江和廣東這兩個省是滿洲帝國征服者統治之下講漢語的兩個不同省分而已。省分之間的邊界是革命者企圖打破的，是殖民者企圖維護的。殖民者之所以要維護這個邊界是因為，我們在上一講提到的，英法兩國在打敗土耳其以後，根據國際聯盟的決議，取得土耳其人控制的講阿拉伯語的各省的委任統治權。意思就是，這些還沒有自治能力的省分，得通過西方人去給他們訓政，使他們訓到一個有能力自我治理的程度，然後西方人再撤退，讓他們獨立。

這個訓政計畫雖然很有威爾遜式理想主義的味道，也非常美好，但是實際上是很難操作的，因為人都有私心的。讓我去訓政，就是說我免費教育你這些落後地區的兒童，把你教會了，你給發工資嗎？不給。我白白教一陣子，我自己倒賠錢、倒賠人力、倒賠時間，結果自己什麼好處都沒有，時間一到我得乖乖走人，說不定你們還要罵我是帝國主義者，結果我是白白做了好人，還要被人罵成侵略者；既得不到侵略者的好處，卻要挨侵略者的罵名，你說誰願意做這件事情？如果我是法國或英國的選民，我是納稅人，我出了錢養我們國家的政府和軍隊，那麼我就只有兩種辦法：要麼我根本不管你，所有的錢都用來給我們自己發福利用，所有的軍隊都用來保護我們本國；要麼呢，要我出錢出兵，很好，出錢出兵要對我有好處，出了錢出了兵以後這些地方就要歸我，那還可以說得過去。結果要我出錢出兵，這些地方又不歸我。你說，如果你是英國和法國的選民，你選出來的國會議員願意支持這樣的做法嗎？顯然不會。

這種事情就像是參加聯合國的維和部隊一樣，是賠本生意。雖然為了大國的面子可以偶爾幹一下，但是你可以想像，沒有人能夠把這種事情幹得很長久的。所以，大家都是要偷工減料，能早一點走就早一點走，不可能真正給你把自由民主體制鞏固起來，在大馬士革或巴格達搞出一個門面就差不多可以了，進一步的事情大家都懶得管。如果大馬士革有一個法蘭西式的共和國，有共和國的總統、總理和議會，而在巴格達有一個英國式的立憲君主和議會，那麼大家也就不管它的基層共同體是怎樣了，然後就跑到日內瓦的國際聯盟那兒去說：「現在我們已經完成任務了，我們可以交帳回家了吧。」當然這樣一來，這些西方式的政治體制都沒有真正鞏固。只要英國人和法國人一撤走，敘利亞的共和體制和伊拉克的立憲君主體制都要站不住腳了。

在這期間，正如我們在上一講提到的，泛阿拉伯主義的主要代理人是阿拉伯復興社會黨。它的主要知識分子是敘利亞的基督教阿拉伯人，他們跟西方文化的聯繫比較密切。但是因為阿拉伯地區還是以穆斯林為主的地方，所以他們就採取了蔣介石對儒家的做法。儘管蔣介石自己是基督徒，但是他認為，無論是要發明漢族這個文化泛民族主義的概念，還是要發明中華民族這個奧斯曼主義的概念，他都不得不借重占人口大多數的儒家門徒。所以照他們自己發明的歷史體系，孫文就不得不變成堯舜禹湯、漢武帝和唐太宗的直接繼承人。孫中山這個基督徒像阿拉伯復興社會黨的創始人阿弗拉克一樣是基督徒，但是卻不得不變成一系列異教的和穆斯林的領袖和英雄人物的繼承者。

這當然純粹是政治上的邏輯，並不是有什麼學理上說是宗教信仰上的依據。在這方面，穆斯林的領袖並不是作為宗教領袖而受到尊崇的，而是作為民族發明的符號、作為凝聚國民向心力的符號而發揮作用的。他是

米歇爾．阿弗拉克（Michel Aflaq） 阿弗拉克出生於大馬士革的基督徒家庭，早年在法屬敘利亞託管地的西方學校接受教育，1929年前往法國留學後接受了馬克思及社會主義思想，1934年回國後提出「阿拉伯復興社會主義」，致力於大阿拉伯民族的民族發明。由於高度的相似性，阿弗拉克被本書作者稱為「阿拉伯的孫中山」。

穆斯林或是如同漢摩拉比那樣的異教徒，還是如同阿弗拉克那樣是基督徒，這是次要問題；重要的是，他是講阿拉伯語的阿拉伯人的民族英雄。只要你是寫漢字的人，都有可能被發明成為孫中山和蔣介石的前輩，被發明成為漢族或是中華民族的民族英雄。哪怕你的先輩其實是像唐太宗那樣的內亞人，或說像是大多數廣東人或福建人那樣，是跟印尼人和越南人很少有區別的南島人，但他不會說你是內亞人或百越人，一定要根據你會用漢字這一點把你發明成為漢族，然後發明成為中華民族的始祖，諸如此類。這就是阿拉伯復興社會黨所堅持的民族發明原則。

他們堅持的政治原則，就像剛才講的那樣，是民族主義、民權主義和民生主義。要執行這些主義，僅僅通過議會民主的方式是做不到的，因為既然是英法兩個殖民者或說是託管者已經把伊拉克和敘利亞這兩個省分像是江蘇和廣東一樣分別交給英法兩國託管，實行了不同的政治制度，伊拉克有了一個自稱是屬於聖裔穆罕默德家族來的費薩爾親王，他的家族曾經在阿拉伯的勞倫斯跟德國人和土耳其人打仗的時候跟勞倫斯並肩作戰，而敘利亞則成立了一個法蘭西式的共和國，這樣一來，就因為這兩種政治體制的不同，要把這兩國重新統一起來就不得不採用革命的手段了。

凡是實行了大眾民主制和議會民主制的地方，就很容易產生這種「老婆孩子熱炕頭」的小市民政黨。這些小市民政黨也許沒有什麼意識形態上的遠見，不敢公開反駁漢族、中華民族統一或阿拉伯民族統一這樣的偉大概念，但是他們出於自私的緣故，出於跟英國和法國選民一樣自私的理由，都很不高興把本國的稅金和軍隊拿出去好大喜功，在國界線之外去做那些非常費錢、非常浪費生命、又不一定能有直接好處的事情，他們必然會漸漸地轉向那種缺乏雄心壯志、缺乏偉大意識形態色彩、缺乏偉大事業觀、但是卻很容易得到普通小市民支持的「保境安民主義」。於是伊拉克就產生了國家民主黨（National Democratic Party）[④]這樣的黨派。它的立場就是說，儘管我們都是講阿拉伯語的，而且把阿拉伯世界統一起來——如同一個像是中華民族或漢族那樣的大民族、像拉丁民族或斯拉夫民族那樣的大民族看上去好像是很美好的事業，但是太費錢了，太麻煩了。目前的國界線，就算是以前的伊拉克和敘利亞只是廣東和江蘇那樣的行省，但是託管以後已經形成了這樣的邊界線，那我們還不如暫時先保持現狀，以後再說吧。

保持現狀，一代人、兩代人、三代人保持下去以後，最後獨立不就變成既成事實了嗎？所以，像復興社會黨這樣的政黨要實現它的偉大理想，就不能夠聽任小市民階級和資產階級民主黨派這樣一年兩年、一代兩代、沒完沒了無限期拖下去。拖到最後，原先不是民族的後來也變成民族了，原先沒有獨立意識的後來也養成獨立意識了。時間越久，就越難實現阿拉伯民族大一統的偉大理想。但是要打破議會民主制的框架，要打破已經形成的國界線，憑常規的政黨力量是不可能做到的。例如，如果民主黨在希拉蕊或其他什麼人的領導下戰勝了川普，他有沒有辦法把美國和加拿大合併起來呢？顯然那是不可能的。他只能把共和黨人趕出白宮或國會，但是美國和加拿大的邊界他是沒有能力推翻的。反過來說，共和黨如果戰勝了民主黨，它能不能夠推翻得了美國和墨西哥的邊界呢？顯然也是不可能的。民主產生出來的政黨即使是變成了執政黨，權力也是非常有限的。要想移動邊界，完成革命的偉業，當然只能由野心勃勃的外力來支援，這個外力只能是蘇聯和共產國際。

正在這個時候，伊拉克的費薩爾二世國王（Faisal II of Iraq）⑤在位時期的反帝政策為他們提供了方便門。伊拉克在英國訓政的時候，財政部是聘有英國專家的，同時伊拉克的財政也嚴重地

① 吉爾伽美什（Gilgamesh），古美索不達米亞地區的同名史詩（Epic of Gilgamesh）的主角，被描述為半人半神並擁有超人力量的英雄人物，據考證他有可能是西元前二千九百至二千五百年間，美索不達米亞地區的烏爾克（Uruk）城邦的統治者。

② 阿拔斯王朝（Abbasid Caliphate），是伊斯蘭歷史上第二個哈里發帝國，於西元七百五十年取代伍麥葉王朝，首都為巴格達，在《舊唐書》中稱之為「黑衣大食」，其統治期間為中世紀伊斯蘭世界的黃金年代，最終於一二五八年被蒙古人所滅。

③ 毛利人（Māori people），主要分布於紐西蘭群島的原住民，屬於南島語族的玻里尼西亞人。

④ 伊拉克國家民主黨（National Democratic Party），以英國工黨為藍本，成立於一九四六的伊拉克的非共產主義左派政黨，主要訴求工人權利、土地改革、社會進步並反對君主制度，在一九六三年後阿拉伯復興社會黨發動政變後解散。

⑤ 費薩爾二世（Faisal II of Iraq, 1935–1958），伊拉克第三任及最後一任國王，一九三九年至一九五八年在位。他在一九五八年七月十四日的政變中，與家人一起被處決。

依賴英國的援助。而英國的援助不是白給的，是英國國會和選民批准了的，它的用途是有嚴格限定的。所以國會願意給的錢是很有限的，不能夠隨著國王的意思，要多少錢就用多少錢。而國王最想做的事情就是擴軍。他經常向英國專家抱怨說，在英國財政專家監督下的英國援助之下，伊拉克政府的軍隊少得可憐。他堂堂的國王陛下，軍隊、員警和各種武裝力量加起來才只有區區一萬二千人；而伊拉克周圍的部落，僅僅是從黑市走私買到的武器形成的各部落民兵就至少有十萬人。他這個只有一萬多條槍的國王陛下，在擁有十幾萬條槍的各部落的包圍之下真是有如芒刺在背，覺得這個國王當的實在是很窩囊。

但是要擴軍就要花錢，而英國人的援助是有限度的，不肯多給他錢，所以國王為了這件事情經常和英國顧問吵架，漸漸就滋生了反帝的思想，於是他就開始驅逐英國顧問。而英國顧問和英國國會出於我剛才講到的理由，其實本來就很不高興出錢去維持遠方的這個慈善性質的工作。正如英國的張伯倫首相所說的，英國人連近在咫尺、近在中歐的捷克斯洛伐克都不願意管，管一管比利時和法國已經是做出很大的犧牲了，再管到捷克斯洛伐克，他就已經很不願意了。如果要一路管到伊拉克去的話，他老人家自然是更加不願意。你還一天到晚嚷嚷反帝？我老人家本來就不願意花這筆錢。你反帝，很好，我不給錢了，我自己走人。

英國專家一走，伊拉克的費薩爾二世國王陛下馬上就得到解放了。他像《舊約聖經》裡面的耶羅波安國王（Jeroboam）在擺脫了所羅門王留下的那批老臣以後一樣，這一下子我可以好好當一個紈絝子弟了，不像先王費薩爾一世和英國顧問在的時候，什麼事情都做不了。現在我可以痛痛快快地擴軍，沒有什麼討厭的財政專家在身邊給我指手畫腳，說你這兒沒錢，那兒沒錢，這筆錢不該花，那筆錢也不該花。於是就發生了中東乃至於全世界反殖民主義成功以後必然會發生的現象。新當權的政權必然要大手大腳地花錢，尤其是要擴軍。擴軍唯一的財源就是印刷紙幣。英國顧問走了以後，伊拉克的錢是更多了還是更少了？不用說，當然是更少了。原先英國顧問在的時候，大英帝國看在國際聯盟的分上還要給你一點點補貼；現在顧問一走的話，這點補貼也沒有了。伊拉克人雖然贏得了獨立，但是它的錢卻比以前更少了。但是國王卻要擴軍，要花的錢更多，那麼解決這個問題的最簡單辦法是什麼？當然就是通貨膨脹。印刷紙幣是世界上最簡單的來錢方法。要把一萬軍隊擴充為十萬大軍的話，那麼我們只需要把鈔票多印十倍，問題自然就解決了。然後自然是物價飛漲，民不聊生，官員腐敗。

新一代的知識青年，尤其是國王本人為了擴建十萬新軍而培養起來的那些中產階級家庭出來的青年軍官，看到他們的家庭在通貨膨脹當中損失慘重，於是紛紛產生了革命思想。有很大一部分就投奔了新成立的共產國際伊拉克支部，另一部分則投奔了復興社會黨，企圖通過革命的手段來解決他們的問題。於是我們非常熟悉的故事就產生了：伊拉克和敘利亞的復興社會黨決定「聯俄容共」，打倒帝國主義，驅逐列強，於是在一九五〇年代產生了伊拉克政變（Iraqi coup d'état）[6]。結果是費薩爾國王和他的家族都被鏟平了，只有留在約旦的那一支仍然存在。費薩爾國王的家族一旦被鏟平，英帝國主義留下的勢力範圍和英美主持的巴格達條約組織（Baghdad Pact）也就癱瘓了。巴格達條約組織的總部就在巴格達，英國人留下來的這個伊拉克王國則是此組織的拱心石。它一垮台，那麼英美勢力和北約阻止蘇聯南進的第一道防線立刻就癱瘓了。無論以後成立的政權是什麼，僅僅因為伊拉克王國的倒台，蘇聯人就突破了通向波斯灣的第一道防線——英美所謂的北層防線（Northern Tier）[7]，對於蘇聯人來說是南翼防線，取

海珊（圖左）**與貝克爾**（圖右）　此紀錄照拍攝於1978年，呈現出當時伊拉克的第一號人物貝克爾與第二號人物海珊的和諧融洽；但已經掌握軍政大權的海珊，在隔年便發動政變逼退貝克爾，成為「三民主義」的伊拉克共和國唯一的獨裁者。

得了一項重要的外交勝利。革命成功以後，成立了「國共合作」的國民政府。國民政府名義上的領袖是老將阿卜杜勒赫曼·阿里夫（Abdul Rahman Arif）[8]，幕後的主導者則是貝克爾和海珊。

對於奉行「三民主義」的伊拉克和敘利亞的阿拉伯復興社會黨來說，「國共合作」的故事並不完全美好。帝國主義的代理人、王室、三座大山都推倒了，支持他們的買辦資本家也被清理了。順便說一句，這些買辦資本家主要是猶太人，伊拉克在英國托管時期，自發的資本主義或說是民族資產階級的發展，主要的載體恰好就是伊拉克的猶太社區。猶太人在今天的伊拉克是微不足道的，但是在英國托管時期則是巴格達的主要人口。巴格達人口當時的結構是這樣的：猶太人

⑥ 一九五八年伊拉克政變（Iraqi coup d'état），發生於一九五八年七月十四日，以阿卜杜勒—卡里姆·卡塞姆（Abd al-Karim Qasim）為首的中下級軍官所發動的軍事政變，結果為推翻伊拉克的君主制度及親外政策，損害美國在中東地區的控制力。

⑦ 北層防線（Northern Tier）是冷戰時期的術語，始於一九五五年至一九七九年，即巴格達條約（Baghdad Pact）的四個中東地區成員：土耳其，伊拉克，伊朗和巴基斯坦，所組成的反蘇聯防線。

⑧ 阿卜杜勒赫曼·阿里夫（Abdul Rahman Arif, 1921–1966），伊拉克軍人與阿拉伯復興社會黨成員，曾參與一九五八年政變推翻伊拉克王國及君主制度。

五萬三千人，構成巴格達主要的資產階級，占巴格達人口的四分之一到五分之一；遜尼派五萬人，構成巴格達的第二大族群；什葉派四萬七千人；然後亞述基督徒、庫德人和其他各族群一一排在後面。這就是巴格達當時的人口結構。資產階級人口占人口的四分之一，即使在歐洲的大多數國家都是這樣的。像美國這樣中產階級占人口超過一半，在西方國家都是比較罕見的。在世界上大多數國家，資產階級人口也就占四分之一。而這四分之一主要就是猶太人。

阿拉伯復興社會黨的社會主義傾向，跟猶太人壟斷了國家的主要經濟部門、構成自發資本主義的主要力量是很有密切關係的。在他們看來，伊拉克本土產生的自由主義、資本主義跟英帝國主義的勢力是不可分割的，而跟英帝國主義扶植的（至少是容忍的）猶太復國勢力又有著至少是一個符號性的聯繫。儘管英國託管地巴勒斯坦的猶太復國主義者實際上主要是東歐的猶太社會主義者，跟伊拉克的猶太資本家從馬克思主義的意義上講非但不是一夥，而且還是相互敵對的兩撥人，但他們無疑都是猶太人，是一個很好的敵對符號，是阿拉伯民族主義發展的一個很好的洩憤物件。所以後來以色列國成立以後，伊拉克就把伊拉克的猶太人基本上全都驅逐到以色列去了。這樣做的結果就相當於把上海資本家統統掃地出門，把伊拉克的自由主義和資本主義存在的可能性整體上消滅了。以後的伊拉克，實際上在復興黨領導之下就只有國家資本主義和國有企業，基本上沒有什麼私人企業了。這是近代伊拉克發展的一個關鍵歷史節點。

革命成功以後的伊拉克，當然，經濟問題不會因為革命而解決，相反還更加嚴重了。失業的大量人口和知識青年大量地流入了共產黨的手中，而共產黨就根據吳稚暉所發現的那個著名公式，只給阿拉伯復興黨和國民黨留下了「三十年時間」⑨。吳稚暉的意思是，在蘇聯人的支持之下，先利用復興社會黨和國民黨的勢力，第一步國民革命成功，打倒了清帝國主義和條約體系的費薩爾王室和北洋軍閥，然後下一步共產黨就要收拾國民黨了。當然，國民黨也不會是坐以待斃，蔣介石在吳稚暉、蔡元培等人的支持下搞了一個「四一二清黨」⑩。同樣的，貝克爾和海珊當然也不是等閒之輩，當他們看到共產黨在聯合政府內的勢力越來越大，而中央條約組織解散以

⑨ 吳稚暉，《吳敬恒致中央監察委員會請查辦共產黨函》：「（一九二七年三月六日），本委員告陳首領（陳獨秀）：『研究共產學說，自為共產黨之責。若實行共產，五六年前蘇俄代表越飛，在廣州語孫總理略在二百年之後。以我理想，二百年尚嫌不足。』陳首領笑我太迂，我言：『急切輕掛招牌，正是贋鼎。』陳說：『你更瘋顛。請問中國現在的共和不是偽的麼？但你以為康有為之復辟，與偽共和孰優？』本委員遂知中國共產黨欲實行偽共產，意在言外。因突然提問，問陳首領：『你定中國實行列寧式共產主義是若干年？』彼不遲疑而答曰：『二十年。』餘作駭極之情狀，隨即將陳首領所定二十年中國可實行列寧式共產主義一語，請楊委員（楊銓）於隔座特別注意時，羅首領（羅亦農）似怪陳首領直率，合座默然。本委員即亂以閒話曰：『如此國民黨生命止剩十九年了。前時，總理答越飛國民黨國民革命完成應需三十年，若你們共產黨急迫至些，未免取得國民黨的生命太快了一點，應當通點商量才好。』」

⑩ 指一九二七年四月十二日，蔣介石領導中國國民黨右派黨員，在上海青幫的幫助下，大規模逮捕、處決中國共產黨黨員並取締蘇聯顧問，該事件是中國國民黨「清黨」初期的標誌性事件，中國共產黨稱此事件為「四一二反革命政變」。

後，新的伊拉克革命政權在經濟上是依賴蘇聯的，正如以前的伊拉克王國政府依賴英美援助那樣，而且更要要的是，最重要的黃埔軍校、武器是依靠蘇聯的，而蘇聯人現在卻不斷的武裝共產黨，伊拉克的阿拉伯復興社會黨眼看就要混不下去，所以必須得先發制人了。

於是，他們發動了「一九六三年政變」（1963 Iraqi coup d'état）。這場政變就是伊拉克的「四一二清黨」。在政變後的第一個星期，貝克爾和他的得力幹將——主管安全部門的薩達姆·海珊同志，就在首都巴格達殺了三千到五千名共產黨的熱血青年。審訊和屠殺共產黨的地點是伊拉克的一座古建築，被今天的伊拉克人稱之為「末日宮殿」（Palace of the End）。海珊在當時扮演的角色是三十年代的戴雨農和五十年代的蔣經國，也就是說他是復興社會黨伊拉克支部領導人貝克爾手下的情報機構的頭目，就像是戴雨農領導軍統那樣負責清算共產黨員。當然，他在第一個星期內殺了三千人到五千人，並不是說第二個星期和第三個星期他就不殺了。他一路殺下去，至少在短時期內扭轉了伊拉克赤化的危險。

清共以後，復興黨從幕後走向前台，一腳踢走了老將阿里夫，把貝克爾推上了伊拉克總統的寶座（一九六八年），並且準備以伊拉克的巴格達為基地，推動統一阿拉伯的大業。但是他們發現，同時期敘利亞的復興社會黨也已經成立了自己的政權，也同樣打算按照同一個腳本統一阿拉伯。於是有趣的事情就發生了：南京的蔣介石和廣州的胡漢民打著同一個「阿弗拉克三民主義」

的旗號，都要求統一中華民族或統一阿拉伯民族。那麼誰是正統呢？雙方當然都說自己才是正統，對方才是軍閥。但是僅僅動嘴皮子是制服不了對方的，於是兩個政治綱領上沒有任何區別的復興黨支部，就像是國民黨的廣州政權和國民黨的南京政權一樣，一直打到九一八事變前夜都沒有打完。

這兩個政權都經歷了自己從聯共到清共的歷史。他們很正確地預測到，儘管他們清了共，但是共產國際為了反帝的理由，仍然不得不支持他們。如果不支持他們，就等於是讓西方列強占了一個現成的便宜。只要你在國內能夠把共產黨殺得足夠徹底，同時跟西方列強和以色列不要進行規模太大的消耗戰，不要讓共產黨控制你的內部，那麼蘇聯為了實現反以反美的目的，仍然有必要支援你，正如蔣介石只要肯反日、蘇聯一定會拿武器來支持蔣介石反日一樣。只要伊拉克和敘利亞的復興社會黨願意反美國和以色列，蘇聯一方面要支持伊拉克和敘利亞內部的共產黨員，另一方面也還是會不得不跟一面鎮壓共產黨員、一面反帝抗日的復興社會黨合作（日本在遠東的角色，在中東是由以色列來扮演的），還是要執行這種雙重援助的政策。

這種各懷鬼胎的局面，類似於抗日戰爭時期國民黨一面想要限制共產黨活動，另一方面又不敢把共產黨徹底消滅、以免喪失蘇聯援助。這種局面在伊拉克又維持了十幾年。蔣介石通過國民參政會[11]這樣的形式來統戰共產黨，而復興社會黨的伊拉克支部則在它的政府當中給了共產黨兩個內閣成員的位置。同時，一方面又在復興社會黨內部嚴格整肅共產分子。這兩個共產黨的部長席位，就是伊拉克復興社會黨為了換取蘇聯援助做出的犧牲。

國民黨所設計的這種政策如果不是因為抗日戰爭打得太慘烈的話，其實並不是完全沒有成功的希望，因為這樣的格局在土耳其、敘利亞和伊拉克都出現了，在這三國發生的故事都是，首先聯俄容共，然後等把蘇聯的援助撈到手以後，再一腳把共產黨踢出去或是狠狠地鎮壓一番，同時敲詐蘇聯人繼續給予援助。不過，三方的策略還是有一點點不同：土耳其是最親西方的，在鎮壓了共產黨以後就義無反顧地投入了北約的懷抱，以後就再也不搞聯共了。而阿拉伯復興社會黨因為有以色列或日本存在，為了抗日的緣故，它知道美國和西方國家不會支持它打以色列，而為了打以色列，只有蘇聯才會支持它，所以儘管他們已經清過一次共了，在接下來的反以鬥爭中它還是不得不實行第二次聯俄容共。正如蔣介石在第一次清共以後，等到抗日戰爭爆發以後，又不得不搞第二次聯俄容共是一樣的。

但是即使是他們，也處理得比蔣介石要好一些。他們被以色列打敗了以後，就及時收手，沒有像蔣介石對日本那樣不斷纏鬥，一直纏鬥到整個國家全部垮台，完全落到共產黨手裡面。海珊、貝克爾和阿薩德都非常清楚，只要復興社會黨的基本實力還在，蘇聯就不得不支持它。在這種情況下，它即使是週期性地清剿共產黨，蘇聯人除了抗議以外也沒有別的辦法。只要復與社會黨還有自己的軍隊和力量，還仍然能夠扮演對抗以色列的主要角色，那麼蘇聯仍然是非支持它不可的。只要它不把共產黨殺絕，留一點點位置，這樣一個國共合作的形式仍然是蘇聯不得不接受的。而蔣介石就一直把這場遊戲一直玩到失控的地步，直到被依靠蘇聯支持的共產黨完全取代。

當然，在這一方面，我剛才的講法會給人留下一個錯誤的印象，就是說好像這完全是政治家個人才幹的問題，其實這背後也有格局的問題。從世界文明的格局來看，土耳其是最接近西方文明的勢力，敘利亞比土耳其要稍微遠一點，伊拉克又比敘利亞稍微遠一點，而遠東又比伊拉克和敘利亞更遠一些；因此，蔣介石的逼格比海珊低，海珊比阿薩德低，阿薩德比凱末爾低，這取決不僅僅是政治家個人才能的問題。生態位相近的政黨，像伊拉克復興社會黨和國民黨這樣的政黨，敘利亞和伊拉克的阿拉伯復興社會黨就要比廣東和浙江的國民黨的逼格要高一些，但他們的逼格都比不上土耳其的共和人民黨。這是他們在殖民主義體系當中的相對位置決定的。殖民主義體系其實就跟古代文明中心向東輸出的文明秩序一樣，是近代的一個文明輸出的體系。你離殖民主義的中心越近，你擁有的秩序資源就越高等。這一點不僅僅是體現在聯俄容共這一方面，也體現在社會組織，體現在文化政策的方方面面，甚至體現在社會通過個人體現的各種道德標準。

我舉一個事例：在第一次世界大戰結束以後，作為戰敗國的土耳其應該對英法抱有極大的仇恨，而凱末爾在革命以後驅逐了親英的自由協和黨和執行投降主義外交路線的蘇丹政權，按說他應該很痛恨英法。但是凱末爾進了君士坦丁堡、取得政權以後，他幹的第一件事情就是，收拾達達尼爾戰役（Dardanelles Campaign）的時候為英國人作戰的澳大利亞人和紐西蘭人戰士的遺骨，並且把這些遺骨和土耳其戰士的遺骨一起送進伊斯坦堡最好的公墓裡面去。凱末爾本人在一次大戰時，作為德國盟友土耳其軍隊的將領，是跟澳大利亞人和紐西蘭人打過硬仗的。但是他在收拾這些澳大利亞和紐西蘭的將士遺骨的時候說：「你們是勇敢的將士。無論你們站在哪一方，現在戰爭已經結束，你們和你們的敵人都是英雄。你們現在已經回不到你們澳大利亞和紐西蘭的故鄉了，達達尼爾海岸的君士坦丁堡就是你們的故鄉，土耳其就是你們的故鄉。土耳其人雖然是你們的敵人，但也知道敬佩你們的勇氣。過去我們的祖先跟我們作戰的十字軍戰士也是這樣說的，即使我們是敵對的，但我們仍然敬佩敵人的勇氣。」

與此同時，中華民國——也就是我所謂的「第二次諸夏聯盟」，在一戰結束後做了戰勝國（請注意，這是北洋時代的中華民國，逼格比起國民黨蔣介石要高得多，比起共產黨要高得多），它做了什麼事情呢？它首先在北京城樹了一個「公理戰勝」的紀念碑，然後把克林德公使[12]紀念碑給推倒了（一九一八年）。這裡面傳遞出來的資訊是什麼呢？就是說，我們並不是因為後悔殺了外交官才紀念你的，我們只是後悔我們狗眼不識泰山，沒有認出德國是一個能夠把我們打趴下的強國。我們紀念克林德公使，不是因為我們已經認識到外交官是不該殺的，而是我們認識到，德國作為一個強國，是我們惹不起的。有朝一日德國打了敗仗，它不再是一個強國了，我們立刻就把克林德公使的紀念碑給推翻了，因為你現在是一個戰敗國了，你現在是一個弱國了。你只要不再是強國了，你的公使也就得不到保障了。我們所推崇的「公理戰勝」是什麼呢？就是強權即公理。如果德國是戰勝國的話，我相信，即使德國人殺了北京的平民或無辜者，給它建一個紀念碑也是很合理的；但是德國一旦戰敗了，即使是德國的無辜者和不該殺的外交官，也要照樣推倒你的紀念碑。

請注意，這時還是蔡元培和舊國會時代的中華民國政府，不是國民黨、也非共產黨的黨國政府。當時那些五四運動的領袖，蔡元培和胡適視若無睹，沒有一個人站出來說：「無論德國是戰勝國還是戰敗國，外交官總是不該殺的，就算是沒有西方文明輸入的時代，哪怕是三國演義的時代，也知道是兩國交兵不斬來使。」相反，凱末爾在打了勝仗、修改了協約國強加給他的《色佛爾條約》以後，他在不用再害怕協約國的情況下，對那些打了敗仗、再也回不到自己故鄉的協約國士兵就是這樣一種態度。他可不是因為害怕協約國才這麼做的，他是作為勝利者進入君士坦丁堡以後，對自己的敵人做出這樣的姿態來，這些敵人是他本人在一九一五年冒著生命危險打過的敵人。而他的革命勝利是他憑著一刀一槍打下來的，可不像是蔡元培時代的北京政府那樣，只不過是搭便車取得了勝利。然而搭便車獲得勝利的中華民國政府表現得如此卑劣，而真刀真槍打出來的凱末爾的革命政府卻表現得如此高尚，這就是雙方之間的逼格差異。可以說，奧斯曼時期的土耳其帝國比大清帝國的逼格高，凱末爾的土耳其政府比舊國會的北洋政府和蔣介石的國民政府逼格都要高得多。

無論如何，貝克爾和海珊的復興社會黨就用我剛才所說的方式，建立了一個類似國民黨廣東政權的阿拉伯伊拉克共和國。如果說阿拉伯敘利亞共和國是國民黨的南京政權，那麼阿拉伯伊拉克共和國就是國民黨的廣州政權。它們對於誰是正統的問題、誰該領導誰的問題永遠沒能爭出一個結果來，但它們的統治方式是相似的。一個列寧黨在清除了以猶太人為代表的民族資產階級以後，依靠蘇聯援助以及國父阿弗拉克或孫文設計的那種民生主義、社會主義方式，通過國家社會主義的方式，建立了一個國有化的工業體系和國家教育體系。國家教育體系主要是為了國家培養公務員、軍官和國有企業領導幹部。

當然，在這個培養的過程中間也產生了一個偽中產階級。這個「偽中產階級」不像西方的中產階級那樣是資本主義產生出來的，這個民族資產階級已經隨著猶太人被一起鏟平了。但是，這個「中產階級」是伊拉克和敘利亞唯一受過一點點西方教育的人。而他們當中的大多數儘管都是要當公務員或國企領導幹部的，但也有一少部分變成了自由派知識分子。西方的自由派往往錯誤地以為，這些自由派知識分子因為讀了幾天西方理論，一天到晚講那些自由民主如何如何、憲政如何如何的高調，就代表了伊拉克和敘利亞未來的發展方向，也許在阿薩德或海珊死後或是出現一個開明領導以後，這些自由派知識分子能夠改革開放，把伊拉克和敘利亞變成西方的資產階級民主國家。但是僅僅是通過他們的階級出身你就可以看出，這是不可能的。

他們不是民間企業或民間社會培養出來的人，他們本身就是列寧黨的黨政軍結構和國有企業結構培養出來的。這個集團構成伊拉克和敘利亞的「龍騎兵地區」。他們自身沒有建立共同體的能力，而是依靠蘇聯援助和掠奪民間企業獲得財政資源的，把這些掠奪來的資源養公務員、養軍隊、養軍官學校、養國有企業，然後用這些武裝力量和社會力量構成一個由國有企事業單位、軍隊和政府官員連同他們的家屬組成的社區，這個社區大概能夠覆蓋伊拉克和敘利亞百分之二十左右的人口。這個階級構成伊拉克和敘利亞表面上看最強勢的社會集團。但是，在他們周圍還有另外一個社會集團，就是國有化和土地改革還沒有完全打垮的費拉土豪集團和部落土豪集團。

伊拉克有一點是不同於敘利亞的。敘利亞的社會，就是我在上一講提到過費拉社會。費拉社會是什麼呢？主要是基督教和伊斯蘭教各教派的教長所領導的有社會自治能力、但是沒有政治行為能力的社區組織。他們按照自己的社區習慣法、伊斯蘭法或東方基督教的教法來統治自己。在執政的列寧主義政黨阿拉伯復興社會黨的眼中，他們就是革命的對象或應該被剷除的落後勢力，而復興社會黨一直沒有能夠完全剷除他們，只是壓制了他們，把他們壓制在比較次要的、不太顯眼的地方。但是一旦到了復興社會黨遇到政治困難的時候，他們也就會從這些比較次要的地方浮現出來。

伊拉克還有一種力量，是在敘利亞不常見或不太重要的，就是部落力量，這種力量在伊拉克非常重要。伊拉克自古以來就是有阿拉伯沙漠和外伊朗草原地帶不斷入侵兩河流域構成的部落組織。即使是在哈里發阿里建都庫法城的時候，庫法城就至少有十八個部落組織。從理論上講，這些部落組織是從阿拉伯沙漠上來的。後來蒙古人征服以後，從中亞草原上來的突厥人和各種部落組織也以類似的方式進入了伊拉克的城牆。這些部落有很大一部分留在了伊拉克地區，而許多本地的費拉社區出於政治上擴大政治權利、獲得更好待遇的動機而歸附了這些部落組織，把他們自己變成了部落民。

請注意，伊拉克的部落組織是一個法律上的虛擬，並不是說它的成員一定都是比如說凱斯人（Keis）或突厥人的部落。儘管他們在理論上、從政治神話的角度上可能是這麼堅持的，但它的人口很可能是費拉社區的人口投靠過去的。在習慣法的意義上，因為部落是一個武裝集團，而費拉社區是一個非武裝集團，所以部落有的時候能夠征服費拉社區，或在部落不能征服費拉社區、而是被其他的部落或征服者征服的情況下，它在新征服者的統治之下享有的法律地位通常比費拉社區更優越一些，這樣就會形成自然而然的吸引力或動機。比如說你原先是一個廣東人袁崇煥，但你的子孫會變成滿洲人富明阿⑬，因為你出關投靠滿洲人、當了八旗子弟以後，你獲得的法律地位會比當一個廣東的普通宗族領袖要更大一些。實際上，伊拉克大多數所謂的部落，只是名義上是伊拉克、突厥或其他什麼部落的後代，實際上大多數人口可能也就是本地的費拉人口冒充的。但這無關緊要，這都是法律上的虛擬而已。

這些部落或部族根據它的習慣法，是由長老領導的。這一點我們要注意，不能被符號迷住眼睛而忽略了它的實質意義。法定的部落的長老從理論上講，可能跟費拉社區的穆夫提、卡迪或其他什麼教長一樣都是哈乃斐學派的，但是你切不要以為他們的法律地位和政治行動能力因為「我們都是哈乃斐學派出來的」就會是一模一樣的。重要的不是你是基督徒、穆斯林還是猶太人，或是在伊斯蘭宗教上是哈乃斐學派、罕百里學派還是其他什麼學派，重要的是你的組織度或政治行動能力。同樣是哈乃斐學派出身，部落長老享有的權力比起費拉社區的教長享有的權力是要大得多的，行動能力是要大得多的。這是他們的出身決定的。如果你是內亞部落或阿拉伯部落，是拿著武器來的，從理論上講你還有動員一支武裝力量的能力，那麼你就比沒有能力動員武裝力量、僅僅能夠在司法上或是在民法意義上自治的費拉社區處在優越得多的地位。費薩爾國王害怕的主要是部落，也就是因為部落是有民兵的，而費拉社區是沒有民兵的。

費薩爾國王的政權很弱，遠不如海珊和貝克爾的列寧黨強大，主要是因為，它沒有一套列寧黨的專政機器，也沒有蘇聯的援助，它鎮壓不了這些部落民兵；而海珊所統帥的安全部隊在蘇聯支持下，至少一度在表面上是把部落的民兵給殺的殺、關的關，表面上好像是使伊拉克出現一片太平盛世的景象，至少把他們壓到地面以下了，但是這種鎮壓是徒具形式的。可以說，在海珊統治之下，他搞了許多次相當於蔣介石在台灣搞二二八的那種做法，像薩德爾家族這樣的家族就被他殺了許多批，像塔拉巴尼（Jalal Talabani）[14]這樣的庫德人領袖就被他殺了許多批，當然各部落也被他殺了很多很多；但是殺的結果只在表面上解散了部落的民兵，殺掉了部落的領袖，部落原有的組織只是被壓到了地下，並沒有完全消滅。

可以說，海珊對部落組織屠殺的結果是促使部落組織費拉化了，使部落的組織和軍事動員能力降低到了與費拉社區差不多的地步，但是還遠遠沒有降低到東亞張獻忠社會這種完全變成赤裸的原子化社會、純粹變成兩腳羊的地步。像薩德爾家族這樣的人馬，即使是已經被解散了自己的民兵，但是他至少作為一個宗教領袖，維護和平的權力還是有的。他至少有賓拉登式的地方教法學家地位，可以繼續解釋《古蘭經》，繼續解釋哈乃斐和其他教法學家的著作，也可以繼續搞民辦法庭。雖然這種民辦法庭在失去民兵組織後沒有武裝，但是長老作為一個教區的領袖，還是有很多人在打官司的時候要來找他的。部落長老至少還有青年時代的左宗棠在自己鄉下的那種道德上的號召力和司法上作為仲裁人的權力。

這些隱性的權力，一旦海珊的權威衰落，立刻就會變成顯性的權力。左宗棠平時的時候是沒有武裝的，他只是一位儒家宗族的長老，周圍的老百姓需要打官司的時候都來找他，舉行婚禮或葬禮的時候都請他主持，雖然他一杆槍都沒有。但是太平軍一旦起事，滿洲人一旦沒有鎮壓能力了，他憑藉在鄉下的影響力，振臂一呼，一支湘軍就立刻在左宗棠身邊組織起來了。像薩德爾這樣的土豪，像西斯塔尼（Ali al-Sistani）[15]這樣的教法學家，在海珊統治之下就處在這種狀態。海珊能夠解散他們的軍隊，能夠經常屠殺他們的領袖人物，但是還沒能將已經降低到費拉性質的社

⑪ 國民參政會是由中華民國國民政府的政治組織，包括中國國民黨、中國共產黨及其他抗日黨派和無黨派人士代表參加之全國最高民意諮詢議政機關，於一九三八年七月中日戰爭期間成立，到一九四八年三月結束。

⑫ 克林德公使（Clemens von Ketteler），派駐於清末北京的德國外交官，在一九〇〇年義和團事件時被清軍殺害。

⑬ 富明阿（Fumingga, ?–1882），滿姓袁佳氏，原名袁世福，字治安，晚清漢軍正白旗人，為明末將領袁崇煥七世孫。

⑭ 塔拉巴尼（Jalal Talabani, 1933–2017），庫德人，是庫德斯坦愛國聯盟的創建者之一，曾長期領導庫德人反抗海珊政權。二〇〇五年四月當選為伊拉克過渡政府總統，伊拉克新憲法生效後，二〇〇六年四月當選為伊拉克總統，也是伊拉克歷史上第一位出身庫德人的總統。

⑮ 阿里．西斯塔尼（Ali al-Sistani, 1930–），伊拉克什葉派穆斯林的精神領袖和什葉派伊斯蘭教最資深的神職人員之一，也是什葉派聖地納傑夫（Najaf）許多神學院的校長。自從二〇〇三年美國推翻海珊政權後，西斯塔尼在伊拉克地區宗教和政治事務中有著高度的影響力。在二〇〇五和二〇一四年，因致力於地區和平而獲得諾貝爾和平獎提名。

區降低到張獻忠和兩腳羊的層次，所以他們還有死灰復燃的機會。可以說，伊拉克在海珊的統治之下就出現了龍騎兵化和敘利亞化的不同。一旦海珊被美國打敗，龍騎兵化的地區嚴重萎縮，那麼就不可避免地轉變為敘利亞化的地區了。

在波斯灣戰爭於一九九一年結束後，海珊統治後期的伊拉克就變成了龍騎兵地區和敘利亞地區的混戰局面；而龍騎兵地區自身也有逐漸敘利亞化的傾向。復興社會黨原先雖然是一個小資產階級社會主義黨派，是胸懷天下的，根本不在乎是蔣介石、汪精衛還是胡漢民誰當領導，也不是一定需要海珊家族或阿薩德家族這樣的土豪家族。但是在蘇聯已經解體並中斷外援的情況下，龍騎兵地

迫害胡格諾新教徒的龍騎兵　此圖為17世紀的法國版畫，描繪龍騎兵（Dragoon）正以火槍恐嚇胡格諾新教徒，後者被當時的法國「君權神授」的絕對主義君主政權視為分裂國家與宗教的異端。本書作者使用的術語「龍騎兵地區」便是引申自龍騎兵的歷史意涵，指獨裁政權當局通過暴力控制和維穩的地區。

區斷了糧，必然造成海珊的列寧黨權威一代不如一代，他就越來越相信自己的兒子或是提克里特[16]的老鄉親了。這樣一來，復興社會黨的伊拉克支部就必然地由一個阿拉伯社會主義政黨，一步一步地退化成為海珊及其提克里特部落長老組成的一個家天下了。阿薩德政權在敘利亞的情況也是這樣的，它由一個泛阿拉伯主義的民族發明家和小資產階級社會主義黨派，一步一步地退化為阿薩德家族和阿拉維派老鄉的「家天下」政權了。

假設將來習近平把他的政權傳給了女兒習明澤，就像是海珊很想把他的政權傳給烏代（但是還沒有活到那一天就死了，阿薩德則是成功地活到了把政權傳給自己的兒子小阿薩德的地步），那麼你就可以說，東亞的列寧黨也像西亞的列寧黨那樣，經歷了自己的退化過程，使龍騎兵地區逐步敘利亞化，使原先的列寧主義政黨漸漸退化成為敘利亞化整體格局之下的一個跟大軍閥、大宗族或大土豪政權沒有什麼區別的地區性政權。跟其他的軍閥政權和土豪政權相比起來，只是因為它繼承了前政權的主要資源，所以比其他的軍閥更大一些，是一個超大型軍閥。但是隨著時間的推移，在整體敘利亞化的格局之下，跟其他小軍閥的區別，正在變得越來越少。

但是伊拉克和敘利亞還有一方面是跟東亞完全不同的：伊拉克和敘利亞以及整個穆斯林世界根本不存在東亞的張獻忠地區。對於他們來說，倒楣到極點就是徹底的費拉化，也就是像海珊和阿薩德權力頂峰時期一路殺過去，把大家都殺成費拉了。但是即使在殺成費拉的情況之下，你仍然享有左宗棠在鄉下的那種權力，你的民法、財產法、民辨法庭仍然是殺不絕的，你的社區組織仍然在。這樣一來就會有一種現象，就是說，其實中東的恐怖組織全都是有基礎共同體的，這是他們不可能被斬盡殺絕的基本原因。如果你看到有一個刺客在別人什麼寺廟或清真寺裡面扔了炸彈，你切不要以為這是張獻忠地區經常出現的那種孤狼作案，它背後必然是有社區的。如果有一個人去炸了亞述基督教會的教堂，或去炸了哈乃斐派的清真寺，那一定不只他一個人，他的背後至少要有一個類似賓拉登的業餘神學家，也一定會有一個社區。不是他一個人認為這個教堂或清真寺該炸，而是他的整個社區有一大撥人和一批教法學家都認為這個地方是該炸的。而他炸了以後的話，他的家屬、子女、孤兒寡婦會有整整一個社區來養，而且還會有一撥贊成他行動的教法學家振振有詞地替他辯護，論證他這種行為是很正當的。

在這些情況之下，如果有一個人碰巧不是炸了本地的清真寺、猶太教堂或基督教堂，而是碰巧炸死一撥西方人，那麼國際輿論就會大嘩，然後就會說恐怖主義怎麼了，真主黨怎麼了。但你要注意，真主黨雖然幹了這些事情，但是與真主黨作對的敵對派系也是這麼幹的，只是他們沒有傷害西方人，所以西方媒體就不說他們是恐怖主義者，也不怎麼報導他們的事情。這種情況其實用下面的比喻就可以明白：西方人坐著津浦鐵路的火車經過山東臨城，遇上了大土匪孫美瑤[17]，被孫美瑤勒索了一筆，然後歐洲各國的報紙就輿論譁然，指責曹錕大總統領導的中華民國竟然亂成這個樣子，並呼籲當權者出兵干涉。為難的曹大總統，就像可憐的黎巴嫩總統一樣，不得不給西方人一個交代，把孫美瑤抓起來、交出去。然後西方人就會認為，孫美瑤是真主黨一樣的大壞蛋，他一天到晚就知道綁票，是個大壞蛋。但是你如果問一個河南駐馬店人，他會說：咦？你現在才知道呀！早在當年大清國還沒有倒台、鬧捻軍[18]的時候，早在當年袁大總統還沒有倒台、白朗[19]在鬧事的時候，我們可憐的河南人一天到晚、逢年過節都要被土匪抓去當肉票的。只不過你們西方記者從來不在乎我們河南人是不是被抓了當肉票。河南人被抓了當肉票已經有了幾十年的

⑯ 提克里特（Tikrit）位於伊拉克境內的底格里斯河河畔，距離首都巴格達約一百四十公里，亦是今天伊拉克是薩拉丁省的首府。提克里特是薩達姆．海珊的出生地。在海珊執政期間，他從家鄉起用大批鄉親人士出任政府要員，以及成為保護自己的共和國衛隊成員；此地同時也是中世紀庫德人英雄薩拉丁的出生地。

⑰ 孫美瑤（1898年–1923年），出生山東富戶，民國初年著名的響馬集團領袖，因時局混亂，父親遭定罪斬首，家產也遭到侵占，孫美瑤便與其兄弟於君山築寨，招募四方流民，組成「山東建國自治軍」。一九二三年，北洋政府以山東督軍田中玉為剿匪司令，命其消滅山東建國自治軍。田中玉將孫美瑤圍困山寨，孫美瑤便打劫在津浦鐵路上的特快列車，其中包含歐美人質共三十九名，以此要挾北洋政府，即當時著名的「臨城劫車案」。

⑱ 捻軍（1853–1868），大清官方稱之為捻匪或捻賊，也稱捻亂，是活躍在長江以北安徽北部及江蘇、山東、河南部分地區的反清農民軍，與太平天國同為晚清影響重大的農民起義運動。捻軍持續活動十六年，全盛時曾於同治四年（一八六五年）斬殺清軍名將、蒙古親王僧格林沁，最後分為東西兩支，分別由李鴻章和左宗棠平定。

⑲ 白朗（1873–1914），中華民國初年河南馬賊、農民軍領袖。清末時為低級軍官，辛亥革命爆發後，起兵反清，靠劫富濟貧獲得窮人支持，並收編眾多綠林匪盜，後又成為積極反抗袁世凱之地方農民軍領袖，遭到袁世凱政府多次鎮壓，最終於一九一四年戰死，被河南人視為英雄人物。

歷史，你們從來都不知道；西方人好不容易有了一次被抓肉票的經歷，就搞得全世界都知道了。所以，真主黨或伊斯蘭國在中東的地位也就跟孫美瑤是差不多的。

由於西方的文化霸權造成的結果，無論是拉丁美洲的印第安人，還是非洲的黑人、東南亞的馬來人或東亞的共產黨員，他們瞭解世界局勢都是通過《紐約時報》或類似的權威媒體，而《紐約時報》沒有報導過的事情就等於是不存在。中東的各費拉社區在列寧黨的政權倒台後便開始互相扔炸彈，由於炸死的人大多數是阿拉伯人，是阿拉伯基督徒和各派穆斯林，所以西方媒體基本沒有報導。等到炸死以色列人和西方人的時候，大家才突然如夢初醒地想到：「哎呀！中東怎麼會有這麼恐怖組織呢？」其實，你如果是一個土生土長的阿拉伯基督教徒或穆斯林的話，你就會有我剛才描繪的河南人的感想：「咦？你們現在才知道我們中華民國是有土匪的地方呀！我們讓土匪都折騰了幾十年了，我爺爺和我爸爸都讓土匪給綁票綁過好幾次了，我姑姑和我奶奶都讓恐怖分子給炸死了，你們從來沒有報導過。只有等炸到歐洲人、美國人和以色列人的時候你們才突然想起來，原來你們在這裡搞恐怖主義搞得很厲害。其實我們早就快適應恐怖主義了。」

恐怖主義是什麼呢？我現在給出一個答案。「恐怖主義」這個詞用得太浮濫、太膚淺了。中東常見的恐怖主義就是某一派的教派成立了什麼什麼政黨，然後這個政黨出去給他們的敵對派別扔炸彈或幹了類似的事情。它是什麼呢？它是費拉社區「去費拉化」的表現，開始組織中東的「湘軍」的表現。滿洲帝國還強勢的時候，左宗棠是不組織民兵的。滿洲人和南粵人打得一塌糊塗的時候，左宗棠開始覺得，為了保衛鄉土，原先我們的費拉社區是只負責搞民辦法庭、只負責道德風化的，現在有必要練一支團練出來保衛自己了，這些團練組織得好還可以出省作戰，並獲得湘軍的名號。

中東那些多如牛毛的政黨，什麼薩德爾的政黨、西斯塔尼的政黨，這個伊斯蘭黨、那個達瓦黨（Islamic Dawa Party）[20]之類的政黨，是怎麼出來的？就是原先在奧斯曼帝國統治的時代、在英國殖民時代或海珊時代還是屬於費拉性質，沒有自己的武裝，也不參政，只管民間風俗性質的事情，只負責執行沙利亞法，只負責管一個男人可以娶幾個老婆，幾個老婆待遇不公的時候打起官司來怎麼辦，怎麼樣搞財產繼承，怎麼樣搞民法審判之類的事情；然後等到天下大亂、兵荒馬亂、現在你不組織武裝就要被別人吃掉的時候，於是要麼你自己高瞻遠矚，首先組織一支武裝來，先發制人把別人給炸了，要麼就是你開始沒有組織武裝，繼續費拉，然後別的不那麼費拉的人組織了長槍黨、庫德武裝或其他伊斯蘭黨什麼的把你也給炸得一塌糊塗，你發現你不組織武裝也不行了，也組織了自己的武裝，反過來去炸別人，然後你炸我，我也炸你。於是，構成伊拉克社會主流的大多數費拉社區，在海珊倒台以後紛紛地「去費拉化」，走上了湘軍化或敘利亞化的道路，就產生了你們現在看到的伊拉克。

現在的伊拉克是什麼問題呢？正如伊拉克國王費薩爾一世在一九三三年說的：「我費了很大力氣來培養伊拉克的民族意識，而你們仍然是一盤散沙。」伊拉克民族發明至今沒有成功，而伊拉克的真實力量就是社區性的力量，這是一種黎巴嫩化、敘利亞化的力量。如果這些力量想要發明一個黎巴嫩山民族，或要發明一個武當山民族，那是綽綽有餘的。假定金庸小說裡面描寫的武當派確實存在，那麼它就是一個有共同體的角色。張翠山可以說是死在了冰火島，但是你放心，他的兒子張無忌不會沒人撫養的。武當派的祖師爺張三丰會把張無忌教導成人，繼承張翠山的位置。就算是張三丰死了，大師兄宋遠橋會繼承他的角色，還是繼續撫養張無忌的。他們的傳統還在。所以，死了一個張翠山還是死了一百個張翠山不影響武當派的傳統。蒙古人如果還在的話，武當派可以說是一個費拉社區組織，它只管自己的事情，不管外面的政治事務，武當派內部就用張三丰先生制定的武當派的習慣法來審判，不管蒙古人的習慣法或其他什麼習慣法，自己管自己，但也不管外面的事情；但是蒙古帝國一旦崩潰，各路紅巾軍、黃巾軍軍閥割據，你不管別人，別人也要管你，你必須組織自己的武裝的時候，張三丰就要下山或就要派張無忌下山了。

張無忌如果帶著一撥人馬殺到少林寺，把少林寺的廟給拆了，把少林寺苦心修建起來的巴米揚大佛[21]給炸了，然後正好有一個美國記者在的話，於是國際就要轟動了：「哇！武當派是一個恐怖組織。哇！張三丰是一個恐怖主義理論家。我們要論證一下，道教是不是跟恐怖主義有什麼特殊關係，伊斯蘭教是不是跟恐怖主義有什麼特殊關係。無論如何，張無忌同志和賓拉登同志一定是恐怖分子，他們殺到少林寺去，把少林寺的佛像給炸了。我們現在可以說，佛教是一個和平主義宗教，而張無忌領導下的道教則是一個恐怖主義宗教。」請注意，目前的新聞分析就是我剛才描繪的這個水準。但是如果你熟讀《倚天屠龍記》，深入瞭解該書的歷史和社會背景，你不免就會覺得上述對於張無忌來說不太公平，因為少林寺如果很強大的話，說不定也會打到武當派

⑳ 伊斯蘭達瓦黨（Islamic Dawa Party），也譯作「伊斯蘭號召黨」、「伊斯蘭宣教黨」，成立於一九五七年，屬於什葉派及伊斯蘭主義的民族主義政黨，強調傳統伊斯蘭教的宗教倫理與文化價值，以對抗高度世俗化傾向的阿拉伯復興社會黨。一九八〇年代因針對海珊政府發起多次暗殺及恐怖攻擊而遭到取締，主要成員流亡至海外。二〇〇三年美伊戰爭結束後回到伊拉克，今天為伊拉克政府的主要執政黨之一。

㉑ 巴米揚大佛（Buddhas of Bamiyan），是曾經坐落在阿富汗巴米揚谷內山崖上的兩尊立佛像，建於西元六世紀，是希臘式佛教藝術的經典作品。這兩尊佛像在二〇〇一年三月十二日被塔利班炸毀。

去，把武當派的山門給拆了，那時候你是不是要說佛教是一個恐怖主義宗教、而道教是一個和平主義宗教呢？

無論如何，伊拉克「敘利亞化」的混亂情況便是如此。你說誰是恐怖主義，那就是說誰碰巧炸了西方人，而沒有被說成恐怖主義的那些派別一般也是炸了別人的，只是他所炸的對象一般不是西方人，差別就在這一點。為什麼當地什葉派的大長老阿里．西斯塔尼（Ali al-Sistani）被美國人當成是伊拉克的達賴喇嘛？不是說他手下沒有武裝力量或不打仗，他也是按照左宗棠、張三手和張無忌的那種方式行事的，只不過他在政治上是親美的，而薩德爾在政治上是反美的。所以，儘管普通的伊拉克人會覺得薩德爾和西斯塔尼的關係也就是少林寺和武當山的那種關係，但是美國和西方輿論必然會認為，西斯塔尼是熱愛和平的好人，而薩德爾則是搞恐怖主義的壞人。

伊拉克民族發明為何會失敗？原因很簡單，能夠搞伊拉克民族發明的力量，例如像費薩爾國王和伊拉克國家民主黨那些勢力，在國共兩黨合作的伊拉克革命當中基本上被摧毀了。英國殖民時代和舊伊拉克王國時代，民間資本主義的發展被伊拉克三民主義政權的國有化過程給打斷了。所以，伊拉克民間沒有西方那樣的資本主義社會，也產生不出可以發明伊拉克民族的政治力量。這些政治力量在伊拉克的北洋軍閥時代曾經存在過，但是已經在伊拉克的北伐革命時代被剷除了。伊拉克在國共合作、三民主義的時代，曾經企圖發明泛阿拉伯民族，但是由於敘利亞的緣故，誰也統治不了誰；南京政府統一不了廣東政府，廣東政府也統一不了南京政府。最後結果就是，廣東的國民黨人成立了一個伊拉克國，南京的國民黨人成立了一個敘利亞國，大家也就只有這樣搞下去了。搞到最後，美國人把海珊和南京國民政府也一起打垮了，於是伊拉克進入了群龍無首的局面，到處都是少林寺、武當山、左宗棠、曾國藩這樣的敘利亞化局面。

今天伊拉克的混亂局面該如何解決呢？顯然，任何人想要把漢族或阿拉伯民族發明起來，那就需要再有一個共產國際給它出錢出槍，再搞一個伊拉克復興社會黨，但是蘇聯已經不存在了，這種可能性基本等於零。如果你再想發明一個伊拉克民族，或說要想發明一個吳越民族，你就要有像英國人和美國人這樣勢力，扶植一個伊拉克君主立憲國或是伊拉克聯邦共和國，然後希望再過幾代人以後能夠把這樣的共同體建立起來。目前看來，英國人和美國人好像沒這個耐心。現在就還有第三招：伊拉克實際存在的真正的共同體是什麼？答案就是，武當山、少林寺、西斯塔尼、薩德爾、庫德各部落和各家族。庫德人發明一個庫德民族的條件還比較成熟。所以我可以面不改色地說，我可以發明一個青城山道教共和國或一個溫州基督教民族國家。但是如果溫州基督教民族國家的野心更大一點，我還可以更大膽一些，把你們的盤子做得更大一些，發明一個錢塘江以東的小吳越民族。但是做到最大，我頂多給你們發明到揚子江東岸的一個大吳越民族。你們如果想要發明一個涵蓋整個漢語地區的小華夏民族，我就要很負責任地告訴你，無論你們是溫州的基督教社區，還是佛教社區，還是其他什麼社區，你支持不起這個盤子來。如果你是薩德爾或西斯塔尼，那麼你可以發明一個中伊拉克的小伊拉克民族，或發明一個阿拉伯斯坦民族。發明一個泛伊拉克民族就遠遠超出你的負擔能力了。

但是東亞的情況比中東的情況更糟一些，它有一個中東沒有的階層，就是所謂的張獻忠階層。今天中東及敘利亞的局面是，小阿薩德控制的龍騎兵地區與各路土豪控制的敘利亞地區並列，雙方勢力隨著內戰互有消長；而東亞的局面則是，習近平領導的龍騎兵地區、各路土豪領導的敘利亞地區與各路張獻忠控制的張獻忠地區互為消長。而龍騎兵地區把敘利亞地區當作自己的主要敵人——事實上也確實是只有敘利亞地區的各種土豪才有可能對龍騎兵地區進行有效競爭，因此它很可能為了打擊敘利亞地區的土豪，為了解散這些土豪，把大量的人口打散了以後，使他們流入張獻忠地區。這樣做的結果很可能是，張獻忠地區會成為最大的贏家。所以，未來東亞的局面比起伊拉克和敘利亞來說都更複雜一些。龍騎兵地區能夠控制的基本盤不如海珊時期控制的基本盤那樣堅實；敘利亞地區的各路土豪，論資格論能力，也遠不如中東地區的那些教團、社區和部落來得強大；最後還有他們雙方都控制不住的大量的張獻忠人口到處流竄，無論對任何一派的土豪還是對列寧黨控制的龍騎兵地區都構成無法預測的因素。這就是未來東亞即將出現的局面。你參照伊拉克和敘利亞，然後再把伊拉克和敘利亞沒有的、比伊拉克和敘利亞糟糕得多的張獻忠因素再加進去，就可以大致上推算出東亞未來的發展軌跡了。

伊拉克
民族發明大事記

時間	事件
西元13世紀以前	**人類文明起源與伊斯蘭阿拉伯世界的中心** 伊拉克地區位於兩河流域的美索不達米亞平原，為人類文明史上古老的發源地之一，於西元前4500年的蘇美爾文明開始，歷經巴比倫人、亞述人、加爾底亞人、波斯人、希臘人及羅馬人等各大帝國的統治。伊斯蘭勢力興起後，阿拔斯王朝於762年定都於巴格達，此地在1258年蒙古人入侵以前一直是阿拉伯伊斯蘭世界的中心。伊拉克雖然歷史悠久且為歷代帝國的首都，但也形成了民族發明學上的沉重負擔，不利於小民族國家的建立。
1920年8月23日	**英屬美索不達米亞託管地成立** 一戰結束後，英國於1920年將原屬於奧斯曼帝國的東方領土，包括巴斯拉州、巴格達州及摩蘇爾州合併為「英屬美索不達米亞託管地」，也就是今天伊拉克的前身。英國將該託管地委由哈希姆家族的費薩爾王子統治，並於1932年改為「伊拉克王國」。
1958年7月14日	**1958年政變與第一伊拉克共和國成立** 哈希姆家族統治下的伊拉克王國與英國及西方勢力關係密切，長期以來遭到國內阿拉伯民族主義者的不滿。1958年，以阿卜杜勒—卡里姆·卡塞姆（Abd al-Karim Qasim）為首的「自由軍官團」發動政變，推翻伊拉克王國並處決了哈希姆家族的王室成員，建立了伊拉克共和國。阿拉伯復興社會黨的伊拉克支部在此次政變中發揮了關鍵作用。
1963年2月8日	**1963年政變與阿拉伯復興社會黨的奪權** 阿卜杜勒—卡里姆·卡塞姆於1958年建立伊拉克共和國後，積極尋求蘇聯及共產國際的援助，引起以阿拉伯復興社會黨為首的伊拉克民族主義勢力的不滿。1963年，以阿卜杜勒—塞勒姆·阿里夫（Abdul Salam Arif）為首的阿拉伯復興社會黨發動齋月政變，推翻卡塞姆政權並大規模鎮壓伊拉克的共產主義勢力。
1968年7月17日	**1968年政變與貝克爾政權建立** 阿卜杜勒—塞勒姆·阿里夫於1963年政變後擔任伊拉克總統，直到1966年因為意外病故，他的弟弟阿卜杜勒—拉赫

曼・阿里夫（Abdul Rahman Arif）在以貝克爾為首的阿拉伯社會復興黨的支持下繼任總統。3年後，貝克爾於1968年7月17日發動政變，成功奪取政權後將阿卜杜勒—拉赫曼・阿里夫流放出境。此後直到1970年代末期，伊拉克在以貝克爾為首的阿拉伯社會復興黨的統治下，不再發生政變事件，社會得以穩定發展；但在政治上則是淪為個人獨裁的專制政權。

1979年7月16日

海珊掌權與兩伊戰爭的爆發

貝克爾於1968年起擔任伊拉克總統，並任命其表親薩達姆・海珊出任重要職位。直到1979年7月，掌握政軍大權的海珊藉故逼退貝克爾後，就任總統與總理職務，成為伊拉克共和國的最高領導人。海珊執政後，對外試圖推行以伊拉克的阿拉伯復興社會黨為首的阿拉伯統一運動，引起敘利亞及伊朗的不滿。1980年9月，當時伊朗正值伊斯蘭革命期間而政局不穩，海珊便藉故兩伊邊境問題發動兩伊戰爭，戰局持續八年之久，直到1988年才在聯合國調停下終止，戰爭結果導致海珊個人威信下降，也宣示其泛阿拉伯主義的擴張政策失敗。

1990年8月2日

海珊入侵科威特與波斯灣戰爭

於兩伊戰爭失利的海珊，於1990年8月2日宣稱科威特為伊拉克「自古以來」的合法領土，並發動入侵科威特的軍事行動，引起國際譴責及制裁。1991年1月17日，由美國領導下的多國部隊發動「波斯灣戰爭」，對伊拉克展開代號為「沙漠風暴」的大規模空襲行動，迫使伊拉克軍隊撤出科威特。此後的海珊雖持續統治伊拉克，但遭到以美國為首的國際社會長期孤立及經濟制裁。

2003年3月20日

美伊戰爭爆發與第二伊拉克共和國的成立

2003年3月20日，911事件之後的美國以伊拉克持有「大規模毀滅性武器」為由發動美伊戰爭推翻海珊政權並成立伊拉克臨時政府。2006年5月20日，戰後首屆民選政府正式成立，新憲法規定伊拉克為奉伊斯蘭為國教，但保障人民宗教自由的阿拉伯聯邦制民主國家。

科威特

State of Kuwait

Dawlat al-Kuwait

獨立時間：1961年6月19日

首都：科威特城

五、科威特

部族傳統和泛阿拉伯主義的邊界衝突

我們今天講科威特。科威特的國際知名度，主要來自於海珊於一九九〇年發動的波斯灣戰爭；但是這場戰爭和科威特這個國家本身嚴格來說並不重要，重要的是它背後顯示出來的近代國家的產生機制。好比是「麻雀雖小、五臟俱全」，重要的並不是麻雀，而是麻雀的五臟顯示出來的鳥類結構。當然你也可以換其他的鳥類——比如說鴿子作為解剖的對象，但是根本上講，重要的既不是麻雀也不是鴿子，而是麻雀和鴿子以及它們的相同和不同之處揭示出來的鳥類作為一種特殊生物呈現出來的各種規律。我想，世界上除了科威特本地人以外，世界上的絕大多數人之所以知道地球上有科威特這個地方，主要是拜海珊之賜；沒有海珊的話，誰也不會在乎科威特在哪裡。

海珊入侵科威特的理由是「科威特自古以來就是伊拉克的一部分」。雖然海珊作為阿拉伯復興社會黨基地伊拉克的統治者，他所製造的歷史系譜：從漢摩拉比、穆罕默德、阿拔斯王朝，再連結到海珊自己，如同東亞的三民主義者製造的歷史系譜：從堯舜周公、漢武帝、唐太宗、最後再連結到孫文和蔣介石，都是純粹構建起來的。但是，海珊說科威特曾經是伊拉克的一個縣，這一點在歷史實證主義的角度來講是沒有問題的。伊拉克收復科威特的歷史依據是無可挑剔的：伊拉克在過去是作為奧斯曼帝國的阿拉伯行省的一部分，而伊拉克、敘利亞和埃及都是被作為草原遊牧民族的奧斯曼突厥人征服的古老文明地帶①。從海珊的角度來講，伊拉克入侵科威特如同中國收回香港，只是伊拉克行使主權、收復固有領土而已。

這三個省分的阿拉伯人對奧斯曼突厥人征服者的看法，也就跟江蘇、浙江和廣東三個省的使用漢字的儒家士大夫對滿洲征服者的看法是一樣的。他們當中當然也有各種派別，也有像伊拉克國家民主黨這樣的獨派，這個獨派的意義就相當於是今天的南粵民族黨或南粵民團黨要求廣東建立一個獨立國家，但是他們並不是現實政治中勢力最大的一派。在現實政治中勢力最大的一派是政治上相當於國民黨的一派，就是講三民主義的阿拉伯復興社會黨，要求把廣東、浙江和江蘇統一起來，建立一個漢人的中華民國。對於伊拉克、敘利亞和埃及來說，就是在阿拉伯復興社會黨

① 在歷史上，科威特與今天的伊拉克南部同屬於奧斯曼帝國於一八七五年改制的「巴斯拉州」（Basra Vilayet），其首府設於兩河流域下游的巴斯拉（Basra）。一八九九年，科威特薩巴赫家族（House of Al Sabah）與英國簽署協議，英國將保護科威特不受任何外來侵略，使科威特在外交上變為英國的一個保護國。但是，儘管當時的科威特政府希望從奧斯曼帝國獨立或將自身置於英國統治下，但直到第一次世界大戰前英國均認可奧斯曼帝國對科威特的主權，並將科威特視為一個自治「卡扎」（Kaza，行政區的意思）。一九一三年，英國在一份未批准的外交文件《盎格魯－奧斯曼公約》（*Anglo-Ottoman Convention of 1913*）曾試圖進一步地釐清科衛特的邊界及自治權利。在一九一四年一戰爆發後，英國占領巴斯拉州，將該州除了被沙烏地阿拉伯占領的地區和科威特外的全部轄區被併入一九一五年七月成立的美索不達米亞託管地，此為後來伊拉克王國及海珊的伊拉克前身。

的領導之下驅除韃虜——也就是奧斯曼土耳其、西方帝國主義以及日本侵略者（對於他們來說就是猶太復國主義者以色列）。打倒這三個敵人以後，漢家衣冠、唐太宗、漢武帝的偉大事業就要重新得以實現，阿弗拉克這個阿拉伯基督徒和孫文這個東亞基督徒夢想的大阿拉伯國和大炎黃子孫、大漢族的中華民國就要成為現實。

對於海珊的伊拉克來說，它要實現這個理想還有許多障礙要克服。距離遙遠的以色列，可以暫時忽略不計；而根本就不想留在這裡的英國人，也可以忽略不計。但是，阿薩德的敘利亞就像是蔣介石擋住了胡漢民的道路一樣，對它是一個重大的障礙。而納賽爾的埃及，同樣也繼承了泛阿拉伯主義的統一理想，想反過來把敘利亞也統一起來。因為敘利亞和埃及的複雜關係，科威特問題對於伊拉克的國民黨人和伊拉克的蔣經國和海珊來說，只是一個非常次要的問題。對於海珊來說科威特就像香港和澳門，只是英國殖民主義留下的一個後遺症。如果說海珊是蔣經國的話，那麼對於他來說，國民黨右派占據了敘利亞膏腴之地的阿薩德就像胡漢民一樣地可惡；而占據科威特的薩巴赫家族對於他來說，頂多就像是香港的土豪董建華[2]，是不足為患的。科威特也無非是依靠英國人來暫時撐腰，但是英國人早晚得走；一旦英國人走了以後，科威特便會像熟透的桃子一樣回歸到伊拉克祖國的懷抱中，海珊對這一點是很自信的。在奧斯曼帝國的時代，科威特和香港一樣，連做一個縣的資格都沒有。它就是奧斯曼土耳其帝國的伊拉克行省的巴斯拉州的若干小村的集合體，一個大城市都沒有，而今天的科威特城則是在石油工業開發以後建立起來的。

對於大清帝國統治時期的廣東人來說，寶安、深圳和香港有什麼區別呢？一點點的區別都沒有。相同的，對於奧斯曼帝國的伊拉克人來說，巴斯拉和今天的科威特有什麼區別呢？也是一點點的區別都沒有。唯一的區別就是，十九世紀最後幾年，英國人跑來拿著紅藍鉛筆在地圖上畫了一個圈，說是這塊地方歸我管，然後當地的一些酋長就接受了英國人的保護。於是，這些部落酋長的命運就跟紅藍鉛筆畫在伊拉克一邊的那些部落酋長的命運發生了區別。但科威特總共也只有那麼大點地方。海珊在五、六十年代搞革命的時候，七十年代搞改革開放、跟西方修復關係的時候，都壓根沒有把科威特放在眼裡。

按照三民主義的意識形態來說，科威特肯定是阿拉伯大家庭的一部分。如果說有什麼爭議的話就是，將來中華民族恢復統一強大的時候，是由國民黨還是共產黨來領導，是一個問題；同樣，伊拉克是由阿拉伯復興社會黨還是由共產黨來領導，也是一個問題。而在阿拉伯復興社會黨內部來說，也存在著路線之爭，是由相當於蔣介石和蔣經國一派的貝克爾和海珊來領導，還是由相當於胡漢民一派的阿薩德父子來領導。他們誰都不會認真考慮，僅僅是土豪和部落酋長出身的薩巴赫家族，有什麼資格跟理論充足、且兵多將廣的阿拉伯復興社會黨爭奪科威特這一個小小的小漁村。但是這樣的事情真的發生了。從他們的角度看來，這完全是帝國主義的陰謀所致。如果沒有帝國主義的陰謀，如果沒有萬惡的英國人和美國人搗亂，這些事情本來是不會發生、也不可能發生的。

國民黨人絕不會懷疑漢族存在的合理性，而回族、藏族和其他少數民族都是漢族的一個宗族。阿拉伯復興社會黨人也絕不會懷疑，泛阿拉伯民族這個跟漢族一樣的文化民族構建是站得住腳的。在他們看來，科威特方言只是巴斯拉方言的一個分支，而巴斯拉方言只是巴格達方言的一個分支，巴格達方言和大馬士革方言都是獨一無二的阿拉伯語的分支。阿拉伯語這種語言和伊斯蘭教這種文化——請注意，伊斯蘭教是文化而不是宗教，因為阿拉伯復興社會黨的領袖跟孫文一樣是基督徒，不是伊斯蘭教徒或儒教徒。對於他們來說，伊斯蘭教對於阿拉伯的意義和儒教對於漢族的意義是一樣的。我孫中山和蔣介石都不是孔孟的門徒，但是我要把儒教作為凝聚漢族或中華民族的文化凝結核來加以做政治上的利用。所以，我發明的漢族和阿拉伯民族要以儒教和伊斯蘭教為骨幹，這跟我本人是基督徒並不矛盾。我並不信仰伊斯蘭教，但是卻要把伊斯蘭教當政治工具來利用，以免大多數信仰伊斯蘭教的伊拉克人、敘利亞人和埃及人分崩離析。這就是阿拉伯復興社會黨和國民黨發明漢族和阿拉伯民族的根本原因。

但是阿拉伯復興社會黨的野心比國民黨要稍微小一點。國民黨原先在辛亥革命時期只想發明漢族，後來在蘇聯的支持打下了南京城以後，它的野心增大了，漢族不能使它滿意，它還非要爭滿洲國不可，非要爭西藏不可。這個做法就好像是，海珊如果是北伐到了大馬士革，革命成功了，他馬上就要進一步提出要求，不僅奧斯曼帝國的阿拉伯諸省是屬於我們阿拉伯復興社會黨的，連奧斯曼土耳其的突厥各省和內亞各省也是屬於我們的。國民黨就是這樣的，他們本來是只想要把滿人逐出長城就心滿意足了，事實上滿人是長城內外都占了的；結果等占了長城以內以後，他們又得寸進尺，要求把長城以外本來就屬於滿人的滿洲也讓給他們。

而阿拉伯復興社會黨相對而言就要講道理得多，或說野心要小得多。他們沒有走到這一步，他們願意承認土耳其人和滿洲人，只要你們乖乖地給我滾出阿拉伯，我們就讓你們自己去建立土耳其國、哈薩克國或其他什麼國。這種做法換在東亞就等於是說，蔣介石進了南京以後，他就讓你們滿洲人建立滿洲國，蒙古人建立蒙古國，西藏人建立西藏國。所以從講道理、講文明這個角度來講，可以說，阿薩德和海珊雖然遠遠不如凱末爾，凱末爾又遠遠不如波蘭人或保加利亞人，但是海珊的文明程度還是遠在蔣介石之上的，阿拉伯復興社會黨講道理的程度、遵守國際規範的程度也還是遠遠超過國民黨的，當然更不用說是超過共產黨的。

當然，剛才我們講的都是民族構建的各種不同方案。可以說，漢族這個概念是對應泛阿拉伯民族的。漢族構建是依靠兩個元素，一是作為準宗教信仰的儒教，二是作為多民族共同文字的漢字。泛阿拉伯民族依靠的也是兩個元素：對應於儒教但不是作為宗教，而是作為文化凝聚核的伊斯蘭教；對應於漢字的是阿拉伯文字，作為凝聚阿拉伯各分支部族的政治工具。但是民族這個概念，無論是東亞人或西亞人、無論是儒教信徒還是伊斯蘭教信徒、無論是阿拉伯語的使用者還是方塊字的使用者而言，他們在一八六〇年以前都不是任何政治和社會共同體的凝聚工具。無論在奧斯曼帝國統治時期和大清帝國統治時期，還是在奧斯曼和大清征服以前的阿拉伯人統治時期和其他各王朝統治時期，西亞或東亞的政治和社會組織都不是建立在國民黨和阿拉伯復興社會黨所講的這一套文化泛民族主義的道理。

我們要重申一下最近二百年來民族發明學的三大基本模式。第一種模式就是西方國家普遍實行，強調共同體需自我治理的國民民族主義。國民民族主義基於各自的歷史發展路徑，衍生出三種不同的類型。其中基於經驗主義的英國式國民民族主義與基於理性主義的法國式國民民族主義，在一七八九年法國大革命的時候分道揚鑣。接著在一八四八年革命的時候，屬於理性主義的那一撥又分裂出德國系的國民民族主義。中歐的波蘭、匈牙利走的是法國式的理性主義；而捷克、斯洛伐克、東歐的克羅埃西亞走的則是德國式的先驗主義。

第二種模式就是以奧斯曼主義為代表的帝國超民族主義，大俄羅斯主義和東亞的中華民族都是屬於這一系。這一系強調將過去根本不是按照民族原則或根本不是按照自我治理原則構建起來的政治共同體，比如大俄羅斯帝國、大奧斯曼帝國和大清帝國等基本上是建立在征服基礎上的多族群、多文化、多地域的帝國，直接搞成一個大民族。但是，這樣的征服型的帝國是不可能自我統治的。而民族這個詞之所以產生，就是為了實現自我統治的原則。所以，我說它是假民族，實質上是帝國主義，卻要冒充民族主義，就是因為它缺失了民族主義的核心要件，就是要自己統治自己。但是無論如何，奧斯曼主義者雖然不能夠自我統治，但是可以被別人統治。在根據征服原則進行統治的前提之下，它至少能夠真正實行統治。大清帝國是有能力實行統治的，大俄羅斯帝國和大奧斯曼帝國也是有能力實行統治的，只是它們的統治方式不是我們通常所說的自由民主，也就是說它不符合民族國家應該自我治理的原則。而我剛才講的國民民族主義的三種類型，歸根結底它們都是能夠自我統治的。

但除了國民民族主義和帝國超民族主義以外還有第三種，也是假託文化傳統的民族主義構建方式，也就是文化泛民族主義；這種模式是漢族和阿拉伯民族的理論建構基礎，也產生了我在《叛逆的巴爾幹》中提到的泛希臘主義、泛突厥主義、泛斯拉夫主義和泛伊斯蘭主義。文化泛民族主義比奧斯曼主義更低一級，因為它不僅不能自我統治，而且它也不能實行任何有效的統治。大清帝國不是自由民主的典範，但是它建立在滿洲人「留髮不留頭、留頭不留髮」的征服者原則上，能夠進行有效地統治。大俄羅斯帝國和大奧斯曼帝國也都有同樣的能耐，它們都以征服為基礎來進行有效統治。但是大俄羅斯帝國能統治，大斯拉夫卻不能統治；大斯拉夫民族是一個紙上的設想，也從來沒有一個大斯拉夫國。

大俄羅斯帝國，你可以說它不自由不民主，但是你不能否認它能夠統治；而泛斯拉夫主義既不能夠建立自由民主的政體，連專制獨裁的政體都建立不起來。泛希臘主義、泛阿拉伯主義和漢族主義也都面臨著同樣的問題。它們不僅沒有辦法建立自由民主的國家，而且連征服類型的國家都建立不起來。一旦真的建立起國家來，那麼它們建立起來的國家也必然要走奧斯曼主義那種帝國超民族主義的路線。這就是為什麼國民黨在革命時要強調漢族，等到掌握政權以後就得跟被它推翻的大清帝國一樣講起奧斯曼主義和「中華民族」了。共產黨在它沒有奪取政權以前不講任何民族，認為任何民族都是資產階級統治的工具，它只講階級共同體，不講民族共同體；但它一旦奪取政權以後，又開始像國民黨一樣講起奧斯曼主義了。道理都在這裡。

伊拉克的故事就是這樣，海珊的復興社會黨循著國民黨的道路和政策，成功建立了三民主義的地區政權；但是在企圖統一整個阿拉伯、建立他們心目中的泛阿拉伯民族政權的過程當中，遇上了不可抗拒的困難。因為國際格局開始產生變化，他們以前雖然將西方帝國主義者當作敵人，但是在二十世紀七、八十年代後，尤其是兩伊戰爭[3]爆發後，一方面出於經濟上的需要，另一方面出於政治上對抗伊朗的需要，伊拉克與西方結成聯盟。這時候海珊與其「國民黨人」發現，在西方庇護下的科威特已經產生了另外一種完全不同的國家構建形式。也就是說，從跟伊拉克南部各地同樣的社會結構當中，由於英國人的庇護，長出了另一種不同的形式。按照他們的理論，這是英國帝國主義的陰謀，但是實際上，英國帝國主義只是通過無為而治的方式保護了原有的社會組織，使之成長成為跟伊拉克完全不同的一種社會形態。

我們在前幾講中提過，粗略地說，伊拉克實際上存在著兩種基層社會的組織。一種是理論上、但不是實際上發源於各部落社區——包括阿拉伯沙漠上的各部落和外伊朗乃至於內亞草原上的各伊朗或波斯部落的部落組織。它的法律地位比較優越，主要的核心的優越之處就在於，它有使用武力的權力和能力，通常能夠保持部落的民兵。另一種就是費拉社區，它有自己的民辦

② 董建華（1937年7月7日–），香港政治人物，香港回歸中國後的特別行政區首任及第二任行政長官（1997—2005，於第二屆任期期間辭職）；他是香港已故航業巨商董浩雲長子，籍貫寧波定海縣（今舟山市），生於上海，十二歲時隨父來到香港定居；並於一九八一年董浩雲過世後接掌家族公司，一九九二年受港督彭定康委任為行政局議員並步入政界，一九九七回歸時被推選為首任特區行政長官。

③ 兩伊戰爭（Iran–Iraq War, 1980–1988），是伊拉克和伊朗之間一場長達八年的邊境戰爭，戰事於一九八〇年九月二十二日爆發，一九八七年七月二十三日和一九八八年七月十八日，伊拉克和伊朗各自接受了聯合國的停火決議，但雙方直至一九八八年八月二十日才正式停止戰鬥。戰爭的起因一般認為包括：從二十世紀初奧斯曼帝國解體後遺留的邊界問題、遜尼派掌權的伊拉克與什葉派掌權的伊朗的宗教紛爭，阿拉伯人與伊朗人之間的民族衝突，以及冷戰格局下的大國操控。

法庭，有自己的民辦學校，但是沒有政治和軍事機器。所以，費拉社區，無論是基督徒的、猶太教的還是伊斯蘭教的，它客觀上講都需要有一個掌握武力的征服者來統治它。伊拉克的社區無論多麼千變萬化，都是由這兩種社區組成的。

部落社區的成員不完全是阿拉伯人、突厥人或波斯人，有很多跟這些理論上給他們的部落賦予名稱的阿拉伯人、貝都因人、波斯人、突厥人的關係，大體上就相當於，今天有一個美國人面不改色地對我說，我的祖先是乘著五月花號來到美國的，這句話是真的還是假的呢？我沒有耐心去詳細考察，有些美國人的確是五月花號的清教徒後代；但是你也可以想像，有很多美國人，他說我們

觀賞肚皮舞的貝都因人　圖為瑞士畫家皮爾尼（Otto Pilny, 1866–1936）創作於二十世紀初的作品，描繪了貝都因人（Bedouin）在日落時舉行宴會並觀賞肚皮舞（Belly dance）的風俗。貝都因人是以氏族部落為基本單位在沙漠曠野過遊牧生活的阿拉伯人，「貝都因」在阿拉伯語意指「居住在沙漠的人」。

家是乘著五月花號來的，但是實際上未必如此。也許他原先是從德國來的、義大利來的、波蘭來的或保加利亞來的，但是後來他美國化以後，講英語講得很溜以後，他就自己說他自己也是最早的美國人的後代，是乘著五月花號來的。

伊拉克境內那些部落組織實際上也是這樣的。他們可以自我標榜說，我們這個部落源遠流長，是曾經追隨過先知穆罕默德的某一個部落的後代，或在先知傳教的時候是，跟先知本人打過仗的勇士，如阿布·蘇富揚（Abu Sufyan）④，或是其它憑藉勇武、使先知本人都感到佩服的某個著名部落的後代。這個是真是假無法考證。他所說的那個部落在歷史上當然是真實存在的，但他本人到底是這個部落真實的後代，還是後來這個部落在伊拉克的某一個城市裡面或某一個地方建立分支以後，本來是費拉社區的一部分，後來歸附了這個部落，那就說不清楚了。

同樣這個故事也可以改成，他說我是某個突厥部落或某個波斯部落的後代，實際上他也可能是某個費拉社區後來投奔過去的，像是富明阿其實是大明國的廣東人袁崇煥的後代，但他投靠了滿清以後，他的法律地位就是滿州八旗的貴族了。八旗在法律地位上，可以說比廣東的家族組織要稍微高一點，所以富明阿這個投靠本身並不是沒有占到便宜的。同理，伊拉克有很多社區人口本來是費拉社區的人口，後來投靠了部落，也就變成了部落人口，這個性質也就像是袁崇煥的後代富明阿自己把自己變成了滿洲人是一樣的。我們要注意，大清國的滿漢矛盾是一個政治矛盾，不是種族矛盾。富明阿在種族上和血統上講當然是袁崇煥的後代，但從政治上講，他是八旗子弟是一點問題也沒有的。同樣，伊拉克的部落人口和費拉人口，你也得用同樣的方式來理解。

在奧斯曼帝國統治時期和先前的各王朝歷史上，現在科威特的部落人口和巴斯拉地區的部落人口是沒有什麼區別的。它首先受到瓦利德家族的統治下，然後轉移到薩巴赫家族的統治下。薩巴赫家族的神話說，他們原來是從阿拉伯半島來的一個非常高貴的家族。但是這個家族神話的真實性，就跟富明阿說他自古以來就是滿洲人，與今天的一個美國人說我們家是五月花號來的，其實是同一個意思。也許是真也許是假，因為只有口

科威特的穆巴拉克·薩巴赫　穆巴拉克（Mubarak Al-Sabah）是統治科威特的薩巴赫家族之第七任埃米爾（Emir），因其傑出的統治與外交手腕，被科威特人譽為「大帝」（the Great）；他於1899年與英國簽訂《盎格魯─科威特條約》（*Anglo-Kuwaiti Agreement*），確保英國對科威特自治權的保護，奠定了現代科威特的獨立基礎。

傳的依據，我們就姑且信其為真。從政治傳統的角度來講，這個真假是不重要的。我們要明白，對民族發明學來說，血統是個非常次要、根本不起作用的因素，政治原則才是是否成功的根本因素。

如果你去查日本德川幕府的歷史或是日本各幕府和各諸侯的歷史，你就會發現，大多數諸侯、武家和幕府的繼承人都不是親生兒子，而是旁系出來的，甚至根本就是養子。真正的血統上的兒子，比如說是德川家少爺哪一次跟某個藝妓生了孩子，因為是外人養大的，他並沒有接受德川家的政治傳統，一般來說是繼承不了德川家將軍的位置的。但是德川家的旁系，例如水戶家、

④ 阿布．蘇富揚（Abu Sufyan, 565–653），生身麥加古萊什氏族（Quraysh），麥加舊貴族集團的領袖人物。因為伊斯蘭教創始人穆罕默德領導的穆斯林團體，危及麥加貴族的經濟利益，阿布．蘇富揚遂成為穆罕默德的反對者，並在六二五年的伍侯德戰役（Battle of Uhud）進攻穆罕默德的根據地麥地那，雙方戰至平手，最後於六二九年皈依伊斯蘭教。

⑤ 德川慶喜（1837–1913），出生於德川御三家之一的水戶家，江戶幕府（德川幕府）第十五代、也是末代江戶幕府將軍。德川慶喜幼年曾過繼到御三卿的一橋家當義子，以加強其繼承者的正統性，直到出任將軍為止。御三家與御三卿，皆為日本江戶幕府政權為解決繼承者問題，所設立的繼承者儲備機制。

⑥ 公武合體，是日本江戶時代後期（幕末）的一種政治理論，約於一八六〇年代提出，主旨為聯合朝廷（公家）和幕府（武家）以強化幕府執政的合法性與權威性，並壓制當時因西力入侵而興起的尊皇攘夷（尊攘）運動。

⑦ 約翰．艾理斯．「傑布」．布希（John Ellis "Jeb" Bush, 1953–），「傑布」（Jeb）是其全名「John Ellis Bush」三個字的首字母縮寫暱稱。美國共和黨政治人物，曾任佛羅里達州州長，出身著名的布希家族，是美國第四十一任總統老布希的次子，他的兄長小布希是美國第四十三任總統。

一橋家，因為他們有過硬的政治傳統，在德川家需要某個過硬的政治傳統的時候，完全可以把他們家的孩子抱養過來作為德川家的繼承人。甚至連德川家旁系都不是，只要政治傳統過硬，就可以收養他們。

這裡面起作用的機制是一個相當於美國大選的機制。一橋慶喜[5]之所以能夠繼承德川幕府的征夷大將軍職位，不是說他血統純正、長得很像以前的某任將軍，而是德川家的長老們決定了，今後德川家的政策要向公武合體[6]這個方向走，而鼓吹公武合體最激烈、政治勢力最大、理論水準最高的人是誰呢？就是一橋家。這話的意思就是說，美國共和黨要推一個總統候選人，而共和黨決定今後美國的政策要走比如說經濟民族主義政策，然後它一看，各個候選人當中鼓吹經濟民族主義理論素養最好、民意支持度最高的人是川普，於是共和黨的全國委員會就把傑布·布希[7]踢到一邊，決定根據民意方面的理由以及各方面的條件，認為川普做共和黨的總統候選人是最恰當的，哪怕川普以前曾加入過民主黨。德川家的繼承者也是這樣產生的。

它可不像是東亞小農那種想當然的血統繼承主義，就是說，非得要是我生的才算，不是我生的就不算。恰好相反，德川家和日本所有武家與美國共和黨全國委員會一樣，它名字上叫「家」，但它根本上是一個政治機構。作為政治機構，誰當它的繼承人是一個政治傳統的選擇問題。我們德川家的長老選擇誰當德川家的政治繼承人，就說明我們決定了德川家今後的政策要往哪個方向走，共和黨今後的政策要往哪個方向走，這是一個政治決斷。

如果德川家的親生兒子的個人素質不行，或個人素質雖然很高，但是他在政見上不符合我們的政策方向，那麼就像是傑布．布希一樣，你就算是老布希總統的親兒子、小布希總統的親弟，但是你的政策不符合我們共和黨現階段的政策，我們毫不猶豫地把你踢出去，選一個跟布希家族根本沒有關係、在老布希當權時代其實還是民主黨人的川普來當我們共和黨的總統候選人。德川家族的大佬在這種情況下會一次又一次，毫不猶豫地把德川家的親生兒子踢出去，收養一個符合我們將來政策的旁系子孫或根本不是松平家血緣的人來當德川家的繼承者。不僅德川家族，所有的日本武家，在世界史上，所有羅馬帝國的元老，所有羅馬教廷的紅衣主教，所有肩負政治責任而且有長久政治傳統的政治組織，都是這樣決斷的。東亞的小農之所以講血統而不講政治傳統，恰好就是因為他們是一批沒有政治能力、也談不上形成政治傳統的人。孔子時代周天子統治下的大家族和各路諸侯實施的原則其實跟日本的各路諸侯是差不多的。從這個角度來講，日本倒是更接近於周公和孔子時代的封建原則。

以上當然是扯遠了。薩巴赫家族和奧斯曼帝國統治時期的伊拉克的各部落，他們給自己發明的政治傳統也都是這樣的。我繼承德川家就要忠於德川家，就像川普當了共和黨候選人就要講共和黨的原則一樣，這個是關鍵；你是誰的親生兒子或說你自稱的那套家譜是真是假，那都是無關緊要的。薩巴赫家族說他們來自阿拉伯半島的某個家族，那就是因為，阿拉伯半島的各家族或各部落也是各有各的傳統。比如說，日本戰國時代的封建貴族武田家政治傳統跟上杉家的政治傳統不一樣，上杉家族的政治傳統是比較保守而且強調正統主義的，而武田家族的政治傳統則是比較強調機會主義和絕對主義。如果說上杉家族的政治傳統比較像是正統王室哈布斯堡的政治傳統，而武田家族的政治傳統就比較像是拿破崙和路易十四的那種傳統——可能更接近於路易十四，因為他畢竟還是正統的出身，只是比較傾向於絕對主義而已。你選擇上杉家還是選擇武田家，其意義就像你在今天的美國選擇民主黨還是共和黨，這意味著你至少是在支持大政府還是支持小政府的問題上有一定的政治偏好性。

阿拉伯半島的各部落也是這個樣子的。例如，在穆罕默德時期，阿拔斯家族和伍麥葉家族就分別代表了阿拉伯各城邦商業貴族當中的敘利亞派和波斯派。他們跟先知之間的合縱連橫的鬥爭，背後就有敘利亞派和波斯派的商業利益在裡面。之所以科威特的薩巴赫家族無論是選擇做、或它真的就是阿拉伯薩巴赫家族的後代，也肯定是有這方面的原因，因為在阿拉伯半島，一個部落就是一個旗號。就像是羅馬人，如果你是布魯圖斯家族後代的人，無論你是真的布魯圖斯的後代還是收養的義子，那就是說明你是羅馬元老院保守派的一個領袖，要打著最正統的羅馬元老布魯圖斯的旗號，來跟凱撒和喀提林（Catilina）這些民主派作對。薩巴赫家族也是這個樣子的。

他們所繼承的阿拉伯半島的部落傳統，無論是出於真正的血統還是出於政治選擇，都說明他們在當時的政治地位是奧斯曼帝國伊拉克諸省內部的親波斯派和親內亞派。籠統來說，儘管具體的政治選擇還有很多，小的亞支派很多，但是奧斯曼帝國時期的伊拉克各部落——法律上而不是血統上的部落，一般來說都可分為親大伊朗派和親阿拉伯派這兩系的。儘管薩巴赫家族也可以說是阿拉伯人，但是他們在政治上講實際上是屬於親大伊朗派的。這是他們後來跟英國人和什葉派關係都能搞得比較好的原因。

奧斯曼帝國按照西方的標準來看屬於專制帝國，也就是說，奧斯曼蘇丹和他派來的禁衛軍和總督進駐到巴格達，管住了巴格達的地方事務，就像滿洲皇帝的總督進駐廣州城、管住了廣東省的事務一樣，按照西方的標準來說這已經是專制了，但是按照東亞的標準來說，它專制得還不夠徹底。專制與否，這是有具體的指標可循的。奧斯曼帝國和奧斯曼帝國以前的伊斯蘭教諸帝國，它的皇權是管不到縣級單位的，用東亞的行政術語來說，阿拔斯王朝以後的各帝國，或是蒙古入侵以後建立起來的內亞諸征服帝國和奧斯曼帝國，它的皇權只統治到節度使層級或說是省區層級就終止的。這就相當於是滿洲皇帝和蒙古皇帝的八旗兵殺到了廣州城以後，朝廷能夠任命的基層官員只到廣州這一級，而管不到廣東省轄下的香山縣。

香山縣縣長由誰擔任呢？答案是，由兩種社區領袖來扮演這個角色，就是像薩巴赫家族酋長這樣的部落酋長和埃米爾[8]，或是費拉社區的伊斯蘭教教長。他可能是哈乃斐學派或是其他什麼學派的，但是這並不重要。費拉社區是有司法自治的能力，有教育自治的能力，但是沒有作戰能力。它選出來的最高級代表也就是一個文人，相當於王陽明這樣的文人。他很有學問，很精通伊斯蘭教法，本地的官司他能夠判得下來，但是打仗的事情他安排不下來。或是薩巴赫的一位老酋長，他就比費拉社區的穆夫提或其他什麼教長、卡迪之類的要稍微高明一點，他既能根據部落習慣法判案，又能帶著他的部落成員去打仗，所以他在奧斯曼帝國法律中的地位要高一點。奧斯曼帝國和阿拉伯諸帝國是沒有縣級行政官的。到縣這一級，就是由部落酋長和長老、教區長老和教長來共同管事了。誰管的事情多一點，要看當地的形勢。如果當地的社會生態是以部落為主，那麼當然就是各部落酋長在那裡管事；如果當地的社會生態是以費拉社區為主，那就是由基督教主教、猶太教拉比和伊斯蘭教教法學家在那裡管事。如果征服的物件是費拉社區，那麼總督和禁衛軍的權力要更大一些；如果是酋長地區的話，總督和禁衛軍的權力就要更小一些，因為他們的統治對象是有槍、有武力的。

薩巴赫家族就是這樣一個科威特地區的酋長，他有武力，比教長要稍微強一些，但是他當然不是唯一的酋長。從薩巴赫家族取得政權的方式你也可以看出，在奧斯曼帝國專制統治下的中東地區，在縣一級的地方和社會管理模式是怎樣的。今天的科威特民族發明家把薩巴赫家族取得政權的那一年當作科威特民族誕生的那一年，其意義也就像是五月花號在美洲登陸的那一天。當時發生的事情是這樣的：在奧斯曼帝國統治下的各部落酋長召開了一次維持地方秩序的長老會議，各大部落都派代表參加了。他們討論的結果就是，論德高望重或是論實力強大，都是薩巴赫家族最牛，於是就選舉薩巴赫家族做領導眾人的埃米爾。

請注意，這個埃米爾是選出來的，它不是奧斯曼皇帝任命出來的。只要你這個埃米爾不去公然造反、反對奧斯曼帝國總督的權威的話，奧斯曼總督是容忍你存在的。但是在東亞，地方自治體系的權力就沒有那麼大。除了廣東巡撫是滿洲皇帝派的以外，滿洲皇帝還要派一個香山縣的縣令。不過，廣東的各宗族領袖和部落領袖也不是不能自治，東亞只有在共產黨的統治下才淪落為完全不能自治的狀態。在滿洲征服者的統治下，各宗族的長老，比如說，張家的秀才主持的張家宗族，梁家的舉人主持的梁家宗族，還有山上那些部落的酋長，還有水上那些部落的酋長，你們也是可以自治的，但是你們自治的層級在縣令以下。你們選擇張老先生、王老先生或張大財主、李大財主當你們的族長、商會頭目或船民頭目之類的，很好，你們選完了以後，你們到縣衙門去跟縣太爺商量，共同管理地方事務。縣一級還是滿洲帝國管的；縣以下的層面，你們只要不公開造反，滿洲帝國允許你們自治。奧斯曼帝國是，在省和省以上的層級，由蘇丹和禁衛軍統治；但在省以下的層級，蘇丹就不直接統治了，交由你們自己的部落酋長和伊斯蘭教長自己管。你可以看出，伊拉克的部落酋長的權力比起廣東的船民領袖或山民領袖是要更大一些的。伊拉克費拉社區的拉比、主教和教法學家，比起大清帝國廣東省香山縣的儒家宗族的長老和商會的會長來說，權力又是更大一些的。

但是，中東這些頭面人物，部落酋長和主教教長，跟歐洲人比起來的話，他們的權力就更小一些。毫無疑問，在里加開府的立窩尼亞大主教[9]，比起大馬士革的大主教或是比起巴斯拉的教法學家，他的權力是更大一些的。他差不多就是一個國君了，有自己的軍隊，除了沒有正式稱皇帝和國王以外，今天的愛沙尼亞和拉脫維亞那一片根本就是他的領地。同樣，倫敦市、阿姆斯特丹、安特衛普、佛洛倫薩、熱那亞這些有法權的自治城市，他們的商會會長享有的權力，不僅比廣東香山縣的商會會長享有的權力要大，也比伊拉克和敘利亞那些主教、教法學家和費拉社區的其他領袖享有的權力要大得多。如果說用酋長來比的話，那麼歐洲的封建領主，無論你是日爾曼系還是其他什麼系的，寶劍騎士團[10]也好，諾曼第公爵也好，他們擁有的權力比起伊拉克的薩巴赫家族來說，權力是要更大一些。

所以歧視鏈是很清楚的。論社會自治能力，歐洲的社會自治能力比起中東無論是基督徒還是穆斯林的自治能力都要大得多。歐洲騎士比中東的酋長要強，歐洲的天主教的主教或長老派的長老會，他們的力量也比中東無論是猶太教的拉比、東方基督教的主教還是伊斯蘭教教區的教長的能力要大一些，但是中東這一撥土豪又比廣東和東亞這一撥土豪的能力要大一些。論專制程度，當然就是，歐洲的專制程度最低。在日爾曼系的北歐，基本上就沒有任何一個可以跟專制政權相比的社會機構，而在南歐也只出現一點影子；在中東就有像奧斯曼帝國、阿拔斯王朝這樣的，能夠把中央一級和省一級管起來，但是縣一級是管不住的；在東亞，那裡有從中央到省一級和縣一級完全管住、也只有在縣一級以下才管不住的專制帝國。所以專制程度是從西向東依序上升的，而自由的程度則是反過來從西向東依序下降的。自由的程度就是維持社會自發秩序的能力，也就是我所謂的輸出秩序的能力。科威特當然就處在不如歐洲、但是強過東亞的中間狀態。

⑧ 埃米爾（Emir）是阿拉伯國家的貴族頭銜，此封號通常於中東地區和北非的阿拉伯政權，突厥在歷史上亦曾使用過這個封號。其名稱源自阿拉伯文的「amir」，意思是指「統率他人者」，衍伸出軍事統帥的意思，最早用於哈里發派駐在外的軍事統帥及各地總督，亦有作為最高級貴族稱號。中世紀以後，隨著阿拉伯帝國的內亂，各地總督與哈里發之關係越發疏離，最後不少地方的埃米爾與哈里發均成為一種象徵式之從屬關係，埃米爾遂在此權力交替中取得一地之軍政大權，並成為當地之君王，隨著阿拉伯世界政權分裂之延續，埃米爾廣泛地成為由北非到中東的君主稱號。

⑨ 今天拉脫維亞的首都里加，起源於中世紀時期，傳教士阿爾伯特（Albert of Riga, 1165–1129）於一二〇一年創建里加教區，在這之前他擔任的是立窩尼亞教區主教。立窩尼亞在中世紀時被稱為「聖母之地」（Terra Mariana），其範圍主要為今天的愛沙尼亞和拉脫維亞，是由十三世紀的立窩尼亞十字軍運動中產生的基督徒移民社區，教會主教為其當然的領導者。

⑩ 寶劍騎士團（Livonian Brothers of the Sword），中世紀活動於波羅的海東岸的武裝傳教團體，由里加主教阿爾伯特（Albert）於一二〇二年創立，總部位於今天愛沙尼亞的維爾揚迪市（Viljandi）。一二三七年成為條頓騎士團的分支，稱立窩尼亞騎士團（Livonian Order）。

科威特的這種狀態不是獨一無二的。奧斯曼帝國的伊拉克諸省，不是只有科威特才有薩巴赫家族和其他部落酋長這樣的機構。巴斯拉附近也有類似的部落，只不過形勢是這樣的：伊拉克的兩端，靠北方的山地部分和靠南方的沙漠部分，部落的成分多一些，在北方是庫德酋長，在南方是阿拉伯酋長；在靠近中部的地區，靠近巴斯拉和巴格達的地方，就是費拉社區占的比例較多。所以，南部和北部的部落的自治能力比起中部地區的費拉社區的自治能力要稍微強一些。但是，性質也是定量而不是定性的。就好像，廣東人享有的自治毫無疑問比河南要更多一些，但是廣東和河南大體上來講，大清帝國都是能管得住的。薩巴赫家族和庫德酋長在奧斯曼帝國統治時期，跟西斯塔尼這些人的祖先、跟薩德爾這些人的祖先、跟巴格達人和巴斯拉人的祖先的差別，也就是廣東人跟河南人的那種差別。他們後來有了實質性的差別，這就像是廣州人落到了國民黨胡漢民和蔣介石的手裡面、而香港人卻落到英國人手裡面一樣。巴斯拉人和巴格達人落入了復興社會黨的手裡面，按照復興社會黨那一套半列寧黨的手段，用中央專制的組織機構，企圖落實本來沒有一點自我統治能力、無論是自我統治還是統治別人都做不到的文化泛民族主義的阿拉伯主義。

漢族或阿拉伯族這樣的概念是文化泛民族主義的概念，也就是說，它既不能像西方國民民族主義那樣搞自由民主和自我統治，又不能像是奧斯曼主義、大俄羅斯主義或大清帝國那樣靠征服來統治別人。如果它一定要模仿西方的民族國家，就只有以假作真。實質的統治機構是列寧黨，也就是國民黨和共產黨，但是名義上它要發明一個阿拉伯民族或漢族的殼子。他們會振振有詞地說，我們國民黨是中華民族或漢族復興的工具；我們不是為自己統治的，而是為了復興大漢、驅除韃虜或驅除西方帝國主義而統治的。同理，我們復興社會黨不是一個列寧黨的統治，我們是為了阿拉伯復興的事業，要驅除相當於滿洲人的土耳其人、相當於日本人的以色列國和西方帝國主義這三大敵人。實質上是列寧黨在統治一盤散沙的費拉社區，但是理論上講它一定要說，虛而不實的阿拉伯民族或漢族在列寧黨的統治之下實現了自我治理，中國人民終於站起來了，阿拉伯人民終於站起來了。中國人民和阿拉伯人民在國民黨、共產黨和阿拉伯復興社會黨來到以前是一盤散沙，沒有能力自我統治的，在有了這幾個偉大的黨以後，他們就能夠像英國人、法國人、美國人一樣自我統治了；他們現在能夠搞成一個民族國家，都是我們國民黨、共產黨和阿拉伯復興社會黨的功勞，所以我們應該永遠統治下去。這就是他們的統治邏輯。

但是你自然可以看出，這裡面的統治邏輯是有問題的。英國和法國是真正能夠自我統治的民族國家，儘管英國的經驗主義和法國的理性主義不一樣，但是最直觀地說，他們的總理或國會都是自己選出來的，他們可不是國民黨、共產黨或阿拉伯復興社會黨包辦和圈定的。如果說阿拉伯人和漢人根本沒有實質上的選舉權和被選舉權，他們的國會議員或人民代表都是國民黨、共產黨或阿拉伯復興社會黨圈定的，那你怎麼能說我們已經像英國人和法國人那樣建立了健全的民族國家呢？但是反過來，國民黨、共產黨和阿拉伯復興社會黨的反駁也是很有理的：你說我們獨裁專制，我們搞假民主，我們的民主是假的，我們的議員都是圈定的，很好，那麼我們不玩了，沒有我們偉大的黨，你們自己馬上就會恢復一盤散沙的狀態，你們就是一群費拉，你們只配被英帝國主義者征服。

請問，國民黨、共產黨和阿拉伯復興社會黨說的這些話是正確還是錯誤呢？答案是，民運人士譴責國民黨、共產黨和阿拉伯復興社會黨的話是完全正確的，你們是假民主，也是假民族；你們的民族國家是假的，你們搞專制獨裁。但是另一方面，這幾個偉大的列寧黨反過來罵民運人士的話也是對的。我們黨滾蛋了，你們民運人士能夠維持國家嗎？恐怕是不能吧，國家馬上就會恢復到一盤散沙的狀態，然後你們只能依靠帝國主義來統治了。你們最好的下場也無非像是香港或科威特那樣，由英帝國主義來統治，難道不是嗎？這話曾經冤枉了你們民運人士嗎？一點也沒有冤枉吧。冤枉你們中國人，冤枉你們漢人，冤枉你們阿拉伯人嗎？一點也沒有冤枉吧。有本事，好，我們不幹了，你們自己給我自治一下試試看？你們不搞出文化大革命才怪呢。

現在我們面臨著的就是一個實驗教材。同樣的社會，香港社會跟深圳社會是一樣的，巴斯拉社會和科威特社會也是一樣的，只是香港社會和科威特社會落到了英國帝國主義殖民者的手裡面，而深圳社會和巴斯拉社會落到了企圖利用文化泛民族主義發明民族的列寧黨手裡面。我們大家都清楚列寧黨是怎樣發明假民族，怎樣構建表面上是一個民族國家、實際上是由列寧黨包辦一切的一個政治體系和社會體系的。在這個政治體系和社會體系當中，最重要的是什麼？答案當然是打土豪。在台灣就體現於二二八事件中遭到迫害、在日本統治時期培養出來的那一批精英人士，在大陸就體現為土地改革打地主、三反五反打資本家、反右打知識分子，一路打下來。總之是要把列寧黨以外能夠維繫貧下中農、維繫占大多數的窮人的希望和尊重的那一批社會精英打掉。打掉了他們，列寧黨的幹部才能夠進行有效統治。

當然，東亞的那些土豪正如我剛才講的那樣，不僅組織度不如歐洲的那些土豪，而且連中東的土豪也不如，但是無論如何，打土豪是大家都必須做的事情。薩巴赫家族這樣的人在台灣就是二二八事件的鎮壓對象，在中國就是三反五反、土地改革或鎮反運動的鎮壓對象。在巴斯拉，那他們自然就是海珊、貝克爾和他的情報系統鎮壓的對象。他們像薩德爾家族或西斯塔尼的先輩一樣，西斯塔尼的先輩是教長，薩德爾家族的先輩就比較接近薩巴赫家族，但是無論如何你都是鎮壓對象。可能你就被槍斃掉了，但是你的組織還沒有被完全打散，在海珊死後也許可以再反過來，但是無論如何，海珊在的時候你是處在被鎮壓、處在半地下的狀態。你雖然不一定完全覆滅，但是你的組織還要像黑社會一樣秘密活動，偷偷摸摸的，你也長不大，或你只能像一些邪教組織畸形發展，然後又增加了很多犯罪分子和恐怖組織的特徵。

但是在南方，在英國人保護下的香港和科威特，土豪就可以理直氣壯地出來公開活動了。薩巴赫家族就可以像是在一九二四年到一九二八年之間從國民黨控制的廣東省逃到香港的那些土豪那樣，可以理直氣壯地搞社會組織。廣東的商團雖然被孫中山和蔣介石作為帝國主義代理人而鎮壓了，但是香港的商團在大英帝國殖民主義的保護之下，你只管開張，沒有問題。英國人並不像國民黨和共產黨說的那樣，要惡意分裂國家，或惡意發明一個香港民族。英國人做的只是「無為而治」。當地住民要用什麼語言，要組織什麼協會和社團，只要不公開上街打架殺人，大英帝國一概不問。薩巴赫家族和其他各大家族和部落達成的這個統治協定，在英國人統治之下，就像是香港的各商團和各宗族一樣，既沒有得到鼓勵，也沒有受到鎮壓，得以自由發展，所以他們自然而然就變成了英國殖民時期，科威特社會的主要骨幹；並且在英國人退出科威特後，他們自然而然就執政了。

當然，科威特土豪的組織力量和社會威望比起香港的商會和土豪組織還是要強一些的，你從他們制定的憲法就可以看得出來。英國殖民統治之下，香港的社團和馬華的那些社團，從憲法的角度來講，組織的精緻程度都不是很高的。商會和同鄉會之類的占了他們的絕大部分組織。最高一級也就是上海工部局所搞的那一個廣肇公所（坎通尼亞商人組織的聯合會）和四明公所（吳越商人組織的聯合會），這些聯合會可以向工部局選舉一些顧問委員會，向工部局提供諮詢建議，這就是他們的最高形式。香港那些行政局或立法局的諮詢顧問，也就是上海工部局所任命的那些諮詢顧問的同類，他們就是香港土豪體現的最高形式。薩巴赫家族和跟薩巴赫家族合作的那些家族，他們的組織能力雖然不能跟歐洲人比，雖然不能跟愛沙尼亞人或丹麥人比，但是毫無疑問比起香港人或馬來華人來說是更高一級的，你從他們搞出來的成就就可以看出這一點來。

薩巴赫家族和比它的勢力小、但是同樣有自己的部落組織的家族達成了某種統治協定。我們要注意，你不要以為說到「部落」這個詞就以為他們是在沙漠上流浪的浪人。實際上，部落在伊斯蘭法體系當中是一個法律上的虛擬體。部落可以是幹任何事情的，可以是集體輸出勞工的，可以是專門從事珍珠捕撈業、漁業或其他專門行業的，可以是搞遠洋貿易的，可以是幹任何行業的，只是他們在法律上是部落。法律上是部落，最主要的好處之一就是，他們可以編練民兵。如果僅僅是教區的話，他們就只有法庭而沒有民兵；如果是部落的話，他們就既有法庭又有民兵。這個區別是很大的。還有就是，部落的法典可以包含非伊斯蘭教的習慣法，當然時間長了以後，這些習慣法也可以被有學問的長老整合到伊斯蘭習慣法的體系之內去。也就是說，他們使用習慣法的自由度也比費拉社區的長老要更大一些，能夠容納的異質性要更大一些。

薩巴赫家族和其他各大家族是有幾個不同來源的。大體上來講就是，他們當中，遜尼派的人也有，什葉派的人也有，屬於阿拉伯人的也有，屬於貝都因人的也有，屬於波斯人的也有，屬於突厥人的也有。而這些不同來源的家族能夠召開一個長老會議並制定部落憲法，規範各家族如何分享權力。在長老會議當中，跟有些人的說法相反，有些人認為阿拉伯人或穆斯林的政治能力天生差勁、不可能像是歐洲的天主教徒或新教徒那樣搞出一個議會政治來，確實他們的政治能力遠不如歐洲，但是我還是要說，比起東亞來說強多了。科威特就是一個典型。他們在英國人的保護之下，這些來源不同的各部落達成了一個威尼斯式的統治協議，讓薩巴赫家族出任埃米爾，但是很多重要職務留給了原籍是伊朗、宗教信仰上屬於什葉派的部落，而且遜尼派的部落也不是僅僅屬於一派的。

各部落都有自己不同的習慣法體系，而英國人一概不過問這種差異。英國人按照他們自己的殖民主義統治原則進行管理。就是說，英國殖民者來的時候，建立起一個普通法的法庭體系，但是這個法庭像封建自由的歐洲的情況一樣，當地住民愛用不用都可以，但我們英國人當然是要用英國的普通法法庭進行審理，我們才不願意接受你們儒家習慣法法庭的裁決，讓大清帝國那些愚蠢的法官或是讓新界鄉議局[11]的那些長老來判我們的案子，但是如果有別人願意到我們這裡來打官司，民辦法庭是一門生意，你只要願意交錢，我們照樣把我們的判決出售給你。你要是覺得你們儒家的法庭不公平或是大清帝國的衙門不公平，你跑到香港來找我們的普通法法庭打官司，你信任我們英國的法官比起其他的法官更公平，那麼香港是一個自由的地方。「自由」的意思就是，你只要有錢，照章交納訴訟費，你只管打。你只要給錢，我們的律師供你差遣。交了訴訟費，我們的法官給你判案。

這樣一來，自然而然就會導致儒家習慣法和普通法的融合。中東的情況也是如此，你可以想像，歷經類似但更加複雜的過程，導致了伊斯蘭習慣法和普通法的融合。伊斯蘭的習慣法比起儒家的習慣法來說，因為包含著很多希臘羅馬的法律遺產，複雜度要高得多，內容業更加豐富。儘管伊斯蘭繼承希臘羅馬的遺產不如西方基督教文明來得多，但是毫無疑問，比儒家的東亞要繼承得更多。儒家的東亞基本上是連邊都沒有沾上一點，印度的佛教徒還沾上一點邊，伊斯蘭教徒沾上一小塊，歐洲的基督徒沾上一大塊，大體上就是這麼一個分配格局。這個分配格局也顯示出文明從中心到邊緣的傳遞歧視鏈。

英國人在海外的殖民統治也是這樣的。英國人搞出了普通法法庭，但是它不會像是法國殖民地那樣有意識地推廣法國的民法典。如果普通法的優越性很明顯，很多阿拉伯人覺得，阿拉伯的教法學家的法庭、阿拉伯的穆夫提的裁決沒有英國普通法的法官來得公平；或是阿拉伯的部落酋長——像薩巴赫家族這樣的埃米爾判案不如英國的法官公平，他只要口袋裡面有錢，有真金白銀，他來請英國的律師、他來到英國的法庭告狀的話，英國人不會拒絕。只要你有錢，我們就秉公辦事，把我們的判決拿出來給你。如果你時間長了以後在英國法庭打了很多次官司，覺得實在是不能不服，接著當我年紀大了，但是我還有兩個錢，我派我兒子或我們部落的薩巴赫少爺，到英國去讀英國的法學院，學會了英國的普通法後，把英國的法律制度帶回部落去，這樣行不行呢？英國人的答覆肯定是這樣的：我們英國是一個自由國家，你愛來不來都可以。當然潛台詞是，你有錢就行。你付得起牛津大學和劍橋大學的學費，我們沒有不招收你的道理，你們是阿拉伯酋長也好，馬來酋長也好，願意來就來。

如果說馬來亞的穆斯林酋長都變成了英國律師、而你們同樣是馬來人的馬華社區卻偏偏不來學的話，那麼當然是你們馬華自己睜眼瞎，我們英國人是不會像法國人和日本人那樣來強迫你們和勉強你們的。你學不到普通法，在將來英國人走了以後鬥不過馬來的穆斯林，那是你自己的選擇，你活該。你放著英國的法學院不去學，你一定要到南京去上中華民國的學校，甚至還要跑到莫斯科去上蘇聯的共產學校，或跑到廣州去跟葉劍英和周恩來學革命，那是你自己的選擇，你自己愛幹什麼就會有什麼樣的下場。

當然，同樣的方式不會僅僅產生出一個系統的法庭。我們剛才講過，薩巴赫家族擔任名譽主席的這個體系是多元體系，包括阿拉伯的、波斯的、遜尼派的、什葉派的多種來源。如果說薩巴赫家族把他們的子弟送到牛津劍橋去上學沾了點便宜的話，可以說它這樣派出留學生的結果就是，把普通法帶進了自己的部落。比如說有一個瓦利德家族，瓦利德家族在英國法庭打了很多官司以後覺得英國法律是很有優越性的，於是瓦利德老酋長派他的孫子瓦利德少爺帶著全部落的錢到英國去留學，然後等他學成歸來以後，帶著普通法回到自己的部落裡面，就會發生普通法跟瓦利德部落習慣法融合的問題，以及普通法跟瓦利德部落傳統信仰的哈乃斐學派的伊斯蘭教法融合的問題。

這個融合的結果就可能會產生兩種新法庭：第一種新法庭是，小瓦利德在爺爺和爸爸都死了、自己當上瓦利德部落酋長以後，把瓦利德部落習慣法跟他學來的英國普通法融合以後產生出來的一個普通法及瓦利德習慣法的混合法庭；另一個法庭可能就是，瓦利德家族聘請來的可以說相當於家庭教師或法律顧問的一位穆夫提，將瓦利德部落的習慣法和他從祖師爺那裡學來的哈乃斐學派的教法融合起來的混合法庭。於是，在瓦利德部落裡面一下子就有了三種選擇。瓦利德部落的成員以後打官司的話，他可以：第一，到英國人的普通法法庭去打官司；第二，到小瓦利德的政治繼承人主管的普通法及瓦利德習慣法混合法庭去打官司；第三，他還可以到瓦利德部落傳統教法學家培養出來的普通法及哈乃斐學派混合法庭去打官司。現在瓦利德部落就有了三種不同的司法體系。

而瓦利德部落顯然不是唯一的部落，我們假定瓦利德部落是阿拉伯貝都因系的部落，其它還有阿拉伯非貝都因系的其他什麼部落，或波斯系的什葉派部落，他們的部落都是有小少爺的；他們的小少爺看著瓦利德少爺學成回來以後變成一個很牛的人物，使他的部落占了很多便宜，大大增加了話語權，於是他們也會派人到牛津和劍橋去，例如馬來西亞的第一任首相東古・拉赫曼（Tunku Abdul Rahman）。於是接下來就會出現什葉派結合普通法的法庭，這樣的法庭在英國統治的巴林特別地多，或是罕百里派和普通法的聯合法庭等諸如此類的法庭機構。這樣做的結果，因為英國在波斯灣的統治中心其實不是在科威特，在巴林；所以巴林的混合法庭是特別多的，當地至少有六十六種普通法和伊斯蘭教的混合法庭。而馬來西亞聯邦，不要說別的，僅僅霹靂州就有十六種以上的混合法庭。所以有些人強調伊斯蘭教缺乏容受性，伊斯蘭教的教法是僵硬的、不可能發展的，我得他在胡說八道，因為現成的證據擺在眼前，你只是自己不看而已。科威特雖然不是這種伊斯蘭的教法中心，但是毫無疑問，早在英國人撤出科威特以前，科威特即使沒有幾十種、至少也有十幾種法庭了。

這樣就引出了一個有趣的問題：像凱末爾這樣的開明人士，他引進西方文化，從法國引進法國的民法典，但是是像他繼承的奧斯曼帝國的改革派蘇丹和青年土耳其黨一樣，走的是官府路線，由國家的權力去推行國民統一教育的新國家學堂，通過國家的企業去引進西方的先進技術，完整地引進法國民法典來革新土耳其的法律體系，但是與此同時，民間那些名義上已經作廢了的伊斯蘭教教法法庭仍然存在，它們仍然代表了一部分民間的自發秩序，這兩者之間的矛盾導致了土耳其永久性的社會分裂。埃及的情況也是一樣的。埃及的改革派國王穆罕默德・阿里[12]家族和後來的埃及改革派政權也是完整地引用法國的民法典，他們認為這就是最先進的東西。這些東西先進雖然先進，但是它們的秩序源是在境外的，是在西方。也就是說，你可以把這些國家引用的羅馬法算成是自由秩序的一部分，但是它們推陳出新的源泉在哪兒呢？在歐洲，不在土耳其和埃及。土耳其和埃及只是摘下來的果實，既沒有種子和沒有樹根，種子和樹根甚至樹枝都在西方。

所以，他們變法維新這件事情必須一代接一代地搞下去，就像是蘇聯的國有企業必須到西方去購買技術或說「盜竊」技術一樣，為什麼？因為國有企業自己沒有創新能力，沒有自發生成秩序的能力。西方的市場經濟有自發生成秩序的能力，但是每隔二十年他們就要推陳出新，搞出

⑪ 新界鄉議局（英語：Heung Yee Kuk N.T.）是由香港新界的原居民鄉村組成的諮詢及協商組織，成立於一九二六年。鄉議局的前身為「新界農工商業研究總會」，由荃灣鄉紳楊國瑞、粉嶺鄉紳李仲莊及元朗鄉紳鄧煒堂於一九二三年發起，主要反對政府擬推行之建屋補償政策，最終迫使政府終止有關政策。一九二六年，當時香港總督金文泰為改善政府與原居民的關係，飭令「新界農工商業研究總會」改組為「鄉議局」，並賦予更多權力，成立初期連一般民事案件也會交由鄉議局辦理。一九五九年，香港《鄉議局條例》實施，鄉議局成為香港法定機構。

⑫ 穆罕默德・阿里（Muhammad Ali of Egypt, 1769–1849），奧斯曼帝國駐埃及總督，阿里王朝的創立者，創辦以軍事工業為主的埃及第一批近代工業，擴建陸軍，創建海軍，使埃及在十九世紀三十年代末成為地中海東部強國，被視為現代埃及的奠基人。一般認為他是阿爾巴尼亞人。

新的一代來。你們上一代人在新經濟政策時期撈到的技術，在二戰時期已經過時；在二戰時期通過租借法案[13]撈到的技術，在冷戰時期已經過時；冷戰時期通過盜竊得到的技術，到戈巴契夫時代又已經過時。所以你永遠是「夸父追日」，永遠趕不上人家，因為你始終是一個摘現成果子的人，你沒有自發秩序的根。

但是你能說，穆斯林跟西方人有本質上的差別，他們就一定不能產生自發秩序嗎？假如地球上有某一個特殊環境，它不會自發產生出德高望重的人，一定要由官府任命才會有德高望重的人，這種地方可能存在嗎？顯然不可能。任何一個學校，除了上級任命的老師以外，或是假定班幹部也是上級任命

圖為蘇格蘭哲學家及歷史學家亞當·弗格森（Adam Ferguson，1723-1816），他是蘇格蘭啟蒙運動的代表人物之一，亦是「自發秩序」（Spontaneous order）概念的最早闡述者之一。他認為社會發展並非出於上帝或人的設計，而是偶然及自發的，出自於《文明社會史論》：「群眾的每一步，每一動，即使是在所謂的啟蒙時代，都是出於對未來一樣的盲目；而國家的建構跌跌撞撞，固然是出於人們的行動，但並不是按著任何人的設計而執行的。」

的話，那麼在班幹部之外肯定有學生的小團體。他不是老師喜歡的學生，當不上班幹部，但他有一定的特長，比如說特別會集郵，或特別會打架，那麼喜歡打架的男孩子就會聚集在這個特別會打架的男生身邊，喜歡集郵的男孩子和女孩子就會聚集在這個集郵大專家身邊，形成各種各樣的非正式的民間團體，往往這樣的非正式的民間團體比老師任命的班幹部還要有權力。這些團體是什麼？它不就是自發秩序嗎？你能說一定是歐洲基督徒才有自發秩序，中東的基督徒、猶太人和穆斯林就一定沒有自發秩序嗎？不是這樣的。

他們也有自己的自發秩序，但因為歷史積累不夠或外界環境不友好，長得比較畸形或根本無法長大。就像是蘇聯計劃經濟體系和中國計劃經濟體系之下那些通過私藏的自留地養出來的雞蛋到黑市上賣的農民，你說他不是企業家？他當然是企業家，但你要說這個企業家的本事能夠跟比爾・蓋茨和美國的企業家相比，那當然不是。很可能比爾・蓋茨到了中國或蘇聯，他也只能做一個黑市小商人，因為法律和政治制度會使他長不大。很可能中國和蘇聯的計劃經濟體系之下也有很多像比爾・蓋茨一樣有才能的人，他只是生不逢時，沒有生在美國。如果生在美國以後，他完全可以成長成一個優秀的美國企業家。中東的情況和東亞的情況也是這樣的，自發秩序是天然就有的，只是外在的環境和政府管制的形勢對它造成了嚴重的破壞，使它長不大、長不好，但它還是存在的，它可以以扭曲的形式長出來，包括以恐怖主義和暴力衝突的形式長出來。

恐怖主義和暴力衝突為什麼會產生？它背後的現象就是，它有一個憤怒的、至少能夠產生恐怖主義的社區。否則的話，它不敢搞恐怖主義，也不能搞恐怖主義。世界上有些人比搞恐怖主義的社會要更高級，那就是像愛沙尼亞人這樣，不僅能夠拿起武器保護自己，而且建了國，它需要搞恐怖主義嗎？它已經組織起自己的軍隊來了。以色列在沒有建國以前也搞過恐怖主義，但是建了國以後，它有了軍隊，它就不用搞恐怖主義了。中東的恐怖主義者是不如愛沙尼亞和以色列的愛國者，但是它比起東亞共產黨統治之下那些受了委屈以後只敢拿著刀到幼稚園去砍小孩子的人[14]來說，在歧視鏈上是高上不只一等的。

恐怖主義者是為了誰呢？是為了我們的清真寺，去燒別人的清真寺或燒別人的佛教寺院，或燒別人的基督教教堂或猶太教教堂。然後燒完了、打完了以後，我自己死了，別人看我是恐怖分子，我的社區看我是英雄，而我的教長則會說，「你殉教而死，是一條好漢」，然後我的教長會安排我的社區來養我的孤兒寡婦。它不如愛沙尼亞和以色列，但是比起砍幼稚園的這些東亞所謂的精神病人來說是要強得太多。東亞這些受到委屈的人，本事最大也就是做一個張獻忠去「殺殺殺殺殺殺殺」[15]；本事小的你就只能做一個小張獻忠，去幼稚園砍死幾個小孩，然後自己被員警打死。被員警打死以後，當然，你背後沒有自己的社區，不會有像賓拉登這樣的業餘神學家來說你做得很好；而賓拉登手下的神學家就會說，你炸了紐約世貿大樓，做得很好。而且，你會有孤兒寡婦嗎？無產階級的你，很可能就是一個光棍，連媳婦都娶不上；就算你有媳婦，你的家庭和你的社區恐怕也會毫不猶豫地拋棄你。你不是恐怖主義者，並不是因為你比恐怖主義者高檔，而是因為你比恐怖主義者低檔。

恐怖主義者的來源是，企圖擺脫費拉狀態、但是又沒有正當管道、也不想尋找正當管道的費拉社區。它比歐洲社區、愛沙尼亞和以色列低檔，但是比張獻忠的原子化社會和兩腳羊社會高檔。你這批「兩腳羊」人口，要麼你就乖乖地聽任欺負，淪為被收割的「韭菜」；要麼你不甘心被別人欺負，你也想欺負別人，但你就只能做張獻忠。張獻忠是不是恐怖分子？他殺人殺得比恐怖主義更徹底、更沒規範。哪怕是賓拉登，他殺人都要講究規範，比如說，他要殺美國人和以色列人，但是他不能殺真正的穆斯林；而張獻忠殺人，幼稚園的小孩、跟他無冤無仇的小孩子他都要殺。張獻忠是比賓拉登高檔還是比賓拉登低檔？我只能說，賓拉登比以色列人和愛沙尼亞人低檔，但是比張獻忠要高檔。這個高檔和低檔是對應於他們背後的社區的，費拉社區不如自治社區，但是比連社區都算不上的「兩腳羊」高檔。費拉社區想要覺醒、不要受欺負的時候，產生出賓拉登這樣的恐怖分子；「兩腳羊」想要覺醒、不要受欺負的時候，就只能產生張獻忠和砍幼稚園學生的那些你不知道該不該管他們叫恐怖分子的人。

好，我們言歸正傳。薩巴赫家族就通過上述的長老會議，跟其他各部落和家族達成了聯合統治的協定，然後在英國人走了以後，他們這個聯合統治的形式就變成了今天的科威特國。科威特國的政治體制，實際上是埃米爾（也就是薩巴赫家族的酋長）和其他小酋長通過長老協商會議進行統治的機構，但是後來為了裝逼起見，它也建立了一個英國式的議會。但是這個議會是不起什麼作用的，因為真正的政治運作是薩巴赫家族的長老跟其他各長老私下的幕後協商，而議會只是個橡皮圖章[16]，起不了什麼實際作用。但是隨著經濟的發展，漸漸開始依靠現代化的石油工業和旅遊工業，便產生出來一個我們很熟悉的什麼經典社會主義理論或現代化理論所說的新興中產階級。這些新興中產階級就開始覺得，薩巴赫家族和各部落長老（無論是伊朗系長老還是阿拉伯系長老）壟斷的這個幕後黑箱操作不公平，我們要通過議會選舉的方式，把這個國家改造成為一個真正代議制的立憲君主國。然後他們就試圖組織政黨進入議會，這樣的議會就開始對薩巴赫家族和各大家族構成威脅。然後我們熟悉的故事就開始了，薩巴赫家族一會兒解散議會，一會兒又重新召開議會。但是直到目前為止，政權仍然是掌握在各大家族長老幕後協商的手裡面。議會即使是在美國人來了、極大地擴大了選舉權以後，它的實際權力仍然是非常孱弱的。但是無論如何，這個政權具備了一定的向君主立憲制轉化的基礎。

當然，在六十年代以前，這個部落聯合體是沒有什麼民族意識的，但是六十年代伊拉克第一次企圖吞併它、在英國的壓力下作罷的時候，他們開始稍微有了一點共同體意識。從海珊的角度來講，這是我們收復香港；從科威特人的角度來講，這是你們侵略我們。在這次行動以後，遭遇了亡國之痛、被迫流亡到沙烏地阿拉伯、一下子大家都變窮了、日子都難過了的這些科威特各部落的居民，才開始真正有了一點「我們都是科威特人」的認識。在那以前，我們可以說，他們主要的認同還是基於部落和基於社區的。我是阿拉伯部落的人，我是波斯部落的人，這個認同是優先的。我是什葉派，我是遜尼派，這個認同是優先的。科威特國只是英國人製造出來的一個只有形式而沒有感情吸引力的機構。英國人留下的這個機構雖然過去大家沒有把它放在眼裡，但是自

⑬ 租借法案（Lend-Lease Program）是美國國會在第二次世界大戰初期通過的一項法案，目的是在美國不捲入戰爭的同時，為同盟國提供戰爭物資，因租借法案使得美國成為名副其實的「民主兵工廠」。租借法案改變了原來軍事物資需要現金交易的慣例，亦改變了原來「中立國」的意義。

⑭ 中華人民共和國曾發生多起幼稚園砍人事件，例如二〇一〇年四月二十九日江蘇省泰興幼稚園兇殺案；二〇一七年三月二十九日山西平陸縣常樂鎮雙語幼稚園兇殺案；二〇一八年十月二十六日重慶魚洞新世紀幼稚園砍人事件。

⑮ 七殺碑，是相傳明末大西軍首領張獻忠在四川留下的碑石。傳説中，張獻忠立碑是為了將百姓拉至碑前殺戮，兩側碑文分別為：「天生萬物以養人，人無一物以報天」，中間有七字「殺殺殺殺殺殺殺」，故有「七殺碑」之稱。

⑯ 橡皮圖章（Rubber stamp）是一種政治比喻，指某些法理上權力很大而實際權力很小的人或機構。

從海珊折騰了以後，大家就看出這個機構畢竟還是有一定的價值的。所以在這以後，伊拉克的侵略被美國人擊退以後，科威特新興的這些中產階級社會才稍微有一點產生「我們都是科威特人」的意識，並產生了很多現代政黨。

但是這些政黨，從現在它們的演化來看，還沒有超出黎巴嫩的水準。黎巴嫩的憲法跟美國主導的科威特憲法是一樣的，是以教派社區和部落集團為基礎的憲法。例如，黎巴嫩是基督徒當總統，遜尼派當總理，什葉派當議長。美國人主導的伊拉克憲法是，庫德人當總統，什葉派當總理，遜尼派當議長。從這種分享權力的方式就可以看出，他們真正的基礎共同體是費拉社區，而不是實際上還沒有真正構建起來的民族國家，而且這個民族國家還是很可能解體的，例如因為庫德的問題解體，或是因為敘利亞問題解體，解體成為更小的、更容易發明的比如說黎巴嫩山民族或庫德民族這樣更容易存續的小民族。科威特的情況也就是這樣的。它現在的議會政治中間產生的很多政黨，儘管名義上往往會說是什麼什麼伊斯蘭黨或什麼什麼人民進步聯盟之類的，但是你追溯它的底部還是可以發現，它最底部的內層要麼是某一個部落，或是某一個費拉社區。

比如說，瓦利德家族是一個小部落，但以前一直被薩巴赫家族打壓，現在他們就通過議會民主的方式組織政黨。他們的領袖過去不能夠在薩巴赫家族主持的內閣中間擔任要職，但他們還是出了很多律師和商人之類的，這些律師和商人就可以競選議員，找一些同病相憐的中產階級人士組織政黨了。或說，他是來自波斯的某個什葉派家族，雖然在薩巴赫家族主導的政治體系當中、在掌握實權的長老會議當中有一定的發言權，但是遠不如薩巴赫家族和遜尼派的大家族的發言權多。所以他們也不滿意，也想通過組織政黨的方式來扳回局面。但是他們的政黨化和組織化的程度還是很低的，仔細看一下你們就可以發現，他們像黎巴嫩和伊拉克那些政黨一樣，基本上就是原有部落組織和原有社區組織的一個改頭換面的擴大，所以他們的民族構建實際上還停留在黎巴嫩化的狀態之下。他們比起伊拉克、黎巴嫩和敘利亞稍微好一點，就是因為他們在發展過程當中被英國人保護得比較好。

因此可以說，他們的社區和部落像是香港、澳門的商會和宗族一樣，是自然發展起來的，沒有經過復興社會黨這樣的國民黨和共產黨的一路破壞，因此保持的元氣、保持的資源和保持的文化比較好。同時，國家也比較小，要想達成共識、要想讓中產階級建立國民民族共同體的話，所面臨的族群負擔是比較小的。例如，你要建立一個香港民族黨，那就比建立一個廣東民族黨要容易得多。你要建立廣東民族黨，就要面臨客家人、潮汕人的複雜族群問題。而香港民族黨雖然也要面臨越南移民和類似的問題，但就因為香港只是一個小小的城市國家，他們就算是老一代有分歧，下一代通過中產階級的政黨動員機制走國民民族主義的道路，要整合起來也是比較容易的，但你在廣東整合各族群，困難就要大得多。如果你不僅要在廣東整合，還要像蔣介石那樣把廣東、浙江和江蘇整合起來，這個困難就大到根本沒有辦法完成，像海珊和阿薩德的任務一樣不可能完成。你要是野心再大一點，像恩維爾帕夏或現在的共產黨那樣，要把整個奧斯曼帝國的土地、整個大清帝國的土地都整合起來，那麼你唯一的出路就是專制獨裁，把他們統統變成絕對服從的順民，然後通過一個小集團去統治。無論這個小集團是滿洲部落也好，還是共產黨也好，還是國民黨也好，總之你千萬不能放權，一放權的結果必然就是黎巴嫩化、敘利亞化或伊拉克化，甚至可能是張獻忠化。社會的基本盤就是這樣，你沒有別的選擇。

科威特的社會基本盤子雖然比香港要大一點，但是比伊拉克要小得多，而且靠著英國人的保護，基本上可以說原有的社會組織是順利地自發成長出來了，所以它將來發展成為至少門面上過得去的君主立憲國還是有一定的機會。但是也說不定它會順著各部落之間的邊界或各教派之間的邊界就解體了，瓦利德家族建立類似黎巴嫩山共和國的小民族，或薩巴赫家族乾脆就發明一個像是約旦那樣的薩巴赫民族，導致科威特民族的發明失敗，這一切都是有可能的。從民族發明學的角度來講，發明一個青城山民族比發明巴蜀利亞民族的難度要低得多，發明巴蜀利亞民族的難度比發明漢族的難度又要低得多，難度是隨著社會基本盤的大小而增減的。如果你實際上只有一個社區組織的話，很可能你發明一個小黎巴嫩民族或發明一個薩巴赫民族比發明一個大黎巴嫩民族和科威特民族要好一些，這是很有可能的。但是即使是薩巴赫民族或科威特民族，它們面臨著的問題也比東亞要小得多，至少他們身邊只有部落社會和費拉社區，他們沒有張獻忠社會。伊斯蘭社會至今最惡劣的情況，也是比不上東亞歷代張獻忠和兩腳羊那種極端殘酷和極端原子化的社會狀態。

科威特
民族發明大事記

時間	事件
西元前8000年至前3世紀	**古代的科威特灣** 今天的科威特位於美索不達米亞地區的東部出海口，此地在古代是波斯灣海洋貿易圈的重要交通點，其考古歷史可追溯到西元8000年前；關於科威特最早的文獻記載則是希臘學者托勒密的地理學著作《地理》，該書中記載今天科威特灣的古希臘名稱為Hieros Kolpos。
西元7至17世紀	**科威特灣的卡茲瑪市與詩人法拉茲達格** 中世紀的伊斯蘭文獻中記載，位於今天科威特灣的卡茲瑪（Kazma）城市，是伊拉克地區的朝聖者前往漢志（Hejaz）的中轉港口，也是伊斯蘭世界貿易圈的重要城市。該城富裕且文化昌盛，其著名的歷史人物為西元七世紀的阿拉伯詩人法拉茲達格（Al-Farazdaq, 641–733），其作品深刻描繪了早期伊斯蘭的阿拉伯文化，被今天的科威特視為國家象徵。
1613至1716年	**現代科威特的起源** 阿拉伯的瓦利德部落（Bani Khalid）於1613年建立了科威特鎮，並持續統治至18世紀初，是今天科威特的真正起源。18世紀後科威特的統治權由另一個來自阿拉伯半島的內志地區（Najd）的歐特拜部落（Bani Utbah）所取得，今天統治科威特的薩巴赫家族便是來自於歐特拜部落。
1756年	**柯威特酋長國的建立** 西元1756年，歐特拜部落的薩巴赫家族首長薩巴赫一世（Sheikh Sabah Abu Abdullah）被科威特統治階層推舉為科威特首任酋長（Amir），並建立了科威特酋長國（Heikhdom of Kuwait），其家族統治與君主制度傳統一直持續至今天的科威特。
1775年	**波斯占領巴斯拉與科威特的繁榮** 波斯人於1775年開始圍攻奧斯曼帝國的巴斯拉城直到1779年，長年的戰爭促使許多伊拉克當地商人前往科威特避難，英國亦將東印度公司遷往科威特；並在18世紀後期，伊拉克東部的貿易中心逐漸轉往科威特，推動了當地的迅速發展與商業繁榮。

1871年

科威特酋長國成為奧斯曼帝國的自治區

1871年，科威特酋長國被奧斯曼帝國納入勢力版圖中，其領土被規劃為「巴斯拉州」的一個「卡扎」（kaza，行政區的意思），但科威特酋長國實際上仍保持大部分的自治權利。

1899年

穆巴拉克奪權與《盎格魯—科威特條約》的締結

薩巴赫家族的穆巴拉克於1896篡奪了家族首長之位，但未獲奧斯曼帝國承認，於是他在隔年引發了「科威特危機」，企圖軍事反抗奧斯曼帝國，但在英國調解之下未爆發戰爭。1899年，穆巴拉克與英國秘密簽訂了《盎格魯—科威特條約》，在此條約中，穆巴拉克保證，不將科威特任何部分租借予英國以外的任何國家或臣民；未經英國同意，不允許任何外國的代表進駐科威特。英國則承認科威特是一個內政獨立的國家，向其提供財政援助並保護其不受外國侵略。於是20世紀初的科威特，在穆巴拉克的統治及英國的協助下，成為伊拉克東部最繁榮的港口城市，並以多元種族及宗教自由聞名，被歐洲人稱為「波斯灣的馬賽」。

1913年

《盎格魯—奧斯曼公約》與科威特自治權利的確立

英國為確保科威特的自治權與自身在波斯灣的利益，於1913年與奧斯曼帝國進行《盎格魯—奧斯曼公約》的協商；該公約同意奧斯曼帝國對科威特酋長國的主權，但前者不得干涉後者的內政事務，亦不得駐軍，並承認後者接受英國保護。此公約確保了科威特邊界及自治權利，進一步奠定了科威特民族發明在法理上的基礎。

1961年9月19日

科威特獨立與波斯灣戰爭

科威特於1961年9月19日從英國的保護下獨立，並於1963年舉行歷史上首次議會選舉，是波斯灣第一個建立西方憲法和議會的阿拉伯國家。科威特的民族發明雖在英國的保護下進行，其阿拉伯文化與伊斯蘭宗教習慣法得以保存，建立了既傳統又現代的科威特民族。科威特雖於1990年遭到海珊的伊拉克共和國占據，但於1991年的波斯灣戰爭後迅速地恢復獨立，至今仍是伊拉克地區最現代化的國家。

阿拉伯聯合大公國

United Arab Emirates

al-ʾImārāt al-ʿArabīyah al-Muttaḥidah

獨立時間：1971年12月2日

首都：阿布達比

六、阿拉伯聯合大公國

英國經驗主義留給伊斯蘭的孵化器

我們注意最近二百五十年來所有民族國家產生的歷史，就可以看到在民族發明的三種類型當中，只有國民民族主義實際上能夠成功建立自我治理的共同體的；至於帝國超民族主義和文化泛民族主義這兩種類型，儘管經常被許多專家學者稱為民族主義，但是它們從來就沒有成功建立自治共同體。而在國民民族主義的三種民族發明模式當中，讀者大概也已經注意到了，我至今為止所舉的所有事例都來自於法國理性主義和德國先驗主義兩種模式，但沒有提到過英國經驗主義。英國經驗主義和其他兩種模式的區別，在於這種模式並沒有一個明確的、界限分明的革命建國的過程。在民族國家產生以前的封建時期或部落時期以及民族國家產生以後的這兩個階段之間，基本上走的是和平過渡的過程。好像是一個人從嬰兒變為青年，從青年變為成年人，不是說身分證上寫你是二十一歲成年、你以後可以選舉總統了，然後在生日的當天晚上就發生了戲劇性的變化，像是蝴蝶從蛹裡面跳出來，跟原來的幼蟲完全不一樣了。你二十歲的時候的樣子跟二十一歲的時候的樣子差不多，所以大家都覺得沒有一個明顯的、近乎革命性的劇烈轉折。

所以，英國經驗主義的民族發明模式通常不大為人所重視，因為它就沒有一個相當於法蘭西大革命、波蘭獨立戰爭或匈牙利獨立戰爭這樣的戲劇性事件去作為民族國家從無到有的標誌，而法國理性主義和德國先驗主義的發明模式都是有這樣一個標誌的。但是，沒有這個標誌當然並不是它的弱點，而是它的優點。有這個標誌，說明社會的轉型是必須經過劇烈轉折的；為了從一種模式轉到另一種模式，中間必須要有所扭曲，必須要有所犧牲；而沒有這樣一個標誌性的事件，就說明和平演變進行得比較好，社會的元氣沒有什麼損害，自發秩序是連續不斷生長的。當然，這種模式迄今為止基本上是局限於英語世界——講英語的各個國家和英國的殖民地。像加拿大、紐西蘭、澳大利亞這些，就是典型的經驗主義的民族發明模式。澳大利亞和紐西蘭的民族發明神話是什麼呢？是加里波利戰役[①]，是他們作為大英帝國的一部分，派出澳洲及紐西蘭軍團參加第一次世界大戰後做出的犧牲。它自身由本來就享有自治權的英國殖民者的居留地變成正式的自治領，再從正式的自治領變成共戴女王為君主的獨立國家。這個過程好像是一個人從五歲的孩子長成十歲的小學生、然後長成二十歲的大學生、然後在二十一歲的那一年變成公民一樣，整個過程是連續的，任何一個點上都沒有戲劇性的變化。當然，一般中國國內比較傾向於自由主義或保守自由主義的學者也都是非常讚美英國經驗主義的近代化模式的，認為這種模式比法國理性主義和德國先驗主義模式來說，轉型比較順利，轉型的成本比較低，社會受到的損害比較少，以後的發展也比較大。

當然，所謂的英國模式和法國模式，或是學者施密特[②]所謂的司法國和立法國，它們的實質性差異早在封建制度轉變為絕對君主制時代時就已經產生出來了。可以說，英國經驗主義模式的自治是全方位的，而法國理性主義的模式和德國浪漫主義的模式就存在著國家和社會的鮮明對立。在經驗主義模式的國民共同體當中，國家和社會的區別是不明顯的，這個就集中體現在普通法當中根本沒有「行政法院」這一個機構，公務員犯罪跟普通公民一樣，要自己請律師，賣自己的房去打官司，也沒有什麼特殊法律來保護他。而法德兩系的國民共同體雖然在國家這個層面上講也是自我治理的，因此我們通常把這三個類型的國家都稱之為近代民主國家，因為它們的領導人和議會之類的都是國民自己選舉出來的，能夠有效地對國民的意志負責，而且始終兌現了國民自我治理的原則，所以從大的方面來看，都是近代化轉型成功的國民共同體，但從細節上來看，英國經驗主義的國民共同體的自治是全方位的，從鄉鎮、從公司、從社會的方方面面都是這樣，而法德這兩系的自治是在國家層面的。國家層面上，沒有問題，它是國民選舉產生的、國民自己治理自己的民主國家或國民共同體，但是在國家和社會的關係的層面上，那麼你就可以說，國家對社會還是可以實施武斷權力的，體現在行政法院的設立以及這些大陸型國家的公務員在社會上享有一定的特殊地位。而在英語系的國家內，國家和社會是渾然一體、沒有區別的。

所以從自我治理或自發秩序的角度來講，雖然國民共同體是自我治理的成功典範，但是國民共同體內部也是有等差的。也就是說，英國經驗主義模式的國民共同體是自發秩序的最佳典範，而法國理性主義和德國先驗主義的國民共同體雖然也是自治共同體，但是等級上就低了一級；但是它們這兩種類型比起連自我治理的國民共同體都發明不成功的帝國超民族主義或文化泛民族主義來說的話，又高了一等；而帝國超民族主義雖然不能夠自我治理，畢竟還能夠有效統治，比起既不能自我治理、又不能有效統治的文化泛民族主義來說，又算是高了一等。這個基本格局就是近代世界構建政治共同體的基本法則。可以說，根據這個法則形成的近代世界是一系列的同心圓結構：在它的最核心是以英國經驗主義為代表的國民共同體，它是自發秩序得到最完善保護，社會和國家達到全面自治這個境界的，也就是我們通常稱為的西方的核心；在它的周圍，就是通常也稱為是西方、但是非英語系的法國理性主義和德國先驗主義類型的民主國家，它們雖然也是民主制度，卻是大陸法系、而不是普通法系的國家，因此國家和社會之間的關係仍然有著是政治統治的關係，也就是國家統治社會；而在上述這些民主國家之外，就是我們所謂的非民主國家。

非民主國家就是民族發明失敗，自我治理的國民共同體未能成功，它不得不像是前現代的政治實體一樣，以被別人統治的方式存在，或甚至連存在都沒辦法存在。在這些實體當中，有一部分像我們今天看到的普丁的俄羅斯和習近平的中國，就是非常典型的大俄羅斯帝國和大清帝國的完整版。它們的國民是居於降虜地位的，被統治者單方面統治；而統治者統治他們的依據並不像是英法德各系的民主國家那樣的自治原則，而是根據歷史上的帝國傳統。例如，普丁的理由就是，俄羅斯帝國留下的版圖絕對不能分裂，因此少了他閣下的統治是不行的；而中國共產黨現在的殘餘統治的根本邏輯也不是因為「共產主義必將實現，我們注定要解放全人類」，而是因為大清帝國留下的這個版圖沒有中國共產黨一黨專政，就注定要分裂，所以他們為了中華民族的緣故，一定不能下台。現在的中國共產黨內，堅信共產主義或理直氣壯地為了共產主義原則而維持統治的人恐怕已經不多了，大多數人都是為了奧斯曼主義的理由，也就是說為了大清疆土不至於在我們手中分崩離析的這個理由，才繼續維持下去的。這就是能夠統治而不能自我治理的奧斯曼主義的模式。最後的模式就是像泛斯拉夫主義、漢字民族主義、儒家民族主義、泛伊斯蘭主義這種類型的，它們不但不能自我統治，連專制形式的統治都做不到，這就是民族發明的最低形式了。我們通常所說的民主跟非民主國家的差別，其實就是經驗主義、理性主義、先驗主義三種類型的國民共同體，與建構國民共同體失敗後的各國家所形成的對比。

當然，這樣就引出了下面的問題：在歐洲以外的世界，民族發明是根據哪一種模式進行的？我們現在普遍看到的現象是，它們大多數都是根據法國理性主義模式或德國先驗主義、浪漫主義、語言民族主義的模式展開的。但是按照英語國家的模式，以經驗主義的方式構建近代國家，也不是一個都沒有；這種國家或地區，絕大部分，都位於過去的英國殖民地範圍內。在東亞，典型的就是香港；在中東，典型的就是過去曾經是英國的被保護國或殖民地、現在通常稱之為海灣諸君主國的那一系列小國。它們當中最大的一個就是今天的阿拉伯聯合大公國（United Arab Emirates，簡稱阿聯或阿聯酋，又譯為阿拉伯聯合酋長國）。所謂的「大公」，其實和酋長是同一種意思，就是阿拉伯文的埃米爾（Emir），跟科威特的薩巴赫家族享有的埃米爾頭銜是同一個詞，你把它翻譯成大公或酋長其實都可以。另外就是兩個小國，波斯灣的小島國家巴林和通過半島電視台[3]而著名的半島國家卡達。巴林和卡達與阿聯酋裡頭的各酋長國是同一性質的部落型國家，只不過它們在阿聯酋制定憲法、組成聯邦的時候沒有參加進來，所以就變成了獨立國家；而阿布達比、杜拜這些酋長國就共同組成了聯邦。可以說，巴林和卡達跟阿拉伯聯合大公國之間的關係，也就是新加坡和汶萊跟馬來西亞聯邦的關係。新加坡和汶萊本來也是很有可能參加馬來西亞聯邦的，新加坡還一度參加了一段時間，又重新退出來。馬來聯合邦或海峽殖民地的其他各

① 加里波利之戰（英文：Battle of Gallipoli），又稱達達尼爾戰役（Dardanelles Campaign），是第一次世界大戰中土耳其加里波利半島的一場攻堅戰役。它始於一個英國法國聯盟的海軍行動，目的是強行闖入達達尼爾海峽、打通博斯普魯斯海峽，然後占領奧斯曼帝國首都伊斯坦堡，這場戰役是一戰中的著名戰役之一，也是當時最大的海上登陸作戰。澳洲、紐西蘭、紐芬蘭、英屬印度作為英國的殖民地參與此戰。

② 卡爾·施密特（Carl Schmitt, 1888–1985），德國著名法學家和政治思想家。

③ 半島電視台（Al Jazeera，意為「島」或「半島」，指阿拉伯半島）是一家以卡達首都杜哈為基地的國際電視媒體，開播於一九九六年，由卡達王室出資的半島媒體集團擁有。除了阿拉伯語之外，同時以英語、土耳其語等多種語言，向全球播出以新聞為中心的節目內容。半島電視台地處阿拉伯世界，在新聞報導方面有著許多不同的視角，它在節目中開創性地引入了電話採訪、電視論戰等節目，尤其在九一一事件之後，它多次率先播放賓拉登和其他基地組織領導人的錄影聲明，從而引起了全世界的廣泛關注。

邦原先的法律地位跟英國保護下的新加坡和汶萊是一樣的或是非常接近的，只不過在英國人撤退的時候，有些邦國願意在英國人臨走的時候結成一個聯邦，那它就變成馬來西亞聯邦和阿拉伯聯合大公國了；有些小邦經過討價還價以後，最後就沒有參加進去，或是參加了以後又退出了，那就變成巴林、卡達、新加坡和汶萊這種情況。

我們要注意，我們提到過的三種能夠自治的國民共同體全都是來自於通常所謂的西方——封建西歐和基督教世界的範圍之內。也就是說，自發秩序在歐洲以外的世界雖然不是完全沒有存在，但是始終沒有長得很高很大，沒有長到足以支持自我治理的國民共同體或近代國家這個境界。就好像是，一個

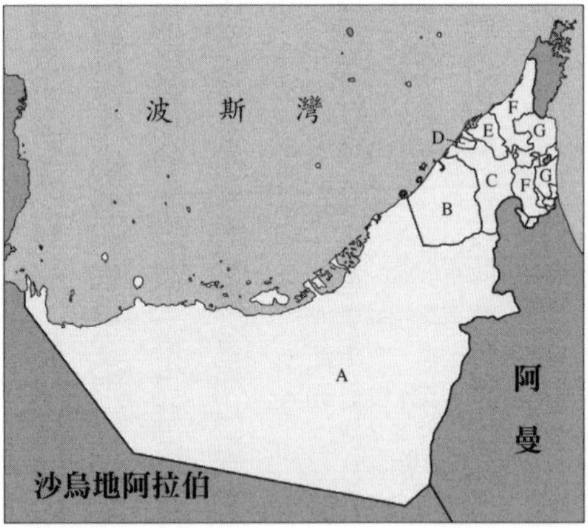

阿聯行政圖　阿拉伯聯合大公國（United Arab Emirates），通稱阿聯或阿聯酋（Emirates），是由A、阿布達比（Abu Dhabi）；B、杜拜（Dubai）；C、夏爾迦（Sharjah）；D、阿吉曼（Ajman）；E、歐姆古溫（Umm Al Quwain）；F、拉斯海瑪（Ras Al Khaimah）；G、富吉拉（Fujairah）等七個酋長國組成的聯邦制君主立憲國，總人口約為九百八十九萬，聯邦首都設於阿布達比，發展最繁榮的城市則是杜拜。

身材沒有長大的小孩子雖然也是個人，但是他挑不動擔子，也幹不動活。自發秩序以其定義來說，應該是無所不在的。孔子所謂「三人行必有我師」，也就是說，用不著任何人下命令或是制定計劃，只要三個人出於偶然的原因湊到了一起，一起活動，他們自己相互接觸和交流，自然而然就會有兩個人心服口服地覺得，看來我們兩個人的水準都不如他，我們三個人當中他才是水準最高的，自願地覺得第三個人是比我們這兩個人水準更高的。如果遇上什麼事情，需要有最德高望重的人出來領頭或代表他們說話，他們就會自然而然地說，某一個人天生就應該是我們三個人組成的這個小團體的老師。這就是「三人行必有我師」的正確解釋。無論在有正式的政治構架的地方還是在根本沒有政治構架的地方，只要人和人碰在了一起而且形成了群體，這樣的現象都不可避免地會自然發生。總會有人因為德才兼備、勇氣出眾或是因為其他方面的各種特點，被其他的人認為，他說話我們就是服，而換一個人來說話我們就是不服，這就是自發秩序。

但是，任何地方都有自發秩序，不代表你的自發秩序就足夠強大、能夠支持國家。例如像「三人行必有我師」這樣搞出來的自發秩序，在三個人吹牛扯淡、談空說玄、講一些理論問題的時候可能還能行，但是如果是黑手黨打來了，需要有人領頭去打仗，或是碰上什麼需要花錢的事情，需要大家出錢，那麼「三人行必有我師」的這個被自發推選出來的「我師」能不能夠有這樣的威望去領著你們打仗，或是領著你們去出錢辦事，那就很難說了。這就是說，你們這個團體所產生出來的自發秩序高度能夠支持一個非正式的學術團體，但是可能支持不住一個軍事團體或支援不住一個自由企業。要支援一個自由企業或要支援一個軍事團體，所需要的秩序值還要更高一些。如果要支持一個完整的、有建制的國家，那麼它需要的秩序值還要比支援普通的自由企業和普通的軍事團體還要更高一些。有自發秩序，不等於說是你的自發秩序發達和強大到足夠建立國家的程度。

可以說，沒有納稅人就不投票的議會政治是什麼呢？那無非就是一個土豪的共同體。我們出錢，這個錢就要按照我們的意志花。這個邏輯是到處都有的，但是為什麼只有英國建立了完善的議會民主制呢？那當然是因為，英國的土豪——用馬克思的術語來說就是英國的地主資產階級，他們的政治能力特別強，他們能夠自我治理，能夠把國王或君主什麼的都拋到一邊去，能夠不設立一個專門的公務員機構和常備軍，能夠讓公務員都是普通人一樣，自己犯法自己負責、自負盈虧，在這種情況下仍然能夠組織國家，這就是說明他們的自發秩序力量很強。而法國理性主義和德國先驗主義，他們的自發秩序的組織力度就比較弱了，他們就必須要組織一個具有特殊性的公務員機構，才能夠把維持住常備軍和國家。而在歐洲以外的地方，可以說，近代的民族國家沒有一個是自發生成的，它們或是外力直接輸入的，或是在外力刺激之下，通過模仿西方，而生成的次級的國民共同體。這一個事實本身就說明，西方以外的地方，通常自發秩序是不太健全的。

這個問題有很多人做過研究，比如馬克斯・韋伯的《資本主義與新教倫理》[4]，但是為什麼歐洲以外的商人從來就沒有能夠真正建立起以地主及資產階級為主的資產階級社會，並建立類似英國國會的國家機構呢？英國以外的社會絕對不是沒有商人，比如伊斯蘭社會顯然是有商人的，儒家社會也是有商人的。像余英時這樣的現代學者就曾經研究過，明清的徽州商人也有一些相當於或說是很類似於韋伯所謂的新教倫理的東西。例如，主張勤儉持家、誠信經商、樂善好施等有助於社會公益的倫理。但是為什麼歐洲的新教徒能夠建立加爾文的日內瓦共和國或英格蘭王國這樣的資產階級民主政體，而徽州的商人卻做不到呢？徽州的商人在它存在的整個時間之內，都是匍匐在大明帝國和大清帝國的統治之下的。雖然余英時先生和其他很多學者和作家都列舉了他們有各式各樣的優越美德，但是我們可以看到，他們能夠組織什麼樣的共同體呢？他們能夠建立儒家的宗族組織，還能夠建立一個任人唯親的、以宗族子弟為骨幹的私營企業，能夠建立一些錢莊、商行、當鋪之類的，能夠運用儒家的倫理來經營這些企業。也就是說，我是企業老闆，我就運用朱子的格言來經營這個企業。我手下的夥計一般來說就是我的侄兒或外甥之類的，來給我打工的，我就以長輩的方式領導他們。你為什麼要服從我這個老闆呢？因為我是長輩呀。儒家不是要講究孝順嗎？你們應該孝順我這個長輩呀。聽我的話，要不你們就是不遵守儒家的倫理。好，我這個長輩愛護你們這些小輩，你們這些小輩服從我這個長輩，我這個企業就差不多是一個儒家宗族的變形了。

那麼，徽州商人開辦的那些錢莊、當鋪或是其他什麼企業就按照儒家倫理的方式組織起來，可以說他們是能夠賺錢的，而且還能夠做很多公益事業，但是你可以看出，它取代不了大明帝國和大清帝國的衙門；而加爾文教的日內瓦共和國、倫敦的長老會商人或蘇格蘭長老會是有能力這樣的，他們可以產生議會，建立議會民主制度及國家組織。這說明什麼問題呢？說明雙方的組織力或說是秩序生產能力有著明顯的差別。同樣是商人，但是他們的組織力量或說是產生習慣法的能力是非常不同的。儒家習慣法當然是存在的，正如余英時先生考證的那樣，儒家習慣法支持明清那種當鋪和錢莊是沒有問題的，這些當鋪和錢莊有相當頑強的生命力，但是如果你一定要說這些當鋪和錢莊能夠跟近代以來的西方企業競爭的話，那顯然是有悖於事實的，余英時或其他比較嚴肅的學者也從來不會這麼說。事實上在五口通商以後，這些儒家式的家族企業在跟西方現代企業競爭的過程中間也都紛紛落敗了。而他們在近代以前是匍匐在明清專制統治者之下的，在近代以來又迅速落到了國民黨和共產黨的統治下，被打了土豪。他們如果還能夠倖存和發展，那麼也只有在英國殖民地、上海工部局⑤或香港這些地方還能夠利用英國人的無為而治和政治寬容，能夠進一步生長發育。

但是你也可以看得出來，他們生長發育的程度是趕不上比如說英國人開辦的怡和洋行⑥或類似的組織。原先的吳越商人或寶安商人在上海和香港仍然能夠存在，不會像是在蔣介石打倒陳炯明以後統治了廣東或像是毛澤東打倒蔣介石以後統治了上海那樣，你連自己的腦袋都保不住，財產都被充公了，像國民黨把西關商人的財產充公⑦、共產黨把地主和資本家的財產都充公一樣整個徹底覆滅。你在英國統治下能夠繼續生存和發展，但是儘管得到英國人的保護，你發展的層次還是不高，你也只是把你原有的企業比如說是做大了十倍，而按照西方企業制度建立起來的怡和洋行這些現代企業做大了不止一百倍。以儒家的宗族組織為模式的、原先在大清帝國時代就存在的什麼商會和商團之類的，比原先壯大了十倍；而按照西方模式組織起來的社會組織，比如說像

④ 即十九世紀著名德國學者馬克斯·韋伯（Max Weber）的「新教倫理與資本主義」理論；韋伯以喀爾文教派發端的英國清教徒的禁慾宗教職業觀為代表，認為清教徒倫理核心在於節制消費及自願勞動的重要性；而衡量一份職業是否有用，依據的判斷標準有兩種，其一是能榮耀上帝的道德標準，其二則是個人獲利的程度，後者實質上促進了資本主義的發展。

⑤ 上海公共租界工部局（英語：Shanghai Municipal Council，縮寫：SMC）是上海公共租界內的最高行政當局。工部局由董事會領導，一八七〇年以後一般有九名董事。董事為無給職。董事互選產生總董。一八五三年，小刀會攻占上海縣城，滿清政府失去對外僑居留地的控制。因此上海公共租界便於一八五四年組成自治的行政機構工部局，逐漸發展各種警察、法庭、監獄等行政體系，並進行市政建設、治安管理、徵收賦稅等管理活動，具有完整的政府功能。

⑥ 怡和洋行（Jardine Matheson）是英國在遠東最大的財團公司，最初設立於一八三二年的廣州。怡和洋行除了對香港早年發展有重要的作用外，亦是首家在上海開設的歐洲公司，和首家在日本成立的外國公司。

香港的大律師公會或是近代型的政黨，香港民族黨或民主黨之類的黨派，那就是成長到一千倍。你的成長遠遠不如別人的成長，這就說明，同樣是自發秩序，你的自發秩序的層次比別人的層次要低。自發秩序相對於專制統治的關係，就相當於是自由市場和計劃經濟的關係，但是自由市場儘管一般情況下比計劃經濟發展得好，絕不是說自由市場之下所有的自由企業都是同等程度的發財致富或發育成熟得很快。比爾·蓋茨在美國的自由市場之下能夠發展得很快，但是不代表所有的企業家都能像比爾·蓋茨那樣發展得很快，很可能你所建立的那些宗族企業也僅僅是勉強能夠生存而已。這就是原有的儒家自由秩序跟西方自由秩序的關係。

在伊斯蘭世界和阿拉伯世界也存在類似的情況。像是上一講提到的，統治科威特的薩巴赫家族這種在阿拉伯世界存在已久的部落習慣法組織，在英國殖民主義的保護之下得以有所成長，沒有像是巴斯拉或巴格達的同樣的部落酋長一樣被貝克爾和海珊的阿拉伯復興社會黨給打土豪、壓下去了，而是在沒有被打土豪的情況下進一步茁壯成長。所以，本來出身相同、地位相同的土豪和部落酋長，在巴斯拉就變成復興社會黨的迫害對象，不得不轉入地下，東躲西藏；在科威特，就在英國人的保護之下發育成熟，最後還跟其他的部落酋長達成了憲法協議，建立起一個差強人意的自治國家。這個國家跟歐洲的近代民族國家相比的話可以說是層次很差，但是你如果要跟列寧主義的阿拉伯復興社會黨建立起來的那些國家相比的話，那你就可以說，薩巴赫家族的君主國還是勉強可以的。薩巴赫家族再怎麼搞寡頭政治，也就是跟其他的各大家族搞幕後安排，動不動就解散國會或抓幾個人，鎮壓一下遊行示威，但是像阿拉伯復興社會黨那種國民黨級別的不斷鎮壓、不斷流血在科威特是不存在的。

因此，科威特本土的自發秩序，在經過英國殖民主義的保護以後，也就得到了比在沒有英國殖民主義的情況下更好的發展機會，能夠長得比原來更高更大了。在原先本來只能夠長到野草那個高度的自發秩序，在英國殖民主義的統治之下就可以長到灌木叢那個高度了。儘管灌木叢跟歐洲的森林相比仍然是矮了一點，但是任何成果都沒有絕對的好壞，你只能互相比較，現在的最好也不一定就是將來的最好。像薩巴赫家族代表的這種土豪模式，可以說就是英國經驗主義模式在阿拉伯和伊斯蘭世界的體現，正如香港在東亞的發展。但是英國經驗主義模式在歐洲、在英語國家不假借任何外力就能夠自然而然發展起來，但在中東和東亞就必須要假借外力。中東的自發秩序若沒有英國殖民者的保護，就像是海珊統治下的巴斯拉；有英國殖民者的保護，那就像是科威特、巴林和阿聯酋。同理，東亞沒有英國殖民者的保護，就像是北京和南京；有英國殖民者的保護，那就像是上海租界和香港。這也就充分地表明了，第一是英國殖民保護的重要性，第二就是儒家自發秩序的薄弱性和脆弱性。

近代的阿拉伯聯合大公國從性質上來說，就是英國經驗主義民族發明在中東的體現，它跟薩巴赫家族的科威特本質上是相同的，而跟列寧主義模式的伊拉克和敘利亞則是非常不同的。我們回顧一下部落時代的阿拉伯是怎樣一種情況。顯然，阿拉伯半島在伊斯蘭教所說的蒙昧時代，也就是部落和城邦的時代，它是一個多中心化的體系。有麥加這樣的商業城邦，還有很多連商業城邦都沒有形成的部落。部落在商業城邦當中也起了很大的作用，因為正如上一節提到的，部落並不一定是指沙漠上趕羊趕駱駝的遊牧部落，而是一種法律身分以及政治組織。像麥加這樣的商業城邦，它的居民儘管是以經商為主的，但是他們的組織從法律上講仍然是原來的部落組織。例如像阿拔斯家族跟伊朗的貿易就有特殊關係，伍麥葉家族跟敘利亞的貿易就有特殊關係。穆罕默德傳教的時候跟伍麥葉家族打仗，關鍵的因素就在於，穆罕默德及其追隨者在麥地那建立的那個共和國正好卡住了麥加這個商業共和國通向東羅馬帝國敘利亞的那條關鍵商路。因此阿布．蘇富揚和他的盟友就感到，如果不把麥地那的穆罕默德和他的盟友拔掉的話，他們通向敘利亞這條發財致富的道路就無法暢通，因此他們就不得不集結盟軍來圍攻麥地那了。

通常那些在沙漠上或四處活動的遊牧部落，他們沒有組織城邦，發揮的作用比較接近於近代的海盜貿易者，因為沙漠在歷史上發揮的作用跟海洋是非常相同的。第一，它是一個貨物和資訊的快速流通通道。這個通道的載體，在海上是船隊，在沙漠上是馬隊或駱駝商隊。但是無論如何，船隊、馬隊或駱駝商隊，在海洋和沙漠上活動的速度，都比其他地形上徒步活動的速度要快得多。第二就是他們有一定的組織度。他們是運著貨物從一個港口走到另一個港口的，例如從上海到阿姆斯特丹是船運，而從麥加到大馬士革則是駱駝商隊。駱駝商隊出了麥加進入阿拉伯沙漠，然後出了沙漠進入大馬士革，這個過程就像是船隻出了阿姆斯特丹進入海洋、然後再出了海洋進入上海是一樣的。敘利亞的大馬士革和伊拉克的庫法這樣的城市，它們的地點都恰好在沙漠和平原的接壤地，起的作用就跟上海和阿姆斯特丹是一樣的。上海和阿姆斯特丹的重要性是什麼呢？它們是大陸和海洋的接壤地。而大馬士革和庫法呢，則是沙漠——也就是固態海洋跟平原的接壤地。另一方面，像布達佩斯和北京這樣的城市，它們是什麼呢？它們是歐亞大草原和平原的接壤地。也就是說，駱駝商隊從大草原裡面運來的貨在哪兒卸貨呢？在張家口和北京這樣的地方卸貨，就跟海洋上的船隻運來的貨物要在上海和廣州卸貨是一個道理。大草原和大沙漠發揮了海洋的作用，而駱駝商隊發揮了船隊的作用。

阿拉伯沙漠上的部落，即使不是所有的部落，至少也是許多部落和最重要的部落，發揮的就是武裝商團在海洋上的作用。而且他們跟武裝商團還有另一個非常相似的特點，就是他們是海盜貿易者。他們既是生意人，又是海盜或強盜。什麼時候是做生意買東西，什麼時候是來搶的，那要看具體情況。說白了就是，能夠搶的時候我就搶，搶不動的時候我就買賣，這兩種身分是隨時發生轉換的。我們所謂的近代資本主義，跟武裝商團或海盜貿易的關係極其密切，而且是自古以來。早在荷馬史詩的時代，忒勒瑪科斯（Telemachus）[8]的神話中間就有這樣的情節。熟悉希臘神話的人都知道，他是特洛伊戰役的希臘英雄、足智多謀的奧德修斯的兒子。奧德修斯常年外出不回家，他的兒子忒勒瑪科斯就航海出來找他，一路上就經過了很多地方，留下了很多傳奇故事。經過一個島國的時候，島上的國王（或是首領或酋長，這三個詞是沒有什麼區別的）招待他的時候就問了他一句話：請問你老人家是海盜還是商人？如果現在的人問這句話，或許會以為這是一種侮辱，但是從上下文來看，顯然不是。這位國王其實對客人是很尊重的，他問這句話只是隨隨便便地問。他顯然招待過很多客人，而且在他心目中，來來往往的

沙漠貿易中的商人與強盜　圖為瑞士畫家皮爾尼（Otto Pilny）創作於二十世紀初的作品，標題為《沙漠貿易》（*Trading in the desert*），但圖中人物的互動卻暗示了其強盜行徑。本書作者認為，往來於沙漠或海洋貿易路線的武裝商隊，在個別情況下將會轉換角色，成為劫掠其它商隊的強盜或海盜。

客人當中有很多都是海盜貿易者，而且海盜和商人這兩種職業都是很體面的，都是對他的島國有好處的。商人賣來了各種各樣珍奇的貨物，對他們的島國在經濟上是有好處的。海盜把他搶來的貨物在這裡便宜出賣，跟走私商人把他們逃關稅逃來的貨物廉價出賣是差不多的。島民才不會管你的貨物是走私來的、自由貿易來的還是搶來的，反正在我們這裡賣對我們都是有好處的。這在古代世界是非常普遍的現象。阿拉伯沙漠的規模沒有歐亞大草原那麼大，但是在阿拉伯沙漠上活動的部落經常也是這樣的。他們有他們的騎士精神，也有他們的商業精神，他們是海盜貿易者。

海盜貿易者是依靠習慣法來維持的，跟歐亞大草原上的各部落是一樣的，他們會自己根據自己的商業習慣或各部落之間的戰爭習慣，產生各種各樣的組織部落的和各部落之間相處的習慣法。後來成吉思汗主持編纂的《大札撒》[9]，其實你可以想像，大多數並不是成吉思汗一個人拍腦袋想出來的，而是在蒙古高原上的各部落長期征戰和貿易當中形成的許多習慣法規範。成吉思汗本人作為一個大軍事家和征服者，可能把他自己的戰爭經驗和統治經驗加了很多進去，但是不可能全都是他加進去的，這裡面必然有很多早在成吉思汗出生以前，蒙古部落就習以為常、大家都是這麼幹的習慣法，然後成吉思汗也把這些習慣法和他本人自己制定的這些法律放在一起，變成了成吉思汗的《大札撒》。同樣，穆罕默德及其繼承者創建的伊斯蘭法，情況也是這樣的。它們有一部分可以說是穆罕默德和後來的哈里發作為立法者、為了他們自己的政治需要和宗教需要增加進去的，但是其中必然包含了很多阿拉伯部落原先就有的習慣法。而在這些習慣法當中，戰爭和商業的習慣法必然占據了很大的比例。同時，在穆罕默德去世以後和最早的哈里發國家解體以後，這個過程並沒有中斷。

跟很多人的說法相反，並不存在說伊斯蘭教具有一種什麼神奇的魔法，造成某地方一旦皈依了伊斯蘭教，以後就再也無法脫離伊斯蘭。這個神話，就我現在瞭解到的情況來看，肯定是中文世界的伊斯蘭教反對者和誹謗者捏造出來煽動恐伊斯蘭教情緒的。不要說是別的地方有很多先例，例如西班牙和巴爾幹國家在民族發明的過程中間便實現了相當大範圍的去伊斯蘭化，就算是伊斯蘭教發源地的阿拉伯半島，在穆罕默德和四大哈里發去世以後，伊斯蘭教諸帝國的重心向北移動到大馬士革、庫法和巴格達以後，阿拉伯半島這個「伊斯蘭母島」都逐漸開始自發性地去伊斯蘭化。以至於在近代的沙烏地阿拉伯王國興起的前夕，其重要的支持力量瓦哈比教派⑩便認為，現在我們不發動聖戰是不行了，再不發動聖戰的話，大家都要重新變成異教徒了。此外，有許多阿拉伯沙漠上的貝都因部落，在被核心地區大馬士革、開羅和巴格達的伊斯蘭教帝國遺棄、又重新變成三不管地帶以後，那些部落當中又有很多像穆罕默德出世以前，恢復到了原來的多神教傳統上去。

我們知道在穆罕默德以前，阿拉伯半島上居住著大量多神教徒。像麥加的黑石，原來就是多神教崇拜的一個偶像，除此之外還有很多例如崇拜星星、月亮和各種物神的人。現在這些各式各樣的多神教崇拜在十七世紀、十八世紀又重新回來了，以至於創造了沙烏地阿拉伯王國的那個瓦哈比教派作為伊斯蘭基要主義的主要支持者深深感到，如果不發聖戰的話，伊斯蘭教在自己原先的老根據地就要保不住了。請問這些現象是怎麼樣產生的？答案當然是，自發秩序。黑社會是自發秩序，部落秩序也是自發秩序。一神教需要有自己的阿訇，有自己的神學家，可以說它需要有一個比較豐厚的秩序資源。而一個部落如果長期比如說遠離商道，變得很貧窮，跟商業中心的交流變得很少，也很少有比較高檔次的神學家來到他們這裡，那麼原先看上去好像已經消失了的那

⑦ 即廣州商團事變。西關是當時廣州市最富裕、人口最繁密的區域，廣州商團總部設於此地。一九二四年一月，國民黨一大召開，孫文制定聯俄、容共、扶助工農等三大政策並組織軍政府，對廣州進行各種加稅，引起廣州商團和地方勢力的不滿而進行罷工罷市，並在十月爆發武裝衝突。在孫文指示下，蔣介石指揮國民黨軍隊鎮壓西關，造成大量傷亡及財富損失。廣州軍政府及後來的國民黨歷史將這次事件描繪為一次反革命叛亂，又稱廣州商團叛亂。

⑧ 忒勒瑪科斯（Telemachus）。古希臘神話英雄，他的父母為奧德修斯與潘妮洛普。奧德修斯參加特洛伊戰爭後二十年未歸，忒勒瑪科斯在女神雅典娜幫助下歷盡艱辛而尋見父親，並協助父親將圖謀不軌者予以清除，其過程見於古希臘史詩《奧德賽》。

⑨ 《大札撒》（Yassa），即《成吉思汗法典》，是世界上第一套應用範圍最廣泛的成文法典，同時也是世界上最早的憲制文件，於一二〇六年由蒙古帝國的成吉思汗頒布實施。其法典條文源於蒙古的口傳傳統與部落習慣法，分開行政權及司法權，建立了一套有部落民主色彩的君主政體制度。

些巫師或迷信崇拜之類的又自然而然會露頭。露頭的原因，就像是野草在沒有人除草的情況下自然會長出來那樣。

原先的伊斯蘭世界，比如說如果一個地方看上去像是異教傳統已經不復存在了，那是因為它已經產生了一個跟伊斯蘭教在意識形態、政治利益和經濟利益都休戚相關的精英階級，例如像教法學家階級。教法學家是靠什麼吃飯的呢？王陽明和左宗棠是靠什麼吃飯的呢？當然是靠儒家的經典吃飯的。如果大家都不信孔孟之道了，請問誰還來聽王陽明老先生講學呢？誰還肯跟著左宗棠左先生打仗呢？他們自然而然就變成毫無影響力的窮光蛋了。無論他們從自身的信仰出發還是從自身的利益出發，他們都是不高興孔孟之道步向衰亡的。那麼伊斯蘭世界的教法學家，無論我是學了哈乃斐學派的學問，還是學了罕百里學派的學問，還是其他什麼學派的學問，我必然是不願意伊斯蘭教衰亡的。有我在，我就自然而然要四處弘揚伊斯蘭教的道理，說服我的教民，伊斯蘭教的真理給他們提供秩序性質的服務，為他們排憂解難。他們需要上學的時候，我作為知識分子要給他們伊斯蘭教的教育。他們有糾紛的時候，我作為伊斯蘭教法的闡述者，要為他們主持公道。這樣我們之間互動的結果就是，社會上的普通人繼續是伊斯蘭教徒和穆斯林，而我作為伊斯蘭教徒的精英分子，不但有混飯吃的位置，而且我作為精英階級還比普通的穆斯林混得更好一些。我是阿訇，我是穆夫提，我是教法學家，那麼我必然會比普通的穆斯林地位高。就好像說是，我是儒家學者，就必然會比不識字的普通的鄉民地位高。只要有儒家學者在的話，那麼他們是不會讓大家隨隨便便去拜什麼亂七八糟的、孔子所謂的怪力亂神的。有伊斯蘭教學者在的地方，他們也不會讓你去拜星星拜月亮。

但是如果一個地方生活很不安定，很窮困，遠離主要商道，跟主要文明區隔離得太遠，而且生活方式就是一天到晚在沙漠上跑來跑去，居無定所，而且不斷地搬運，你要建立一個固定的學校或是建立一個固定的莊園都沒有辦法的地方，今天跟著駱駝商隊住在這個地方，明天跟著駱駝商隊又跑到別的地方了，日子過得非常辛苦，而且大多數人都不識字，你這個識字的人想要保持教育的傳統、想要把自己的《古蘭經》和大批著作帶上都很成問題。你要做一個伊斯蘭教學者，你需要的是什麼？當然就是需要書，你需要有《古蘭經》，還需要有歷史上很多著名伊斯蘭教學者的著作給你參考，同時你還需要跟開羅、大馬士革、君士坦丁堡那些地方著名的伊斯蘭教學者有一定的交流才行，要不然你自然就會漸漸退化成鄉下土佬，你自己的兒子都可能不識字了。但是你騎著駱駝、帶著這些書走，或是你的部落又在特別荒僻的地方，要跟這些地方的學者保持聯繫很困難，那麼可想而知，你必然就一代不如一代了。你的祖先可能是跟穆罕默德一起混過的，但是你的重孫子的重孫子可能就會認為，駱駝上能夠帶走的東西自然是越少越好，越輕裝上陣，在打仗的時候就越方便，最後大家能夠扔的東西都扔了，實在捨不得扔的也只剩下一本《古蘭經》了。

最後比如說在某一次意外事故當中，一位老阿訇突然得疾病死了，或在戰爭中被別人打死了，他的徒弟還沒有練出來，剩下的人沒有一個識字的，沒有一個人懂阿拉伯文，剩下的那本《古蘭經》帶著也沒有用，在下一次搬家、能少帶東西就要少帶東西的時候就被扔掉了。然後這個部落就沒有一個識字的人，沒有一個能夠講伊斯蘭教法的人。再過兩、三代人，這個部落就重新回到穆罕默德以前的那種蒙昧時代的狀態當中去了。但是他們還活著，他們還要再結婚，還要有孩子不斷在出生，那麼新出生的這一代孩子沒有受過正規的伊斯蘭教教育，也沒有一個教法學家來教他們，他們會怎麼樣呢？他們自然而然就會像伊斯蘭教誕生以前的那些原始部落民那樣，他們會崇拜太陽月亮，或是洪水暴風，崇拜那些看上去很可怕的、具有威脅的自然神。在他們自己戰爭和貿易的過程中間，自然就會崇拜什麼公正之神、財神之類的神，或是崇拜勇士之類的戰神。這個狀態也是一種自發秩序，他們自然而然就會形成一種類似於荷馬史詩描繪的那種狀態，大家都是打仗的勇士，可能在戰爭中劫掠財富最厲害的勇士、運氣最好的勇士被大家崇拜，他們所拜的祖先或其他什麼勇士之類戰神，也會受到大家崇拜。這樣一來，過了幾代人以後，遠方又來了什麼行腳僧人或什麼瓦哈比派的信徒，他們就可怕地發現，在離穆罕默德老家不遠的地方，這些部落原來已經恢復到蒙昧時代的多神教崇拜之中了，他們自然要感到痛心疾首，覺得第二次傳播伊斯蘭教是在所必行的。

其實這種現象哪怕在巴格達和大馬士革也是存在的。無論是基督教、伊斯蘭教還是其他什麼高級宗教，它們籠罩得住的其實也只是中產階級以上的社會。例如，你認真考慮，在最發達的基督教西方國家，例如說是在美國，這樣的國家真會沒有算命先生、沒有占星術士嗎？顯然不會。你到亞馬遜上面去找，各種怪力亂神的圖書，講占星術的圖書、講什麼巴比倫神話的圖書之類的，車載斗量。紐約就有上千個算命先生開壇設教。有許多身為基督徒的社會名流，在遇到疑難雜症的時候也要去找占星術士排一個黃道吉日，算算哪一天辦什麼事情是合適的，哪一天是諸事不宜。有些小報還說是，前總統雷根的夫人南茜就很信算命先生。她丈夫雷根總統在遇刺那天，本來有一個算命先生說當天是諸事不宜，她不信，結果雷根果然遇刺了。以後她就相信了，凡事都要去找算命先生請教一下。算命先生說不是黃道吉日，她就要給她老公——堂堂的美國總統吹枕頭風，告訴他不要這樣不要那樣。這個故事說不定是有人為了汙衊雷根總統編出來的，但是即使是在新教傳統非常深厚的美國社會，迷信也並沒有消失，這是肯定的。

例如阿帕拉契山脈那些窮困孤立的山民，那些跟新英格蘭地區的知識分子離得很遠的山民，他們就有很多迷信習俗。比如說，吐一口唾沫可以祈吉祛凶，以錯誤的角度看到新月、看到月牙就會運氣不好等傳說。這些迷信學說按照基督教的原理來說當然是不對的。如果有基督教的飽學之士，一個飽學的長老會牧師或其他教派的牧師，跑到那些山區去，他們的感覺也必然會像是瓦哈比派到了阿拉伯沙漠一樣：「真沒想到在我們基督教國家的腹地居然有這些人，退化得跟異教徒差不多了。我感到在道義上這是我的責任，我回到紐約以後一定要跟我們紐約的長老會的弟兄們說一下，我們要籌一筆款，印刷一大批《聖經》，帶著《聖經》去啟迪這些處在蒙昧狀態的人們。要不然他們已經快要把《聖經》的道理忘光了，簡直就跟古代的異教徒一樣，在愚昧中生活，在愚昧中死去，有事情的時候不看《聖經》，不請教牧師，居然會按照拜星星拜月亮的方式來解決問題。」

這個過程其實在各地都是相當普遍的。比如在紐約的黑社會或下層居民當中，有很多人都是形式上有基督教的信仰，但是遇到危難的時候都要忍不住去找一找算命先生。五四運動的健將就經常說，明清那些儒家信徒表面上信的是孔孟之道，但是有事情的時候卻要翻開《太上感應篇》，要去找什麼算命先生和尚道士[11]。這是嘲笑他們的話，但是你可以看到，在社會上有一定社會地位的人尚且如此，普通的、最窮困的老百姓就更不用說了。所以，即使是在高級宗教最盛行、高級知識分子和牧師之類的神職人員一天到晚傳教的地方，低級的多神教和迷信都是沒有消滅乾淨的。我們從自發秩序的角度來看，這些迷信雖然相當原始，但其實也是自發秩序的一種。它們跟高級宗教爭奪信徒的鬥爭，其實就跟黑市商人跟資本主義企業爭奪消費者的競爭是差不多的。從自發秩序的角度來講，規範性很差的黑市商人和規範性較高的資本主義商人都是自發秩序的一部分；但國家計委和國有企業無論規範性多麼強，都不算是自發秩序。在宗教方面，情況也是這樣的。

像阿拉伯沙漠這樣的地方，有些地方像麥加，因為它是聖城的緣故，有大量的朝拜者，朝拜者維持了它的經濟，同時也維持了它的一個上層知識分子的產生機制。像阿曼蘇丹國、馬斯喀特蘇丹國[12]這樣的地方，因為它是印度洋貿易的樞紐，而且還有一個非常正規的蘇丹國建制，所以它也能夠維持一個高級宗教知識分子存在的狀態。在阿拉伯沙漠最窮困、最偏遠的地方，就真的

⑩ 瓦哈比派（Wahhabism），興起於十八世紀阿拉伯半島的內志（Najd，指高地）地區的原教旨主義運動，類似歐洲宗教改革後的清教徒運動，以其發起者穆罕默德．伊本．阿布多．瓦哈比（Muhammad ibn Abd al-Wahhab, 1703–1792）而得名，但其信徒一般自稱「一神論者」（Wuwahhidun），意即稱自己為唯一真神的信徒。瓦哈比派在教義上極端保守，信徒主要集中在沙烏地阿拉伯和卡達，也是前者的國教，全部王室成員都必需信奉瓦哈比派。

⑪ 出自魯迅，《准風月談》，〈吃教〉：「中國自南北朝以來，凡有文人學士，道士和尚，大抵以『無特操』為特色的。晉以來的名流，每一個人總有三種小玩意，一是《論語》和《孝經》，二是《老子》，三是《維摩詰經》，不但采作談資，並且常常做一點注解。唐有三教辯論，後來變成大家打諢；所謂名儒，做幾篇伽藍碑文也不算什麼大事。宋儒道貌岸然，而竊取禪師的語錄。清呢，去今不遠，我們還可以知道儒者的相信《太上感應篇》和《文昌帝君陰騭文》，並且會請和尚到家裡來拜懺。」

出現了我上面說的那種多神教復辟的狀態。而產生近代阿拉伯聯合大公國、巴林和卡達的波斯灣海岸地區，是介於兩者之間的地方：第一，它們是沿海地帶，是面對印度洋的地帶，所以它們也是一個貿易區，不像是沙漠內地的那些地方那麼荒僻，以至於退回到了多神教的那種地步；但是它們相對於馬斯喀特，相對於葉門（就是《聖經》當中產生了示巴女王[13]的那個葉門）那些繁華富裕的地方、那些主要商港來說，它們又是比較荒遠的地方，荒遠到這個地步，以至於比較成型的阿拉伯帝國或中型的蘇丹國都認為沒有必要來占領它。因此，它在阿拉伯諸帝國和奧斯曼帝國的統治時期，大體上來講像是朵顏三衛[14]在大明國的地位一樣，要麼就是名義上的藩屬，要麼連名義上的藩屬都不是，於是各部落的自發性組織得以延續。

他們在名義上還是伊斯蘭教徒，有些是遜尼派，有些是比較異端的教派。這些異端的教派，它們的教長是沒有經過正規的學派的教育的，而是當地部落自己選舉出來的。而名義上的遜尼派教長，雖然在師承方面仍然是遜尼派的，但是他們的產生方式也就沒有按照原先那種師徒傳授的方式，而是部落自己選舉出來的，也就是說帶有一點「野路子」的味道。師徒傳授那就是，比如說，哈乃斐學派就是阿布·哈尼法（Abu Hanifa）這個大學者創立的，他與他的門徒形成了一個類似王陽明的泰州學派那樣的團體。如果你覺得他對沙利亞教法的研究很有道理，那你就帶一點學費過來，請他老人家或大弟子教你。教上一定時間，等你學成出門，你自己就是教法學家了，然後你自己就再收新的徒弟，你自己的徒弟再收下一代徒弟，一代一代傳下去。然後如果有人問你，你解釋的沙利亞法為什麼會有道理，你就可以說，我的老師是張三，張三的老師是李四，李四的老師是王五，一路追溯上去，追溯到第一百八十代的祖師爺，他就是哈尼法他老人家。哈尼法他老人家，根據他的著作，他又是怎麼怎麼樣從穆罕默德本人的某個弟子那裡傳來的。請看，我們的學問這樣一脈相傳，你不能說我們不是真的伊斯蘭教，我們的學問都是有歷史依據和教法依據的。

但是如果你拍拍腦袋說，我也是沙利亞法學家，然後別人問你，你的老師是誰？他的師承何

⑫ 馬斯喀特蘇丹國（Sultanate of Muscat）建立於十八世紀中葉，為今天阿曼蘇丹國（Sultanate of Oman）的前身。今天阿曼的首都馬斯喀特位於阿拉伯半島的南端，是當地阿拉伯人於十八世紀驅逐葡萄牙商人和殖民者後，控制東非的桑吉巴島和斯瓦希里海岸的奴隸貿易而興起的海上帝國。一八三四年，馬斯喀特蘇丹薩伊德・本・蘇爾坦（Said bin Sultan, 1791–1856）遷都繁榮的桑吉巴島，馬斯喀特本土開始衰弱，引發十九世紀中葉的阿曼山區部落起義，領導者為阿曼伊瑪目亞桑・本・卡伊斯（Azzan bin Qais），他於一八六八年攻占馬斯喀特，但遭到英國援助下的馬斯喀特蘇丹國政府軍擊敗。自此馬斯喀特蘇丹國成為英國的保護國，直到一九七〇年才結束保護並改名為今天的阿曼蘇丹國。

⑬ 示巴女王（Queen of Sheba）據《舊約聖經》記載，在她統治下的示巴王國富饒而強盛女王，疆域涵蓋今天非洲東部的衣索匹亞及阿拉伯半島南端的葉門地區；她與所羅門王生活於相同年代，約西元前十世紀。

⑭ 朵顏三衛，由大興安嶺以東的兀良哈地區的蒙古部落所組成的明代軍區機構。起源於明代初期，兀良哈蒙古部落歸降於大明國後，後者於一三八九年（洪武二十年）設立了泰寧衛（今內蒙古洮兒河流域）、福余衛（今黑龍江省烏裕爾河流域）、朵顏衛（今內蒙古歸洮河流域與朵顏山地帶）。朵顏三衛的蒙古人長期附庸於大明國，為其提供軍事服務，與其他蒙古部落交戰；十六世紀後逐漸衰微，最終於明代末期通過婚姻或軍事征服歸併於各蒙古部落。

處？你們這一派跟先知是什麼關係？要是你一問三不知，什麼都說不出來，你就硬著頭皮說我就是伊斯蘭教法學家，那些正統派的人就會說，你是個賣野藥的，你連個師承都沒有，有什麼資格自稱教法學家？所以，有沒有師承是很重要的事情。而阿拉伯海岸地區的那些比較異端的教派和雖然是遜尼派、但是比較偏遠的遜尼派的由部落自己選出來的教法學家就有這個問題。比如說，他說自己是伊巴德教派[15]，這就是異端了。或就算他說自己是哈乃斐教派，但是別人要他說出師承的話他說不出來。別人要是問「你的教法學家身分是誰授予的」，他說：「我是我們部落裡面學問最大的人，我們部落的父老鄉親們合計了一下，推舉我作為我們部落的教法學家，所以我就是教法學家了。」別人就要問他：「但是巴格達的教法學家或巴斯拉的教法學家，例如西斯塔尼他老人家，他是有師承的。他的老師是誰，他的太老師是誰，他的太太老師是誰，他們寫了什麼書，他們的師承是什麼，都是有繼承的。但你的師承就是你的父老鄉親，然後你跟你的父老鄉親構成一個循環體系，你來當教法學家，把穆斯林的資格授予了他們，而他們作為穆斯林，選舉你做他們的教法學家，你們自己承認自己，這好像有點不對勁？」

但是另一方面，正因為他們自己的教法學家體系是自我授予的，所以他們跟依附於巴格達、巴斯拉、大馬士革或君士坦丁堡的教法學學派的相似程度是最低的。當奧斯曼帝國企圖通過資助教法學家建立學者會議這樣名義上是教法學家協商會議、實際上是蘇丹通過經濟資助的方式企圖控制教法學家的時候，他們受到控制的程度最少。例如，大明國的皇帝如果覺得王陽明老先生到處放言高論，或是東林黨的東林書院一天到晚議論時政，那麼辦法就只有兩種：一種辦法就是，我乾脆砍了你的頭，或是把你抓起來狠狠地抽一頓鞭子；第二種辦法就是，我拿錢給你，拿了人的錢嘴就軟了，拿了人的錢手就短了，你們東林書院拿了皇帝的錢以後，以後就很難再說皇帝的壞話了。你們學者都是缺錢的，需要別人資助你做學術事業，現在我皇上慷慨地資助你，你拿了我的錢以後，恐怕你就不好意思說我的壞話了吧，然後你的門徒也就間接得到了皇帝的好處了吧。阿拉伯半島或其他地方來的留學生到君士坦丁堡這個學術中心來留學，你們到學者會議這裡上了課，而你們的老師都是蘇丹資助過的學者，你們自然也就是間接地受到蘇丹的恩惠吧。蘇丹的政治影響力就通過這種方式自然而然傳遞出去了。

但阿布達比部落的教法學家，是部落自己產生出來的學者，他們沒有到君士坦丁堡去上過學，也沒有拿過蘇丹的任何好處。他們的效忠對像是誰呢？他們必然就會只效忠於阿布達比部落，他們不會效忠於土耳其蘇丹的。這樣一來，土耳其蘇丹的權力能夠輻射到麥加和麥地那，能夠輻射到馬斯喀特，但就是到不了阿布達比。因為麥加和麥地那的教法學家間接地曾經拿過哈里發兼蘇丹的好處，而阿布達比的教法學家只拿過本地部落酋長的好處，因此他們就必然是野性難馴、不服從奧斯曼帝國的領導。這樣一來，即使在奧斯曼帝國的全盛時代，他們也是化外之民。

他們的謀生之道就海盜貿易。他們既靠海又靠沙漠，他們可以到沙漠裡面去通過駱駝商隊做買賣或是搶劫，也可以到印度洋上去做買賣、搶劫或搞奴隸貿易。買賣的商品可能是珍珠或其他什麼土特產，可能是番紅花，也可能到非洲或馬來去販賣黑奴。這些都不重要，總之他們是武裝的商團，是自己養活自己的商團，因此他們就不買哈里發和蘇丹的賬。他們自己選擇出自己的教法學家給他們做司法解釋，當他們的法官和學校校長，他們構成了自我統治的體系。

然後正如我們所知的那樣，首先是葡萄牙人來到了印度洋，接著是英國的東印度公司。葡萄牙人來到印度洋的時候他們就會發現，他們的最大敵人是強大的奧斯曼帝國，

阿巴斯港的英國與荷蘭商業據點　圖為荷蘭東印度公司雇用的畫師於1704年繪製的阿巴斯港口，具體呈現了懸掛英國與荷蘭旗幟的商業據點與船隻。阿巴斯港最初由葡萄牙人建立，在17世紀後被波斯當地政權收回，但因位處重要的戰略與經濟要道，長期以來持續為歐洲人控制。

而任何跟奧斯曼帝國作對的力量，無論是伊朗的阿拔斯大帝，還是阿布達比這些酋長，由於君士坦丁堡的哈里發兼蘇丹以伊斯蘭教帝國的最高統治者自居，總想把所有伊斯蘭教地區都征服了，因此這些在伊斯蘭教勢力範圍、但是總想保留自治傳統的各路諸侯和部落酋長總想尋找一個跟君士坦丁堡作對的力量。現在葡萄牙人一來，於是他們就紛紛投入葡萄牙人的門下。葡萄牙人在東方，首先就跟伊朗的阿拔斯大帝達成協議，在波斯灣建立了一個阿巴斯港（Bandar Abbas）⑯。葡萄牙人得到了巴林，在巴林建立了貿易據點，後來這個貿易據點落到英國人手裡面。同樣，阿布達比和今天的阿聯酋地區——也就是阿拉伯半島面臨印度洋的這一條長條形海岸的各路酋長，

⑮ 伊巴德派（Ibadi）是伊斯蘭教僅次於遜尼派和什葉派的第三大教派，主要分布於阿拉伯半島南部以阿曼為主的地區。遜尼派注重現政權的穩定，所以尊崇在政治上主要掌權的歷任哈里發；什葉派注重穆罕默德的血統，尊崇第四任哈里發、先知穆罕默德的堂弟及女婿阿里（Ali），以及阿里的直系後裔。而伊巴德派尊崇先知穆罕默德及前兩任哈里發巴克爾（Abu Bakr）、歐瑪爾（Omar），認為他們執政時期是伊斯蘭的最理想時代。伊巴德雖然在教義和政治主張上較接近遜尼派，比如兩派都主張哈里發須經協商選舉產生，但遜尼派堅持哈里發必須出身麥加的古萊什氏族（Quraysh），而伊巴德派則認為任何穆斯林只要具備能力並能維持公正的，都有被選為領袖的權利。

⑯ 阿巴斯港（Bandar Abbas），位於伊朗南部波斯灣荷姆茲海峽（Strait of Hormuz）沿岸的港口城市，位處波斯灣中部的交通要道，十六世紀被葡萄牙人占領後逐漸發展成當地的商業與軍事重鎮，十八至十九世紀期間曾被阿曼人的海上帝國控制，是今天伊朗海軍的主要基地。

也做出了相應的政治選擇。既然我們是奧斯曼帝國的敵人，奧斯曼帝國老想征服我們，那麼能夠跟奧斯曼帝國抗衡的力量就是好人和我們的天然盟友。於是他們首先投靠了葡萄牙人，然後在葡萄牙人的衰落以後投靠了英國東印度公司。

英國東印度公司願意用他們的艦隊來保護這些酋長免遭哈里發兼蘇丹的進攻，也是有他們現實利益需求。從英國和歐洲到印度的航線是非常漫長的，途中需要有停靠下來休息的地方，需要有補充淡水的地方，需要有補充煤炭和木柴的港口。如果可能的話，還可能臨時做做買賣，買賣什麼龍涎香、沒藥、香料和各種土特產。所以，從英國南下，經過葡萄牙，經過西非海岸，經過南非海岸，經過東非海岸，通過桑吉巴到阿拉伯半島，然後到印度的喀拉拉和果阿，這一路上需要有一連串的停靠地點。這些地點最好是掌握在英國人或葡萄牙人的友好勢力手裡面，至少不能掌握在敵對勢力的手裡面。為了避免這些有價值的停靠地點落到敵對勢力的手裡面，值得給他們一些援助。援助可能是金錢，例如這些地方的諸侯、小國國王、部落酋長之類的在需要錢的時候，英國東印度公司或英國政府可以給他們一筆貸款。或是，在他們面臨奧斯曼蘇丹征服的情況下，東印度公司可以把歐洲的一些先進武器提供給他們，他們拿了這些先進武器以後就能夠以少勝多，抵住奧斯曼蘇丹的入侵了。

從十七世紀以後，當地的部落組織依靠葡萄牙人和英國人的援助，不斷地抵抗奧斯曼帝國的侵襲。最後在十九世紀，英國人把原先東印度公司跟這些部落的商業協定變成了正式外交上的保護協定，由維多利亞女王與大英帝國承擔保護這些部落的責任，而這些部落有義務為英國人提供加煤站和加水站；而英國政府也提供這些部落的酋長一定的年俸或津貼，讓他們有了固定收入。當時石油還沒有發現，所以依靠商業貿易的部落酋長都不是非常富裕的，英國政府提供的這些津貼對他們來說就很重要了。他們依靠英國人的津貼和補助，首先就能夠抵抗奧斯曼帝國的進攻，然後在瓦哈比派這樣的教團武裝開始興起的時候，他們才能夠抵抗沙烏地阿拉伯王國國的進攻。否則他們的國家跟沙烏地阿拉伯王國離得這麼近，在瓦哈比派興起的過程中間是很容易被吞併的。

這種模式一直維持到近代英國人開始撤退的時候。英國人在撤退的時候就需要考慮善後安排了。在遠東，這種善後安排就體現為馬來西亞聯邦。這些小的部落國家或酋長國跟英國人簽署的協定本來就是單獨簽署的，英國人只負責在外交上和軍事上保護他們，財政上提供援助，但是並不干涉他們的內政。也就是說，你們部落原先用部落習慣法，沒問題，你們繼續用；用伊斯蘭教某一個教派的教法，沒問題，你們繼續用。我們英國人在你們這裡停靠，只是我們英國的僑民社團用英國的普通法，我們各人玩各人的。如果你們酋長的子弟覺得英國的普通法很好，願意到牛津大學或英國其它地方去留學，學一點普通法，沒問題，你自己願意就好，我們不來強迫你們。

你們的部落民願意到我們的法庭來打官司，愛來不來。就是這樣，各人用各人的法庭，我們不來管你。英國人跟這些部落簽署的條約也是單獨協議。我跟阿布達比的酋長簽一個條約，這跟杜拜沒有關係；跟杜拜的酋長簽一個條約，這跟卡達沒有關係；跟卡達的酋長簽一個條約，這跟巴林沒有關係。這樣自然而然經過幾百年的相互接觸，這些地方的酋長國內部都形成了多元的司法體系，形成了很多種不同的教派法庭。它們有些在名義上是習慣法的法庭，有些在名義上是沙利亞法某一派別的法庭，但是實際上都在不同程度上受到了普通法的滲透，變成了混合法庭。原來的部落傳統也是，我是哪個部落的人，就用哪個部落的法；我是哪個教派的信徒，就用哪個教派的法。本來他們的司法傳統就是多元的，而英國普通法的司法傳統也是多元的，兩種多元傳統混合的結果就是產生了幾十種甚至更多種的各種不同性質的司法自治。英國人對這些事情是置若罔聞的，而各部落酋長除了收費方面的考慮以外，對他們來說也是聽之任之的。

然後等到二十世紀的六〇年代，英國人快要撤退的時候，他們認為既然其他地方都已經紛紛建立國家了，那麼英國人對自己原來保護的這些沒有正式國家形態的部落組織需要負一點道義上的責任。如果比如說伊拉克都已經建國了、埃及都已經建國了、而你們還是部落酋長的話，那麼沙烏地阿拉伯或埃及必然會向你們提出領土要求，正如伊拉克人已經對科威特提出領土要求了。如果英國人不讓科威特建國的話，那麼英國人前腳走，科威特就會像香港被中國吞併那樣被伊拉克吞併。於是英國人就考慮，能不能把你們扶起來建立一個自治國家。於是在科威特，正如我們前一講所講的，就把薩巴赫家族跟其他各大家族聯合起來召開一次制憲會議，看你們能不能達成一個協議。如果你們無法達成協議、實現不了有效統治的話，那麼估計英國人就像在香港那樣拍拍胸口走人，讓伊拉克人統治你們算了。但是他們的政治德性和組織能力還是比較高。當然這是因為，奧斯曼帝國的統治是不到縣一級的，而大清帝國的統治是到縣一級的。所以，科威特的埃米爾一開始在奧斯曼帝國統治下的組織能力，就比大清帝國統治下的廣東商人和宗族長老的組織能力要強一些。所以，英國人在離開香港的時候就發現，香港那些商會或民間團體沒有能力達成一個憲法協定，組織成一個類似議會或長老會議這樣的組織，成立一個哪怕是埃米爾國這樣的政治實體，所以就沒有辦法，只能交給中共了；而在科威特他們就發現，這些部落酋長過去能夠為奧斯曼蘇丹打一仗，現在他們也能夠搞出一個憲法協定出來，雖然組織不起高級的國家，但是組織一個埃米爾國還是綽綽有餘的，那麼我們就讓你們這個埃米爾國獨立，跟英國組成聯盟，阻止伊拉克人南下。

在阿拉伯聯合大公國的情況也是如此。英國人把杜拜、阿布達比的酋長、還有卡達、巴林的酋長——總之是九大酋長國的代表組織起來，召集了一次制憲會議（一九七一年）。討論一下，英國人快要走了，你們將來的下場是像馬來西亞聯邦那樣還是像香港那樣；如果你們像馬來亞各路蘇丹那樣能夠達成協議，共同組成一個馬來西亞聯邦，以後就是一個獨立國家了。英國人把主權移交給你，你就不用擔心馬來西亞共產黨來吞併你或是印尼的蘇卡諾[17]來吞併你。當時印尼的蘇卡諾也像是蔣介石對香港、海珊對科威特那樣，很想說馬來西亞自古以來就是印尼的一部分。而且這是有歷史依據的，像爪哇的麻喏巴歇帝國[18]是統治過馬來亞的，奧斯曼帝國也是統治過科威特的，大清帝國當然也是統治過香港的。所以，歷史依據算不算數，關鍵在於你香港的土豪自己是否能夠形成一個准政權，而馬來西亞的各路蘇丹就能形成一個准政權，科威特的埃米爾也能形成一個准政權。

你從頭銜就可以看出，「埃米爾」可以翻譯為「國王」，也可以把它翻譯成「太守」或「節度使」，但是無論如何，他至少是一方諸侯；而「蘇丹」，當然就是一個小國的國王，或至少也是一個半獨立國家的節度使。而香港的最高級別的政治組織是什麼呢？那就很可憐了，最高級別的政治組織就是大律師公會或是一些小小的准政黨這樣的東西。馬來西亞的情況也是這樣的，穆斯林方面有蘇丹，有像拉赫曼首相這樣受過英國普通法教育的大律師，有現成的英國法的伊斯蘭教法庭，而華人這一邊呢，最高級別就是出一個馬華公會，雙方的組織能力不對等。你要說馬華公會的會長就是一個國家的元首，有點說不過去，他畢竟只是一個商會的會長；但是你要說蘇丹或埃米爾是國王，都完全可以說得過去。所以香港能被中共一口吞下，而蘇卡諾卻吃不下來馬來半島，這是有歷史脈絡可循的。伊斯蘭教社會的部落酋長、蘇丹和埃米爾的組織度和秩序生產能力，就是要比「坎通尼亞」或閩越的商會會長或工部局局長要高一級。所以，上海被國民黨一口吃下了，香港被共產黨一口吃下了；而馬來的那些蘇丹，你說他們「望之不似人君」、完全沒有資格跟丹麥國王或瑞典國王相比，這是事實，他們跟歐洲的國王沒法相比，但是他們就是比那些馬華公會或廣肇公所的會長要強。有他們在，馬來西亞的穆斯林政權就不會被印尼、共產黨或國民黨一口吞下了。

而波斯灣海岸地區的那些酋長們，至少是有科威特的薩巴赫家族那種組織能力，而且從各種

⑰ 蘇卡諾（Sukarno, 1901–1970），印度尼西亞民族獨立運動的領袖及首任印尼總統。一九五九至一九六六年間兼任印尼總理，不料卻因為親共立場被推翻，一九六七年起被軟禁直到死去。在一九六〇年代，左傾的蘇卡諾扶植印尼共產黨的興起；一九六四年五月，蘇卡諾因為反對馬來西亞建國，宣布對新成立的馬來西亞發動馬印對抗，他支持以馬來華人為主的共產黨游擊隊對抗當地勢力與英國軍隊，導致印尼在一九六五年至一九六六年之間短暫退出聯合國。

⑱ 麻喏巴歇帝國（爪哇語：Madjapahit；馬來語：Majapahit），此漢譯名稱出自於《元史》，《明史》稱為「滿者伯夷」，一二九三年開國君主羅登．韋查耶（Raden Wijaya）擊退入侵的元軍後建國，是位於今天印尼東爪哇島的一個印度教王國，在十四世紀的強盛時期其統治疆域包括馬來半島南部、婆羅洲、蘇門答臘和峇里島，直到一五二七年被信奉伊斯蘭的淡目國（Sultanate of Demak）征服。

跡象看，他們的組織能力還要更強一些，因為他們能夠開一個像美國制憲會議那樣的談判會議，形成一個多元複合聯邦。這個聯邦是自願加入的。有一個小邦開始的時候像美國的羅德島一樣不肯加入，一定要像卡達和巴林那樣獨立建國，於是阿布達比和杜拜這樣的大國也同意讓他們獨立建國。儘管杜拜是最有錢的，阿布達比是人口最多的，這兩個邦加起來比其他的五個邦勢力還要大，但是他們仍然能夠建立聯邦。荷蘭的情況也是這樣的，荷蘭和澤蘭兩省比荷蘭的其他各省加在一起，人口和財富還要多，但他們仍然能夠組成聯邦。這就是政治德性的表現。建立阿拉伯聯合大公國的制憲會議，原來是九個酋長國聯合召開的，但是卡達和巴林談不妥，他們認為他們更有錢一些，不

杜拜的帆船飯店　位於杜拜的帆船飯店，亦名為「阿拉伯塔」（Burj Al Arab），於1999年正式開放，其外型源自於阿拉伯式的單桅帆船（Dhow）的三角帆，呈現出阿拉伯歷史上的海洋貿易傳統，也是現代阿拉伯聯合大公國穩定且繁榮的具體象徵。

願意資助那些比較窮困的地方，於是他們獨立建國，其他七個邦也就聽之任之；七個邦當中有一個小邦是先退出又加入了，其他六個邦也是聽之任之。

今天的阿拉伯聯合大公國是一個非常正統的聯邦國家，聯邦的程度相當於南北戰爭以前的美國，比南北戰爭以後的美國還要更聯邦一些。可以說，阿拉伯聯合大公國的中央政府只是一個榮譽職務，大多數權力都在各邦的。像阿拉伯聯合大公國的憲法法庭，它只管得了五個邦，有兩個邦不承認，那麼終審權就只到他們各自的邦。即使是憲法法院能夠管得到的五個邦，各邦也有各邦自己獨立的司法體系和立法體系，一般性質的案件都是本邦自己的司法體系處理的，而自己的司法體系也容忍各教派和各部落自己原有的司法體系繼續運作。所以，阿聯酋領土雖然不大，但是論組織的豐富程度的話，卻比埃及、敘利亞這樣的大國要豐富得多。埃及、土耳其這樣的大國，國家層面上接受了法國式的民法典，不容許民辦法庭存在，雖然民辦法庭以地下、半正式的方式仍然存在；而阿聯酋則承認所有的民間團體都有權產生自己的民辦法庭，所以它是像中世紀的歐洲那樣，它的司法是無限多元的。

至於你願意不願意承認它的憲法法院體系，甚至你願意不願意加入阿拉伯聯合大公國的郵政體系，都是你可以自己說了算的。阿聯酋的國家郵政體系和政府實際上是只管得住阿布達比和杜拜這兩個地方的，其他各邦其實都是自己管自己的。有的時候願意參加兩年，然後隔上十幾年又改變主意重新退出了，那也就退出了，始終處在這種不穩定的狀態。它很像是南北戰爭以前的美國和拿破崙戰爭以前的荷蘭聯省共和國。名義上是一個聯邦，但是各邦自己的法律都不一樣。荷蘭的法律跟其他內地各邦的法律非常不一樣。你不要以為阿姆斯特丹簽署的條約在其他各邦都可以實施，那完全不是這樣的。所以論習慣法的豐富度的話，阿聯酋還有巴林，在整個伊斯蘭世界和阿拉伯世界都是排第一的，它們既有伊斯蘭的法庭，也有非伊斯蘭的法庭；在伊斯蘭教法庭當中也是遜尼派、什葉派的各個法庭都有。另外也有英國式的普通法法庭，也有某些開明改革家酋長從法國和瑞士引進的法國民法典系列的法庭。

這樣做造成了什麼結果呢？就是多元化的阿拉伯拉聯合大公國始終免疫於列寧黨統治過的伊拉克和敘利亞那種狂熱的教派活動。我們都習慣性地以為伊斯蘭世界是恐怖主義橫行的地方，但是阿聯酋和巴林這兩個地方是從來沒有任何恐怖主義團體的。為什麼沒有恐怖主義團體？恐怖主義團體是列寧黨或其他專制主義統治之下的費拉社區在去費拉化的過程中間相互殘殺的體現。他們原先在專制統治者的統治下沒有權力，然後突然獲得了權力或企圖獲得權力，又沒有找到怎樣正確行使權力的方式，然後你炸我的清真寺、我炸你的清真寺，相互炸各人的清真寺，然後在這個相互炸相互殺的過程中間附帶著又炸了一些西方的教堂或殺了一些西方的人，大家就說它是恐怖主義了。如果他們一開始就有自治權，一開始就能夠自己治理自己，至少能夠用自己的法律判決，要實行什麼教法就實行什麼教法，有建立自己的獨立團體的機會，那麼他們就沒有必要你炸我的清真寺、我炸你的清真寺。

例如，為什麼賓拉登作為一個沙烏地阿拉伯人會變成恐怖分子呢？在美軍進入沙烏地阿拉伯的時候，他老人家作為一個業餘神學家去做了一番教法解釋，他說：「根據我對伊斯蘭教法的理解，阿拉伯半島是一個聖地，我們不應該讓異教徒進來，即使涉及國家安全，我們快要被海珊打了，但還是不應該讓美國人來。」而沙烏地阿拉伯王室所贍養的那一批官方教法學家就根據他們自己的解釋說：「一派胡言！根據我們的教法解釋，美國人作為盟友，符合我們的國家利益，他們就可以來。」然後他們就開始鎮壓賓拉登。賓拉登在自己的祖國無法立足，就跑到國外去搞聖戰去了。但是如果賓拉登是一個阿聯酋人，首先阿聯酋就沒有一個沙烏地阿拉伯王國或埃及那樣的官方大穆夫提和官方解釋，你隨便怎麼樣。官方神學家和業餘神學家是沒有區別的，也就是說所有人都是業餘神學家。賓拉登如果對《古蘭經》的解釋跟其他人不一樣，他就用不著流亡到海外去搞武裝鬥爭，他在本地就可以帶著幾十個粉絲或幾百個粉絲，他自己就可以成立一個教團。這個教團就可以自願奉賓拉登做他們的教法學家，用賓拉登對沙利亞法的解釋成立他們的法庭，然後賓拉登就自然而然地當上法官了。他那只有幾十個人的教團內部打起官司，就要由賓拉登來裁決，或是在賓拉登死後由賓拉登教出來的弟子來裁決。然後其他人如果覺得賓拉登講得很有道理，就自然而然會投奔賓拉登做他的弟子，他的團體就會擴大；而他自己的團體如果是覺得賓拉登講得沒有道理，也可以背叛賓拉登，去投到別的教法學家門下。

各種團體在阿拉伯聯合大公國都有合法存在的空間。當然，阿聯酋也有極其保守的、原教旨主義的教法學家團體。在這樣的團體當中，你如果做了他們的弟子，你膽敢私下裡面喝酒的話，像你在新加坡和馬來西亞一樣，是要當眾挨鞭子的。但是他們不是唯一的教法學家團體，而且你事先就都知道他們是什麼樣的團體。你如果覺得我就是要喝酒，而且我覺得喝酒挨鞭子是不合理的，那你是有機會一開始就不去參加他們的教法學家團體的，你完全可以選擇另一個比較開明的教法學家團體。你甚至可以根本就不去清真寺，而去英國人留下的教堂或英國人留下的普通法法庭。英國人走了以後，雖然去普通法法庭的人數少了，但是始終還是存在的。而不完全是普通法、而是結合了普通法和沙利亞法特點的各種混合法庭也是存在的。你完全可以去投靠那些法庭，在各種不同的法庭系統中間進行選擇。或是，比如說阿布達比的法律讓你看著不順眼，你就搬到杜拜去或搬到別的小邦去。在這種情況下，恐怖主義或極端派的團體是沒有多少生存發展的土壤的。同時，在這樣的地方，教法學的研究其實反而是特別繁盛的。像伊朗那樣的地方，跟官方不合的教法學家團體就只有被打入地下，或說是在混不下去的時候就只有流亡到法國或其他地方去了。在埃及和土耳其這樣的地方，你跟官方的解釋不合，你雖然不用流亡到法國去，但是你在公立學校謀一個飯碗是謀不到的，你想當一個小學教師都當不了，你只得走入半地下活動。而在阿聯酋這樣的地方，你就沒有這樣的限制；而且官方的教法學家也就是比你資源多一點，跟民間的教法學家差別不是很大。所以在阿聯酋，教法學家的組織密度很高，因此也特別不容易出現暴力團夥和恐怖組織。

有些人認為阿聯酋和巴林不容易出現恐怖組織是因為他們在發現石油以後特別富裕，但實際上並不是這樣的。石油大發現是在一九三〇年代以後的事情，特別是在一九六〇年代以後的事情，但是瓦哈比教派在阿拉伯半島橫行是十九世紀末期的事情。瓦哈比教派把費薩爾國王的親屬、把阿拉伯的勞倫斯的朋友趕出了整個阿拉伯半島，那是一九二〇年代的事情。那時候阿拉伯半島還基本上沒有什麼石油產業，瓦哈比教派和其他教派都是很窮的。在那個時候，瓦哈比教派在阿聯酋這一帶是沒有什麼勢力的。中東的列寧黨興起的時候，在阿聯酋也是沒有什麼勢力的。在石油發現以後，阿爾及利亞、伊拉克還有利比亞都是石油大國。如果說伊拉克和阿爾及利亞有很多人口消化它的石油收入的話，而利比亞的人口是很少的，它雖然有很多石油收入，卻沒太多人口去消化收入，理論上利比亞人應該更加富裕些，但它經過格達費的統治之後，仍然是恐怖主義橫行的地方。因此，很難說石油多、錢多、人口少這個條件僅僅適用於卡達、巴林和阿聯酋，就不適用於利比亞了。所以這裡面除了大家都提到過的原因以外，還有一個其他的原因，就是阿聯酋和巴林這樣的地方長期在英國殖民主義統治之下，它的建國原則是根據英國式的經驗主義建國原則，它沒有採用法國式或德國式的那個民族發明原則，例如阿聯酋就沒有人跳出來說是我要發明一個「阿聯酋民族」。阿聯酋民族是什麼？沒有人知道也無法想像。阿拉伯聯合大公國就是各個酋長國部族法和習慣法的總和，正如北美十三州是原先中世紀一脈相傳的各個習慣法的總和。這個過程是連續的，直接轉型過來的，中間沒有經歷過一個戲劇性的建國過程。

這個過程實際上就是英國經驗主義國民共同體創建在伊斯蘭世界的一個翻版。但是在伊斯蘭世界，這個過程離不開英國殖民主義者的保護，在西方就可以自然發展起來，這就說明伊斯蘭世界的自發秩序在層次上是不如西方的。但是伊斯蘭世界在英國殖民主義者的保護之下好歹還能夠把他們自己的部落習慣法融入到普通法的體系當中，至少實現司法自治，還能夠把自己的酋長國建立成一個准國家；而在東亞，儒家文化籠罩的地方，儒家的習慣法就升級不到家族以外的地方。儘管英國人在威海衛、上海和香港也是准許你自治的，例如在國民黨嚴禁你吸鴉片和娶小老婆的時候，你在香港吸鴉片和娶小老婆仍然是合法的，但是儒家的習慣法就從來沒有超出過家族的組織，從來沒有達到過阿拉伯部落習慣法那樣能夠建立起埃米爾國和蘇丹國的境界。儒家社會頂多就發展到宗族長老和商會會長那個級別，而阿拉伯世界就可以發展到酋長國和教法學家這個級別。所以，伊斯蘭世界的經驗主義的自發秩序儘管達不到歐洲那種自發建國的層次，但還是可以在英國殖民主義的保護之下建立准國家；而在東亞的儒家秩序呢，即使是在英國殖民主義的保護之下，連自發地建立一個准國家的層次都做不到。

你看看現在香港的這種情況，或看看馬來西亞華人的情況，就不得不問一句：同樣是在英國殖民主義的統治下，英國殖民者從來沒有特別要歧視儒家的信徒，他們從來沒有說「馬來、巴林或阿聯酋的穆斯林可以搞自己的部落組織，你們儒家就不能搞自己的宗族組織」，從來沒有人說過「穆斯林可以研究自己的沙利亞法，可以到英國去留學，把沙利亞法融入到普通法的範圍內，你們儒家學者就不能搞儒家習慣法，你們就不能派留學生到英國去，把儒家習慣法融入到英國普通法當中去」，但是為什麼同樣的起點造成了現在這種落差很大的局面？大家都應該仔細考慮一下，這是不是就說明東亞儒家的自發秩序不僅不如歐洲和西方世界，連伊斯蘭教世界的酋長國和教法學家都趕不上呢？阿聯酋、巴林、卡達和馬來西亞跟香港、上海和檳榔嶼這些地方的華人比較起來，就是一個現成的實驗。我們都知道，自然科學做實驗的情況就是，同樣的實驗條件下如果做出了不同的實驗結果，那就已經是很多問題的答案了。

阿拉伯聯合大公國
民族發明大事記

時間	事件
西元16世紀以前	**伊斯蘭時代** 今天阿拉伯聯合大公國的歷史可追溯至西元6世紀，據波斯文獻的記載，薩珊波斯帝國曾於西元6世紀時期征服阿拉伯半島的波斯灣沿岸的土地。直到西元7世紀伊斯蘭勢力興起後，阿拉伯穆斯林占領此地並使當地居民皈依伊斯蘭教。
西元16世紀至19世紀初	**葡萄牙與波斯灣海盜** 葡萄牙人在16世紀初期發現通往印度的「新航路」後，於1523至1622年間在波斯灣沿岸陸續開闢了多個據點，控制當地的航運及貿易路線，直到17世紀後為英國人所取代。18世紀初期，卡西米家族（Al-Qasimi dynasty）掌控了波斯灣南部海岸線，並組織武裝船隊襲擊以英國為首的歐洲船隻；英國人一度稱呼波斯灣南部海岸為「海盜海岸」（The Pirate Coast）。現今阿拉伯聯合大公國的夏爾迦、拉斯海瑪酋長國皆為卡西米家族所建立。
1820年	**英國與波斯灣部落國家簽訂《波斯灣海事條約》** 1819年，英國東印度公司組織遠征軍，前往波斯灣南部清剿卡西米家族的海盜帝國，摧毀了位於今天杜拜、夏爾迦及拉斯海瑪海岸的砲台及要塞，以保障波斯灣航運安全。1820年，英國與卡西米家族為首的波斯灣南部海岸各酋長國簽訂《波斯灣海事條約》（*General Maritime Treaty of 1820*），後者同意停止海盜行為並與英國人建立外交及商業關係，但波斯灣海盜要到1830年代才徹底消失。
1853年	**特魯西爾聯盟的成立** 《波斯灣海事條約》規範的是英國與各酋長國之間的和平，但英國並不干涉後者之間的戰爭。因此波斯灣南部海岸的各酋長國從1820年代開始相互征伐，衝突直到1853年，阿布札比、杜拜、阿吉曼、歐姆古溫、夏爾迦等酋長國共同締結了和平協議，宣布永久休戰並成立「特魯西爾海岸酋長聯盟國」（Trucial Sheikhdoms），此聯盟為今天阿拉伯聯合大公國的前身。波斯灣南部各酋長國從18世紀初期的「戰國時代」以來，並未統一成為一個中央集權的大國家，而是透過外交方式達成和平協議並組建聯盟，此為民族發明學上的少見案例。

1892年

特魯西爾聯盟與英國締結保護關係

特魯西爾聯盟自1853成立以來，陸續與英國締結多項條約並開展緊密合作，如1856年的停止奴隸貿易、1864年共同保護波斯灣電報線與航運站、1879年的促進商務合作條約。最終在1892年，特魯西爾聯盟與英國簽訂了《排他性保護協議》，後者保證前者免受一切海上侵略並且在陸地戰爭發生時提供最大援助。此協議基本為「海事條約」而基本不涉及領土及內政問題，故特魯西爾聯盟雖然接受英國保護，但仍保有高度的自治權，原有的政治及社會結構也得以維持。

1968年1月16日

英國終止保護特魯西爾聯盟

波斯灣南部海岸從1930年代開始陸續發現石油資源，推動當地產業及經濟結構的轉型。在1960年代後，特魯西爾海岸聯盟的各酋長國協議進行脫離英國保護並建立一個完全自治的獨立國家。因此，英國宣布即將在1968年終止與特魯西爾聯盟、巴林與卡達的保護關係。

1971年12月2日

阿拉伯聯合大公國建立

特魯西爾聯盟的七個酋長國，聯同巴林、卡達酋長國從1868年開始進行九國會談，商議如何組建聯合國家；在拉斯海瑪、巴林與卡達退出會談後，特路西爾聯盟的六個酋長國決議共同組建阿拉伯聯合大公國，並於1971英國正式終止保護協議後，在同一年的12月2日正式獨立為阿拉伯聯合大公國，而拉斯海瑪則於1972年2月重新加入。阿拉伯聯合大公國從19至20世紀以來的民族發明過程緩慢，但在英國的保護下其原有的習慣法及社區傳統得以完整保存，最終成為一個結構多元的民族國家。

巴林

Kingdom of Bahrain

Mamlakat al-Baḥrayn

獨立時間：1971年8月14日

首都：麥納瑪

七、巴林

書院、酋長與王國，習慣法、沙利亞與成文法

今天的巴林王國所在的巴林島，是真正如假包換的人類最古老的文明起源地。如果你把時間線倒推到距今八千年以上，然後去尋找文明古國，你就會發現，歷史超過八千年的真正的（不是神話發明的）文明古國，全都在肥沃月灣地帶，就是從兩河流域到敘利亞、尼羅河的那一個區域內。在這個時間段裡，一萬年到八千年以前這段時間，東亞是一片黑暗，沒有任何可以稱之為文明的地方。但是中東，特別是肥沃月灣地帶，文明已經密集到這個程度：你隨便往地圖上按一個圖釘，下面都會有無數的考古遺址、無數的政治性邦國和無數可以稱之為文明的地方，包括今天的巴林島在內。在迄今最古老的文明——蘇美爾文明的《吉爾伽

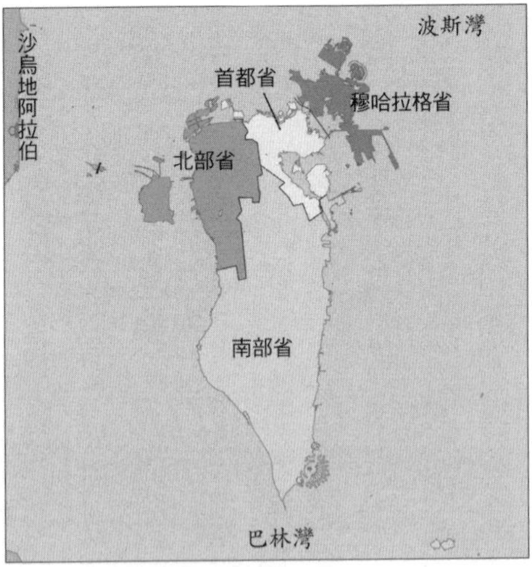

巴林島行政圖　巴林位處沙烏地阿拉伯東部、鄰近波斯灣西岸，是一個地勢平坦的群島，其最大的主島——巴林島的面積約等於三個台灣的台北市。巴林島全島共分為四個省（Governorate），其中位於「首都省」的巴林首都麥納瑪（Manama），建立於1919年，是阿拉伯世界的第一個自治市（Municipality）。

美什史詩》當中，以巴林島為中心的這塊地方，也就是今天的兩河在波斯灣的入海口、西起科威特、沿著波斯灣這條線一直到印度河口的這塊地方，在古代稱之為迪爾蒙（Dilmun）文明[1]。它的遺址真正是世界上最早的，跟美索不達米亞文明的烏魯克（Uruk）或《舊約聖經》裡亞伯拉罕的烏爾城（Ur）這些著名的古文明是差不多同時間的，可追溯的歷史比起東亞要早得多。

但是你如果從現代的民族發明學來考慮的話，就會看到非常有趣的現象了。海珊的伊拉克、阿拉伯復興社會黨的伊拉克有一套自古以來的歷史敘事，從漢摩拉比、到阿拔斯王朝、到海珊的歷史敘事，我們是自古以來的文明古國。這一套歷史敘事跟東亞人從國民黨開始到共產黨為止的這一段歷史敘事是非常相似的，從黃帝開始，堯舜禹湯，漢武唐宗，宋元明清，然後到孫文、蔣介石、毛澤東，跟這條敘事線是一模一樣的。只有一點差別：海珊的敘事線是真的。漢摩拉比時代遠遠不是兩河文明的起點，真正的起點比這要早得多。海珊這一套敘事體系，按照實證歷史的原則來看，每一步都是真的。只有一個問題，就是他自己有沒有資格算漢摩拉比和阿拔斯王朝的繼承者這一點有問題。而東亞這一套敘事體系呢，從黃帝開始就是假的。從春秋戰國開始，一路上整個連續性都是構建起來的。歷代王朝的連續性，其實是把來源不同的、各個時期的內亞入侵者編成了一個整體性的序列。用最簡單的方式你就可以理解：唐太宗這個鮮卑人跟康熙皇帝這個滿洲人，他們是同一家的嗎？顯然不是。但是根據敘事體系，必須把他們發明成為同一家，諸如此類。

但是這些細節上的差異無關緊要，你可以看出，它們雙方的發明方式都是一樣的，那是因為它們的國家構建方式是一樣的，都是帝國超民族主義或說是奧斯曼主義。阿拉伯復興社會黨想要建立的那個大國家和他們企圖建立的那個阿拉伯文化民族的關係，根本上跟東亞人企圖建立起來的中華民族這一個大國家和漢族這一個文化民族的關係是一樣的。阿拉伯人和漢人都是建立在語言和宗教之上的文化民族，一個是以伊斯蘭教和阿拉伯語為標誌，一個是以儒家和漢語為標誌。而他們建立起來的國家是一個奧斯曼式的大國家，要復辟古代歷史上各大帝國的版圖。所以，他們企圖統一的阿拉伯民族和中華民族跟文化民族——阿拉伯人和漢人之間的關係，就是帝國超民族主義跟文化泛民族主義的關係。因此，帝國要把自己的超民族的性質掩飾起來，變成一個類似法國和波蘭這樣的民族國家的性質，它就需要有一套「自古以來」的神話敘事體系。由於它們的政權結構和發明方式非常相似，就是以奧斯曼主義為實際的國家合法性的理由，以文化泛民族主義——就是漢語和阿拉伯語作為團結群眾的宣傳上的理由，因此它們就需要用這樣的一模一樣的方式來發明一個自古以來。

兩河文明是覆蓋了今天的伊拉克、科威特和巴林這一帶的，迪爾蒙和烏魯克、烏爾是同一個文明的不同組成部分，可以說是兩河文明向印度河延伸的一個部分。要說自古以來的話，那麼科威特和巴林在實證意義上的歷史，時間一點也不比海珊的伊拉克短。比起國民黨和共產黨的東亞來說，那是要長得多。東亞說五千年歷史，其實都是很牽強的，說三千年大概差不多；而西亞說八千年是沒有問題的。但是，同樣是八千年到一萬年的歷史，海珊的伊拉克就要自古以來，而巴林至今為止連一個像樣的民族神話都沒有。它並不像阿拉伯復興社會黨那樣強調我們要統一阿拉伯、團結阿拉伯，也沒有那一套漢摩拉比神話或黃帝、堯舜禹湯的神話，它也沒有像海珊或蔣介石、毛澤東這樣的強人領袖，也沒有像阿拉伯復興社會黨或像國民黨、共產黨這樣的列寧主義政黨來整合它。

那麼這樣一個國家是怎麼樣整合起來的呢？它的立國方式為什麼會完全不依賴它古代的歷史，根本不需要歷史發明學那一套呢？這就跟巴林本身的構建性質有關。巴林，如同前二講提及的科威特和阿聯酋，是以比較接近於經驗主義的方式、依靠習慣法的方法構建起來的。經驗主義的民族構建，典型的就是英語國家。它跟以法蘭西為代表的理性主義的構建方式和以德國、中歐各語言民族主義國家那種先驗主義的構建方式不一樣的地方就在於，它不怎麼需要民族神話。英語國家，當他談到他的國家的時候，經常是連NATION這個詞都不用的，動不動就要用COUNTRY或PEOPLE這樣的詞。COUNTRY或PEOPLE的神話色彩比起NATION要淡得多，因為它依賴的是具體的、實在的歷史先例和習慣法，因此也就不需要靠意識形態來動員。

例如，澳大利亞的立國神話是什麼？就是加里波利之戰。第一次世界大戰時期，澳大利亞的年輕人加入協約國軍隊，到土耳其黑海海峽的君士坦丁堡上面去，跟包括凱末爾在內的土耳其軍隊打了一仗。這次戰役中，澳大利亞年輕人傷亡慘重，但也使澳大利亞年輕人在同一個戰壕裡面作戰，產生了非常強烈的「我們就是一個共同體」的感情，因此變成了近代澳大利亞國家的起源。那麼這個起源是虛的還是實的呢？當然它是實的。參加第一次世界大戰時期的澳大利亞，按照今天的標準來看，已經是一個自由民主的國家了。它雖然當時還自稱為自治領，沒有一個建國程式，但是加拿大、澳大利亞、紐西蘭這些英語國家早在正式建國之前，一開始就是享有高度自治權的自治社區。可以說，除了他們名義上要遙奉一個遠方的英國君主作為國家元首，但他們的法院是自己的，議會也是自己的，他們平時就是自己管理自己的事務的。根本不存在像法國理性主義和德國先驗主義的模式，你必須首先構建一個國民共同體，然後才能夠享受到充分的自我治理的權利。

實際上，自我治理的權利對於英語國家來說是，早在中世紀英格蘭王國的時代，他們就已經習慣於托克維爾在《論美國的民主》中提及的鄉鎮自治傳統。對於他們來說，《權利法案》[2]的通過、立憲君主制的正規化只是原先就存在的自我治理權利的進一步深化和精緻化，他們並不需要有法國大革命那樣的一個戲劇性的轉折，才能使他們變成自由民主的國家。可以說，他們原先享有的自由權利早就已經基本成型，只是少一塊招牌而已。在這種情況下，英國經驗主義的模式當中，民族發明的戲劇性就比法國理性主義和德國先驗主義模式中間要少得多。

英語世界之外比較接近於習慣法這種模式的，像香港和上海，就是在東亞世界中比較接近的；阿拉伯聯合大公國、科威特、巴林，當然還有東南亞的馬來西亞，也就是在伊斯蘭世界中比較接近於英國經驗主義的模式。但是我們都可以看出，用最簡單的指標來衡量，他們形成自發秩序的能力顯然是不如英國本身的。最明顯的證據就是，英國人的自發秩序形成的結果就是，英國不僅在自己的本土建立了自由的國家，而且在各殖民地建立了自由的國家，甚至在原先並非英國移民所在的地方，像科威特、阿聯酋、巴林、馬來西亞這些地方，用普通法輸出的方式，將他們的秩序輸出到這些地方。

相反，薩巴赫家族和瓦利德家族，巴林的土豪和阿聯酋各王公，馬來西亞的土豪和王公，上海和香港的商會和宗族，他們雖然也有一定的自發秩序，但是你可以看到，他們不但沒有能夠輸出秩序，在其他的地方建立比如說廣東商人的殖民地或巴林穆斯林商人的海外自治領，而且在列寧主義政黨與奧斯曼帝國和大清帝國這樣的傳統吏治國家的威逼之下，他們自身還需要大英帝國與殖民主義的保護才能夠不被消滅。巴斯拉、科威特和巴林之間差別並不是很大，但是科威特和巴林因為得到了英國的保護，它的土豪就能夠長大。香港和上海的差別一開始也不是很大，但是香港得到了英國殖民主義的保護，而上海就過早地失去了英國殖民主義的保護。

香港現在的問題從根本上講也就是，香港自身的自發秩序還相當孱弱，不足以自己建國，所以在英國殖民主義離去以後，它又重新面臨著來自大陸的共產黨的強勢威脅了。這個威脅對它造成的困擾，就比伊拉克對科威特造成的困擾要大得多。這就是從側面表示，即使同樣是接近經驗主義模式的自發秩序，它們也明顯是有強弱之分的。顯然，英國和歐洲的自發秩序比起伊斯蘭世界要強勢得多，而伊斯蘭世界的土豪和習慣法又比遠東要強勢得多。這些強勢和弱勢都是有具體的指標可循的，它可以在具體的例證中找出來，比如巴林。巴林作為迪爾蒙文明以來中東航海貿易的核心，不像科威特和阿聯酋那些地方是中東海港的邊緣地帶，它自身的自發秩序就要比科威特和阿聯酋這些地方要強得多，這就體現巴林在伊斯蘭化以後習慣法的複雜結構。

巴林，從大的方面來說，它自己的基礎共同體的組織結構跟科威特和阿聯酋一樣，也是高度多元化的。有各式各樣的教法學家組成的社區，也有各式各樣的部落和宗族組成的社區。同時，它還有另外一種習慣法：在阿聯酋也存在、但是不太強大，在科威特也存在、但是更加微弱，可以用字面翻譯成「阿拉伯習慣法」，但是最好還是直接音譯成為歐爾夫（Urf）[3]的習慣法系統。這種習慣法在巴林是最為強勢的，使巴林的習慣法機制比其他幾種習慣法機制要更強大一些。歐爾夫是非伊斯蘭教的習慣法，跟各種沙利亞學派吸收到伊斯蘭教法內部的伊斯蘭化的習慣法是有很大區別的。所以，在歐爾夫這種習慣法本身能夠站得住腳、形成平行體系的地方，那就跟它站不住腳、只能被伊斯蘭教法吸納的地方有相當大的區別。英國殖民者初到中東的時候，看到歐爾夫這種習慣法以後就發出了感慨：這不是我們的普通法在阿拉伯世界的翻版嗎？事實上也是這樣。

伊斯蘭教最初的教法學家對於習慣法是相當寬容的。也就是說，如果不是直接違背了伊斯蘭教的教義，習慣法都可以吸納到教法學家的不同學派當中去。歐爾夫之所以存在，變成一個獨立的體系，就是因為有許多（即使不是全部）教法學家認為，這樣的習慣法要直接吸納進伊斯蘭教

① 迪爾蒙（Dilmun），是一支出限於西元前三千年美索不達米亞地區紀錄中的閃語國家，被認為是中東最古老的古文明之一。根據紀錄，迪爾蒙位在波斯灣地區，座落於美索不達米亞與印度河流域文明間的貿易路線上，是當地重要的貿易中心；全盛時期的迪爾蒙甚至控制了波斯灣所有的貿易路線。根據學者推測，蘇美爾人視迪爾蒙為聖地。對美索不達米亞其他地區的文明而言，迪爾蒙是重要的貿易轉口港及銅產地，同時也是貿易轉口港。目前學界普遍同意迪爾蒙位於今巴林、科威特、卡達與沙烏地阿拉伯東部省沿海地區一帶。蘇美爾文明所流傳的「迪爾蒙花園天堂」（the garden paradise of Dilmun）傳說可能即是《舊約聖經》「伊甸園」故事的原形。

② 指一六八九年的英國《權利法案》（*The Bill of Rights 1689*），該法案全稱為《國民權利與自由和王位繼承宣言》（*An Act Declaring the Rights and Liberties of the Subject and Settling the Succession of the Crown*），是英國憲政發展中的重要法案，以及「光榮革命」（Glorious Revolution）的具體成就，再次奠定了英國政治自《大憲章》以來的基本原則：「國王不得隨意干涉法律、議會及人民固有的權利」。

③ 歐爾夫（Urf）是阿拉伯語，字面上的意思為「知道」（to know），指特定社會組織的原有習俗或「知識」，在未違背《古蘭經》和《聖訓》文本的情況下，通常作為法庭裁決的依據，這項原則最初由八世紀的遜尼派教法學者阿布．優素福（Abu Yusuf）認可。

教法當中，跟《古蘭經》和《聖訓》④的精神甚至是文字有直接的衝突，因此必須把它們當作異教徒的東西排斥在外，但是即使在這種情況下，仍然有眾多的阿拉伯人繼續堅持歐爾夫的原則。當然不是說涇渭分明，它們之間的關係也就像一個紐約人可能既信基督教又同時去看看占星術一樣。或是，中亞的突厥語各民族經常同時保留突厥人的習俗，甚至吸收一部分成吉思汗的《大札撒》，但是同時又接受一部分伊斯蘭教法。歐爾夫在巴林的地位與此非常相似。

歐爾夫在巴林能夠發育成長，那就說明，傳統的部落自由精神，在伊斯蘭教征服大馬士革和庫法這些大城市以後逐步趨於衰退的部落自由精神，在這些地方仍然存在。它在某些方面（儘管不是所有方面）有點像是基督教化以前的日爾曼習慣法。最突出的特點就是強調武士傳統，以及婦女和男性的地位沒有明確差別，婦女參加軍事行動在一定程度上也是能夠允許的。大多數部落習慣法都有軍事的成分。阿拉伯部落，當然它們是經常發生小規模的、幾十人或幾百人之間的戰爭，當然也有這方面的習慣法。當我們考慮這方面的習慣法的時候，就不要用現代人對法律的看法——以為法律至少是管幾百萬人的大型國家的這種思維去考慮它，而是要把它理解成與英國的社區足球隊規則差不多的東西。社區足球隊也就是幾十人組成的，代表了幾百人、頂多上千人的社區。部落習慣法也就是這樣的。部落和部落之間的戰爭並不像是現代人理解的那種常備軍之間的戰爭，而毋寧說就是像小社區之間通過足球比賽來解決糾紛的競爭。部落戰爭跟足球比賽唯一的不同就是，前者是會死人的；但是因為戰爭規模不大，即使死人也是死得不多。

在部落之間的禮儀性戰爭當中，最大的利益的就是武士的名譽和美人的青睞。也就是說，我如果到社區足球隊去踢了一腳好球或在社區和社區之間的戰爭中間打得挺不錯的話，那我就可以在男孩子當中得到一個勇士的名稱，在女孩子當中就可以讓更多的女孩子愛我。早期的阿拉伯人的詩歌，基本上都是在歌頌這方面的情況。他們打仗的方式也是這樣的，男人上去打仗，在打仗的過程當中最大的獎勵就是，打倒了對方的勇士，比如說把他那一件名貴的長袍搶過來披在自己身上，或是把他老婆頭上那一塊不知道是從印度還是從其他地方運來的蛋白石或其他

英雄安塔拉及其愛人　圖為十九世紀埃及的藝術創作，描繪了西元六世紀前伊斯蘭時代的阿拉伯英雄及詩人安塔拉．本．沙達（Antarah ibn Shaddad）及他的愛人阿布菈（Abla）；安塔拉歌頌俠義精神與愛情的詩作，至今仍懸掛於麥加的天房。其事蹟見於成書於七世紀，在阿拉伯世界流傳至今的史詩《安塔拉傳奇》（*Sīrat'Antar*）。

寶石拿過來送愛人。這樣，我就在我本家的親戚面前和在我的愛人面前非常非常有面子。當然，如果打輸了的話，我就沒臉見我的愛人了。

這種具有春秋時代「宋襄公」性質的部落戰爭，跟今天的足球比賽是差不多的。男人上戰場打仗，然後本部落的女人，當然十之八九是會包括上戰場的那些年輕人的愛人或妻子，會簇擁著到戰場周圍去，像現在我們的足球比賽的觀眾和啦啦隊那樣，充當啦啦隊，搖旗吶喊，為自己的男人鼓氣，有的時候還會拿出石頭來幫他們去砸對方。如果自己的男人打了敗仗，很丟臉地回來了，她們很可能會憤怒起來，用石頭去打這個逃兵，因為你太丟臉了，我嫁給你這樣的男人一點出息都沒有。當然，他如果打敗了對方的男人，那麼自己這方面的女人就會在當啦啦隊時發出那種尖銳的、鼓勵武士的尖叫聲，然後用各種各樣的方式來獎勵她們的男人。

有的時候，在極端的情況下，女人自己也會上戰場，騎上駱駝或騾子之類的。特別是上層階級的女人，如果她自己的丈夫或男朋友是非常知名的武士，或以其他方式，是他們的團體中非常有聲望的人，那麼在危急關頭的時候，因為她自己雖然是女人、但是同時在自己的社區和團體當中也是領袖一級，她自己也有必要披掛上陣，親自上戰場。像伍麥葉家族的祖先阿布·蘇富揚在跟麥地那的穆罕默德一黨打仗的時候，穆罕默德切斷了他們通向敘利亞的商路，使他們的好幾個商隊在半路上遭劫，損失非常慘重，於是在這種情況下，他們就糾集了一支聯軍去攻打穆罕默德。在這次戰役中間，阿布・蘇富揚自己的妻子，也就是麥加這個商業共和國的商業貴族，也像男人一樣，騎上駱駝去跟穆罕默德的門徒拼命。比如在穆罕默德去世以後，他最鍾愛的晚輩阿里和他最寵愛的妻子阿伊莎（Aisha bint Abi Bakr）之間發生了穆斯林之間的衝突，於是阿里和阿伊莎都親自上陣了。阿伊莎儘管已經是一個年老體衰了，但是還是騎著駱駝親自上陣跟阿里的部隊作戰[5]。

從阿伊莎的例子便可看出，在伊斯蘭教興起的初期，婦女的真實地位是怎樣的。如果你娶了這樣的女人，你可以想像，你是不大可能三妻四妾或用其它各種方式強調男性尊嚴。但這種風氣在阿拉伯人陸續征服了敘利亞和波斯各地區、可以享受榮華富貴以後就漸漸消失了。如果你進了波斯王的宮殿或是進了拜占庭皇帝在敘利亞的宮殿，當了蘇丹，然後就可以有很多波斯的佳麗或全世界的佳麗過來簇擁著你；同時，你已經當上皇帝和大官了，你也不需要像過去部落時代的勇士那樣與自己的部族一起上戰場，拼死拼活地去打；而你的妻子和女朋友也就不需要跟你同甘共苦，在戰爭不大危急的時刻不需要替你吶喊助威，在戰爭危急的時候也不需要親自上陣、與你一起去流血了，結果她就變成一個無所事事、像花瓶一樣的後宮佳麗了。在這種情況下，男人就很容易三妻四妾，同時，婦女的社會地位也就迅速降低了。

同時在這種情況下，蘇丹也就會聘請一些埃及的行政官僚或波斯的治國專家替他來管理順民，也用不著過去部落的勇士了。早期的阿拉伯人很討厭蘇丹這個詞，喜歡談論族長；因為族長是桀驁不馴的各部族的領袖，其他部族不一定非要聽他的，他那種家長式的權力也是不大的。如果遇上危險的話，他有必要親臨前線、與大家同甘共苦。但是早期阿拉伯人心目中的國王就是像拜占庭皇帝和波斯蘇丹的統治者，他可以住在深宮裡，把一切事務交給大臣和將軍去辦，然後自己只負責享樂。他周圍的人也就是一幫知識分子和大臣，都是不肯跟大家同甘共苦的人。所以當伍麥葉家族需要搞家天下的時候，他必須讓他自己的手下拿著刀。用穆阿維葉[6]的話來說，你的刀才是最雄辯的辯論。在傳統的阿拉伯文化中，無論是麥加那樣的商業城邦，還是其他的什麼部族或地方，雄辯術和作詩的技術是很重要的。你在一個比較自由的政治共同體當中，你必須像是希臘羅馬的演說家那樣，有說服人的能力。作詩跟勇武也是有關係的，你如果打了勝仗回來，得到了美人的青睞，然後自己也就忍不住會作兩首詩，把自己的勇武事蹟編成歌謠，甚至掛在天房（Kaaba）裡面，供大家傳唱。當然，你如果當了皇帝和蘇丹，這一切都不再有必要了。

在這種情況下，各部落之間通過戰爭、詩歌和演說，自然而然就會形成一個秩序生成機制，產生了各部落的習慣法。部落習慣法跟後來的沙利亞法不大容易相容，因為後來的沙利亞法學家大體上是費拉社區的知識分子。也就是說，這些費拉社區已經把政治和軍事的責任委託出去或說是讓渡給帝國的統治者了，自己只保留了司法和教育的事務，因此他們培養出來的人大體上就是王陽明老先生或類似學問豐富的法學家，他可能是商人出身，也可能是法官出身，但是一般來說他們不大會是武士出身的。他們對非常強調好勇鬥狠的歐爾夫習慣法是多多少少頗有微詞的，或是認為這樣隨隨便便流遊牧民的血是件不太好的事情，或用其他的方式認為它不大符合伊斯蘭教的博愛精神、世界主義精神、民主精神等。其實呢，這裡面根本上體現的就是階級和生活方式的不同。費拉社區心目中理解的正義與崇拜勇士的異教部落所理解的正義往往是不一樣的：費拉社區要求的是那種尊重她丈夫、能夠理家的女人，是待在家裡面的女人；而自由的部落要求的女人，即使不是能征慣戰的，也是跟男人一樣要付相當多的政治責任的女人。這兩種不同的男人

④ 《聖訓》（Hadith），阿拉伯語原意為「敘述」，是由後人所編輯的伊斯蘭先知穆罕默德言行錄。形成約於八至九世紀，主要內容是先知對教義、律例、制度、禮儀及日常生活各種問題的意見主張。也包括他的行為準則和道德風範。聖門弟子談論宗教、經訓和實踐教理等的言行，凡經他認可和讚許的也被列為聖訓的範圍。伊斯蘭傳統的教法學派皆認為聖訓是用來落實「遜奈」（Sunnah，或譯聖行，即穆罕默德的言行）的重要知識來源。

⑤ 阿伊莎（Aisha bint Abi Bakr, 613/614–678），先知穆罕默德的第三任妻子，也是《聖訓》的主要轉述者，其才智與學養對早期伊斯蘭教發展有著深厚貢獻。六五六年，第四代哈里發阿里與反對派在巴斯拉附近展開激戰，過程中，乘坐駝轎的阿伊莎不斷發出反對阿里的號召，又因大部分戰鬥圍繞這頭駱駝進行，所以這次戰役史稱「駱駝之戰」（Battle of the Camel）。

⑥ 穆阿維葉一世，（Muawiyah I, 597, 603 or 605–680），出身麥加的古萊什氏族（Quraysh），伊斯蘭教第五代哈里發（661年–680年在位），阿拉伯帝國伍麥葉王朝的創建者，他透過外交及謀略手段，取得原本支持第四代哈里發阿里的哈瓦利吉派（Khawarij），成為第五代哈里發後，將首都遷至大馬士革並強力鎮壓反對者，死前設法使宗教長老們接受他的兒子為繼承者，徹底破壞原本採取選舉制度的哈里發繼承體制，正式將伊斯蘭阿拉伯帝國轉變為世襲王朝。

和女人，他們形成的家庭關係是不一樣的。不同的社區，形成的習慣法也是不一樣的。所以，習慣法的這些部分在比較嚴格的沙利亞法學家的眼中是很難洗白的異端或異教習慣。

儘管原則上講沙利亞法是包含著希臘各地習慣法的容受機制在內的，但是習慣法總是有一部分可以吸納，例外一部分吸納不了，符合伊斯蘭教精神的就可以吸納，不符合伊斯蘭教精神的就不能吸納。請問什麼叫做符合伊斯蘭教精神、什麼叫做不符合伊斯蘭教精神呢？當然是看由誰負責來解釋什麼叫做伊斯蘭教精神。就像是，什麼叫做符合美國憲法的精神，是誰說了算呢？那當然是最高法院的九位大法官說了算；什麼叫做符

伊斯蘭世界的後宮（Harem） 圖為法國畫家柯羅蒙（Fernand Cormon, 1845–1924）創作於1877年的作品，描繪了蘇丹宮廷裡的後宮場景。伊斯蘭世界的後宮，原意為「禁止之地」；後指在一夫多妻制環境下的女性以及未成年兒子的居住場所，禁止成年男性進入。後宮常見於中東歷史上各阿拉伯帝國、土耳其帝國及蒙古人帝國的宮廷。

合英國不成文憲法的精神？那當然是上議院的貴族和主教們說了算。那麼誰是教法學家呢？教法學家的來源是不一定的，不同的教法學家對什麼叫做伊斯蘭教精神是有不同定義的。像哈乃斐學派這樣比較寬容的教派，就傾向於多吸納一些習慣法，但是後來的教法學派就沒有它那麼寬容，願意吸收的習慣法就要更少一些。

但是這並不是重點所在，習慣法是否得到吸納並不是最重要的，關鍵在於，它本身就是一個指標性的東西。在巴林這樣的地方，歐爾夫習慣法是特別發達的，有很多原因；最重要的原因就是，它的威權粉碎的程度比起科威特和阿聯酋地區還要更強烈。在科威特，薩巴赫家族是能夠罩得住半壁江山的，其他的家族都沒有它勢力大，所以大家就可以擁戴薩巴赫家族為首，然後自己的長老也加入寡頭政治，搞一些幕後交易，就實際上把科威特這個准政權支持起來了。阿拉伯聯合大公國則是九個或七個不同的酋長國，每一個酋長國都相當於是一個小科威特，然後在它們之上再形成一個聯邦，這樣的結構。但是在巴林，它找不出像瓦利德家族或薩巴赫家族這樣能夠罩得住的家族，它的社區是更加細緻且複雜的多元結構。有些社區直截了當就連伊斯蘭教本身的沙利亞法機制都不認，而是直接把歐爾夫作為他們生活方式的依據，並且非常引以為傲。放棄了這種生活方式，等於就是高貴的勇士放棄了自己的勇武、被費拉同化了一樣的可惜。另一些社區呢，他們沒有這樣頑固，他們兩頭都占，既要使用自己的歐爾夫，又承認沙利亞的權威。你說他們不是穆斯林吧，他們又的確是穆斯林，他們有自己的教法學家和長老，但是傳統的歐爾夫仍然在他們的社區中持續發揮作用。

這種情況就像是近代史上皈依了伊斯蘭教的蒙古部落，比如蒙兀兒斯坦[7]。例如在《拉失德史》（Tarikh-i-Rashidi）[8]和其他由穆斯林寫成的歷史著作就會出現以下記載：某某王公是一位著名的律法學者，也就是說他對成吉思汗的《大札撒》有非常精深的研究，然後被一些沙利亞法學家認為這很有異教徒嫌疑，就用各式各樣的方法去讓他感到不舒服。有的人就直截了當地去公開辱罵，說你簡直是異教徒。這些教法學家有可能就被這位王公殺掉了，也有可能被他踢出去，但是也有一些王公聽了以後就感動了或領悟了，乾脆就完全接受了沙利亞法，放棄成吉思汗的《大札撒》。也有可能是用旁敲側擊的方法去請教這位王公，《大札撒》或蒙古習慣法中這個案子應該怎麼判，那個案子應該怎麼判，然後等他對答如流以後就拍拍他的馬屁說是：「哎呀，您老人家真是一位專家呀，您對蒙古的習慣法知道得這麼清楚，我真是佩服得五體投地。但是像您這樣淵博的人，為什麼不在精通蒙古習慣法的同時也精通沙利亞法呢？按說您這麼有學問的人不可能是在這一方面如此精通、而在另一方面又如此無知吧。」然後對方的自尊心受到打擊，就會說：「當然了，我對沙利亞法其實也是很懂的嘛。你看，這個案子根據沙利亞法應該如何如何判。」然後他們就開始討論起沙利亞法來了。

通過這樣的方式漸漸地把兩者融合起來，至少在面子上可以把他們的蒙古部落也算成伊斯蘭教的一部分，把他們的習慣法也算成是符合伊斯蘭教精神，納入沙利亞教法的範圍之內。這種情況是最多的，但是這裡面就有很多種不同的光譜了，因為教法學家是多中心化的。比較嚴格的教法學家——像罕百里（Ahmad ibn Hanbal）[9]就會認為這種做法簡直是掩耳盜鈴，其實你們仍然是異教徒，只是刷上了一層伊斯蘭教的油漆而已。別人不堅持原則、承認你們就算了，我老人家堅持原則，我要吩咐我的門徒，就是不能承認你，堅決不能承認你。哪怕你勢力很大，打了我的板子甚至殺了我的門徒，我們都要堅持節操到底。只有我們才是真正的穆斯林，你們統統不算。

⑦ 蒙兀兒（Mughal），即蒙古（Mogul）的波斯語發音；蒙兀兒人及蒙兀兒斯坦（Moghulistan），是波斯人稱呼東察合台汗國（Eastern Chagatai Khanate, 1347–1570）時使用的術語。察合台汗國在十四世紀中期分裂為兩個部分。東部以傳統蒙古遊牧社會為主，西部被伊斯蘭化突厥貴族控制。一三四七年，禿忽魯帖木兒在東部自立為可汗，公開宣布接受伊斯蘭教，許多蒙古人也紛紛皈依，於是他便以此為憑藉，於一三六一年征服西部重新統一察合台汗國疆土，史稱「察合台汗國」。

⑧ 《拉失德史》（波斯語：*Tarikh-i-Rashidi*），又稱《中亞蒙兀兒史》，是蒙古貴族及將領米爾咱．馬黑麻．海答兒（Mirza Muhammad Haidar Dughlat, 1499 or 1500–1551）於十六世紀中葉以波斯文撰寫的歷史著作。此書記載了從第一個皈依斯蘭教的察合台汗國禿忽魯帖木兒開始到葉爾羌汗國（Yarkent Khanate）第二代大汗拉失德為止之間大約二百年間的政治、軍事、經濟、文化與宗教等方面發展，被後事學者認為是唯一記載著從察合台分離出去的東察哈台諸汗歷史並流傳於世的歷史紀錄。

當然也有不同程度的好脾氣的教法學家抱持著開放的態度，但這個光譜就不用詳細介紹了。另外，也有純粹把習慣法抛到一邊的沙利亞社區，也有波斯人、突厥人和印度人的社區，這些社區就要跟上面講的這幾種社區發生更加複雜的互動，因為它的作用主體不是簡簡單單只有三、五類，而是至少有幾十類。而它們相互混合、衍生的結果，就自然而然會產生出更多的習慣法種類來，但是巴林沒有任何一個習慣法團體的勢力能夠達到薩巴赫家族或瓦利德家族在科威特達到的權威地位。

這一點也跟巴林的地緣形勢有關。巴林早在歷史上最早的文明——兩河文明時期的迪爾蒙文明時期，它就沿著幼發拉底河和底格里斯河而下的商隊進入波斯灣停靠、然後從波斯灣向東行駛、行駛到印度河口的一個樞紐。西面是兩河流域，東面是印度河流域。然後航海術進一步進步、印度洋快要變成「穆斯林的內湖」時，他們又延伸到印度西海岸的卡利卡特[10]，並進而延伸到麻六甲、萬丹、爪哇、亞齊這些東南亞各群島。同時，巴林距離波斯灣北岸的波斯只有咫尺之遙，所以他們到北岸的波斯或波斯商人到他們這裡都是非常方便的。而波斯這條商路又通向內亞，通向廣大的呼羅珊（Greater Khorasan）[11]，並一直延伸到今天甘肅境內的這個外伊朗，連接東亞和北亞。所以，巴林四通八達的程度是超過比較偏遠的科威特和阿聯酋的。因此這裡面的部族通常是經營各種商業的，例如珍珠貿易（珍珠是近代以前的最大宗貿易）或其他什麼各種貿易。因此他們有無數的像五港聯盟或漢薩同盟那樣的商館，這些商館的加入進一步促成了原先就不統一的各部族之間的威權粉碎，而這些商人又把印度文化和突厥文化帶進了巴林所在的地方，使他們的習慣法體系變得更加破碎了。總而言之，沒有任何一個商會、沒有任何一個部族或沒有任何一個習慣法體系能夠占到像薩巴赫家族那樣的半壁江山的地步。

但這並不是說巴林本身完全沒有自發秩序。事實上，它在近代以前的秩序更接近於拜占庭藩屬時期的威尼斯、或英格蘭王國早期的五港聯盟的自發秩序，也就是各個小的政治實體或社區通過中世紀的行會交易方式團結起來。這些行會交易的方式跟商業上的合同差別不算很大，是圍

⑨ 艾哈邁德·伊本·罕百里（Ahmad ibn Hanbal, 780–855），八世紀的穆斯林學者和神學家，是伊斯蘭教遜尼派教法學「罕百里」（Hanbali）學派的建立者。該派主張創制教法必須嚴格依據《古蘭經》和《聖訓》原則，並認為廣泛蒐集並擴充《聖訓》內容，可作為教法的補充，並反對按個人見解創制新法例。在解決經訓及前人案例中所未有的教法問題時，主張承認事件屬性的現狀，不論其合法或非法，在未發現否定的根據時，則維持其現狀不變，此即「伊斯提斯哈卜」（Istshab）原則。

⑩ 卡利卡特（英語：Calicut），於於印度半島西岸的重要港口城市，在元代紀錄《島夷志略》稱為「古里佛」，此城市以明代的鄭和與葡萄牙的達·伽馬（Vasco da Gama）兩位十六世紀的著名航海家共同的登陸及去世地點而著名。

⑪ 大呼羅珊（Greater Khorasan）是中亞歷史上的一個地理概念，其範圍大概包括今伊朗東北部、阿富汗和土庫曼斯坦大部、塔吉克斯坦全部、烏茲別克斯坦東半部的吉爾吉斯斯坦小部分各一部分地區。此地區在歷史上曾經受到過波斯、古希臘、帕提亞、月氏、白匈奴、阿拉伯、粟特、塔吉克、突厥、花拉子模、蒙古、阿富汗等各政權的統治。

繞著印度洋貿易和內亞貿易展開的。這種貿易使他們必須發展自己的商法體系，同時又導致了兩種發展：第一，沙利亞法對希臘羅馬商法的接納和改造；第二，沒有進入伊斯蘭教法體系、但是仍然同樣經營商業的那些家族和部族原先使用的那些波斯的和羅馬的習慣法，甚至是內亞或印度系的習慣法，造成各種不同文化體系之間的碰撞和融合。商業習慣法的特徵就是各個商團成立自己的法庭，而法官通常也就是嫻熟商業習慣的商人或類似的人。這種商業習慣法的判例跟商人之間的評理是差不多的，它不一定有強制執行的能力。最主要的懲罰就是，如果你不按照我們的習慣法辦事的話，下一次做生意的時候我就不跟你們合夥了。但是不跟你們一夥並不意味著他以後就沒有生意去

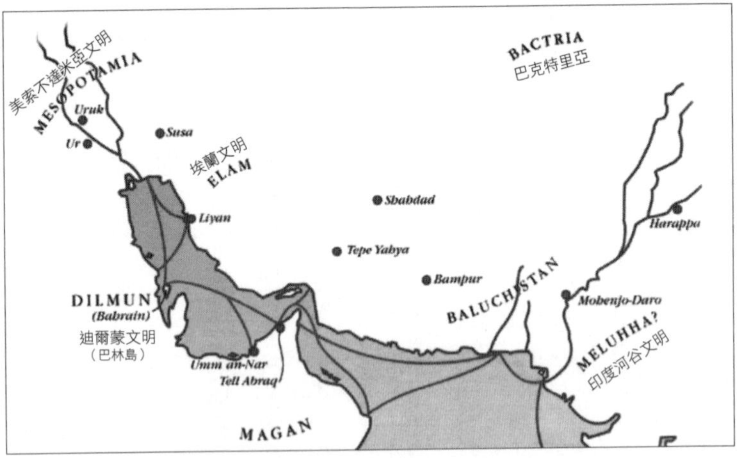

巴林與迪爾蒙文明　巴林堡（Qal'at al-Bahrain）是位於今天巴林北部的古代遺址，這裡曾是古代迪爾蒙文明的首都，時間至少可追溯至西元前2300年。迪爾蒙文明位於波斯灣地區的中心地帶，掌控了從美索不達米亞、經過波斯灣直至印度北部地區的貿易路線，因此也匯集了多文化的習慣法傳統。

做，他很可能跟他自己氣味相投的人組成新的體系。

那麼，由無數這樣的商團式部落組成的聯盟體系，或不如說是協商體系，它的特點必然就是相當缺乏政治方面的組織建構。這樣的體系是類似穆罕默德掌權以前的麥加共和國，它可以說是一個共和國，但是遠遠沒有達到羅馬共和國那樣的高度建制化，能夠以「元老院和羅馬人民」（SPQR）這樣的國家意志整合羅馬內部的各種次級集團，以便在外交上占到很多便宜。從穆罕默德崛起的經歷我們就可以看出，麥加共和國的商業貴族共和機制是很脆弱的。到關鍵時刻，為了反對穆罕默德和他的朋友們，就只有阿布·蘇富揚和他的家族組成一個核心團體，而麥加的其他家族就各懷貳心，無法聯合起來，所以他們的建制規模就達不到羅馬共和國的程度。巴林呢，如果說它算一個商業共和國的話，情況也就是這樣的。各大商業家族和他們的附庸處在一種此起彼伏、輪流坐莊的狀態，但是沒有任何一個家族能夠像是科威特的瓦利德家族或薩巴赫家族持續掌權數百年。他們頂多也就像是麥加的阿布·蘇富揚和伍麥葉家族在麥加那樣，臨時占占上風，其他的人有的時候聽他們的，有的時候不聽他們的。

他們的協商機制的連屬性和整合程度是很差的，經常需要例如神諭、詩歌、輿論宣傳等各種非正式的方式來整合的。穆罕默德時代的詩歌之所以那麼重要，也就是因為，除了個人讚揚自身的勇武和愛情以外，它是一個政治整合的重要方式。比如我看你的黨派不順眼了，我就寫很多詩去嘲笑你們，或是收買一撥詩人去寫詩嘲笑你們，同時頌揚我們自己的祖先，或是頌揚我們自己的英雄偉業。這本身就是一種政治聯盟非正式的整合方式。而神諭呢，例如克爾白的那塊黑石，雖然後來被穆罕默德整合進入了伊斯蘭教的體系，但它也是伊斯蘭教以前存在的，它本身就是一個神諭的來源，而神諭本身就是一個幕後操縱和形成新的聯盟、瓦解舊的聯盟的政治來源。神諭本身，除了被先知本人欽定的那一部分以外，到底能不能夠被整合進伊斯蘭教體系中是很有爭議的東西，因為你一眼就可以看出，它本身包含的異教性質是相當大的。

同時，由於巴林鄰近印度河流域的貿易區，它必然要包括很多印度的多神教徒。跟敘利亞的形勢不同，敘利亞是猶太人和基督教徒的問題，他們之間的自治權利是穆罕默德本人和比較正統的沙利亞法學家都承認的，他們是「有經人」，但是印度的多神教徒算不算有經人就是一個很有爭議的問題。比較嚴格的教法學家就會認為，寬容猶太教和基督教是應該的，但是寬容印度的那些多神教就是不應該的，它們是應該被消滅的；但是比較寬容或比較靈活的教法學家就會援引寬容猶太人和基督教的《聖訓》條例，來論證根據各種各樣的理由，這些《聖訓》應該也可適用於印度或外伊朗的多神教居民。釐清伊斯蘭教與多神教之間關係，並不是一個單純的宗教信仰問題，因為後者也是一種自發秩序的重要來源。印度河流域的神廟體系非常接近於最早的蘇美爾和兩河流域的神廟體系。你就不能把它理解成為現代人想的這種理論性的宗教信仰，而要明白它是一個社區統治的中心。

這些神廟的僧侶管理許多事情。例如，他們的神廟同時就是一個金融市場，各種各樣的兌換貨幣的活動是在這裡面舉行的。同時，它是一個招待外來客商和外交官的外交中心，遠來的客商在這裡接風洗塵，神廟要負責接待他們。如果他們被強盜搶了，神廟還要做一點慈善事業，把他們養起來，還要派美麗的女招待——也就是所謂的「神妓」[12]去接待他們，使他們感到心情舒適。同時，在開墾土地、整理水利的時候，神廟像埃及的僧侶那樣，要負責丈量土地。各家各戶和各村落之間土地發生了糾紛，或是來一次洪水以後，原先的土地漸漸被沖亂了，神廟要負責給他們去丈量，打官司的時候要為他們主持公道。神廟還要負責組織水利工程。印度系宗教在南洋傳播有一個重要的因素，就是他們跟沒有印度化的其他部族或馬來系、南島波利尼西亞各系的土著王國有一點不同——他們經營水利的能力一向很強，兩者之間有很大的落差。純粹土著的部落和王國搞水利工程的能力，就不如印度化的或印度王公或濕婆教僧侶組成的這些部族或王國的能力強。

就古印度文化的傳播路線來說，可以說，從南印度出發，經過斯里蘭卡，一直到達東印度群島、馬來半島、爪哇島和巴厘島，這些地方在文化上是連成一片的。凡是有比較大的水利工程的地方，你就可以發現，就是高度印度化的地方。而後來伊斯蘭化的時候你又可以發現，凡是跟海港和海洋貿易關係比較密切、跟伊斯蘭教商團關係比較密切的地方，就是高度伊斯蘭化的地方。所以在這些地方，從波斯灣和巴林開始向東，到印度河、印度西北部、南印度、錫蘭以及東南亞亞太各群島這條線上，宗教和商業組織的關係是密不可分的。例如，表面上的印度教文化的傳播和伊斯蘭教文化的傳播，實質上是以印度教和伊斯蘭教為標誌的社區組織的傳播。這些社區組織有它宗教的方面，有它培養高級知識分子的方面，有它培養例如印度文化古典教育和阿拉伯文化古典教育的方面，但是更重要的還是有涉及民生、日用的各方面的工程建設能力和社區組織能力。

對於巴林島來說，由於它作為貿易中心的地位相當重要，外伊朗和大印度（外伊朗就是包括今天突厥各地、整個北亞洲在內的一個大區域，大印度就是包括今天的印度和東南亞、乃至於東印度群島在內的整個區域）各式各樣的神廟在巴林島不可避免地就有它自己的代表。你如果在《舊約》裡面看到那些先知譴責所羅門王及其繼承者的言辭就可以發現，他們認為這些以色列國王犯了什麼錯誤呢？他們娶了很多外國妃子，在本地給她們建立了神廟。這其實是所羅門王實行向北連接腓尼基人⑬、泰爾和西頓，向南連接示巴女王和葉門的印度洋貿易的一種必然後果。他這樣的做法當然是為了富國強兵，而且也獲得了相當大的成果，反正他的錢是比以前和以後的國王更多了。但這些錢既然跟南北國際貿易有關，它不可能拒絕對以色列國王有幫助的這些商人在他的統治下建立自己的教堂。你要推動「改革開放」，那就要設立特區、吸引外商投資；你要推動「一帶一路」，當穆斯林商人來了，你就得蓋清真寺，讓他去作禮拜。

巴林島也有類似的現象。它包含有大量的在比較狹隘和頑固的教法學家看來是不可原諒的異教神廟，而這些神廟搞出來的神諭或輸出的各種秩序本身就具有習慣法的權威，這些權威在巴林島這個文化體系當中是必須得到容忍的。就像是土耳其人到了阿姆斯特丹照樣要用沙利亞法，而荷蘭的改革宗信徒儘管跟天主教徒打成一團，好像彼此之間都是絕對不能容忍的，但是對於波斯和土耳其的商人直截了當就搞起了清真寺，他們反倒非容忍不可。你如果要問他們，為什麼你們對於親緣關係很近的天主教的教堂一定不能容忍，對於親緣關係很遠的伊斯蘭教徒的清真寺反倒能夠容忍呢？那麼答案就只能是，荷蘭是一個商業國家，荷蘭的真正統治者不是荷蘭的總督，而是阿姆斯特丹的商人。巴林島的情況也是這樣的。

巴林名義上的統治者換過很多次，有的時候它是由阿拉伯帝國的諸哈里發統治，有的時候是由突厥人諸帝國的諸蘇丹統治的，有的時候是由這些帝國分裂以後統治伊拉克或波斯的節度使、埃米爾之類的統治的，相當於是藩鎮統治，有的時候是由波斯的沙阿（Shah）[14]統治，到了近代又相繼由葡萄牙人和英國人統治。但是這些統治都是表面上的。在中東的歷史上，即使是一個最專制的帝國，中央對地方的管轄也只到廣東巡撫一級，到不了香山縣這一級。對於巴林島這樣的小小的地方來說的話，他們也就是在霍爾木茲或巴斯拉的出海口設一個總督，這些總督把巴林島和波斯灣的各個小島也都象徵性地治理。而他們實際上要的也就是，巴林島上的這些商業寡頭豪門定期地上貢一筆錢或一些土特產，然後對這些地方社會的內部事務他們就懶得管了。無論是阿拔斯大帝、蘇萊曼大帝還是其他各路軍閥，他們要管的也無非就是這些。所以實際上對於巴林島的真正的社區來說的話，這些外來的統治都是無關緊要的。

直到近代，英國人把巴林納入了通向印度和東印度群島的貿易體系，並使巴林本身的習慣法得到了最大限度的發展。英國人統治下的巴林習慣法體系當然也是包括以前葡萄牙人留下的天主教體系，各種印度教體系，還有來自於東印度、阿拉伯、波斯以及內亞地區的各種伊斯蘭教體系，當然還包括自古以來，始終頑強存在的歐爾夫——也就是非伊斯蘭教的阿拉伯習慣法體系。這些體系在英國人的統治之下，除了失去無限制相互戰爭的權力以外，實際上有了更好的建立聯合政治體系的關係。

我們剛才講到，英國的普通法從日爾曼習慣法的基礎上成長起來，最後形成了大英帝國，向全世界輸出秩序，而阿拉伯世界的這些土豪在環印度洋的整個珍珠鏈地帶也建立了很多商業性家族，把伊斯蘭教傳到了東非，傳到了印尼，但是為什麼他們建立不起來最高級的政治組織，頂多就像是萬丹或亞齊這樣小小的、比城邦大不了多少的伊斯蘭教國家，始終沒有能夠建立起像英格蘭王國這樣具有經驗主義國民構建性質的政治體系呢？這裡面有很多原因，但是其中相當重要的一個原因就是，他們的體系缺乏像的威斯敏斯特國會⑮這樣的中樞協調機制。

我們不要認為，中世紀時期的英格蘭議會政治，哪怕是在模範國會（Model Parliament）⑯出現後，因為在整合各種法律體系的過程中間取得了相當大的成績，就已經具備近代議會的形式了。實際上，這個時期的國會所做出的判例，雖然從原則上講它是英格蘭王國的最高法院，但是實際上還是示範的意義居多。不要說是遠方的糾紛了，就算是劍橋市民和劍橋大學為了喝啤酒打架打出來的那些糾紛都一直鬧了幾百年，需要國會不斷地出新的判例，而原先的判例也是只有示

⑫ 神妓（Sacred prostitution），是指在廟宇裡生活，為朝拜者提供性服務的人，在古代的印尼、印度、兩河流域、希臘羅馬及早期美洲歷史上都有過紀錄。神妓不一定是女性，例如在古迦南的阿斯塔蒂神廟（Astarte，生育及豐饒女神）的神妓便是就男女皆有。

⑬ 腓尼基（Phoenicia）指古代地中海東岸地區，其範圍包括今天的黎巴嫩和敘利亞，居民為閃米特人的支系腓尼基人，擅長航海和商業貿易，他們為了便於修築堡壘以及防禦，大部分的腓尼基城鎮都建在沿海地帶，而且是各自獨立的城邦。腓尼基人在全盛期，約西元前十二至前三世紀，曾控制了整個西地中海的貿易，並在西亞及北非沿岸建立了不少殖民點，成為今天地中海國家民族組成的一部分。腓尼基人發明的腓尼基字母，是人類歷史最早的拼音書寫體系之一。

⑭ 沙阿（Shah）全稱為「萬王之王」（Shahanshah），是古代伊朗高原諸民族——即波斯人的傳統君主頭銜，源自於西元前六世紀波斯帝國的阿契美尼德王朝。

⑮ 威斯敏斯特制（Westminster system，也譯為西敏制），以英國國會所在的威斯敏斯特宮為名，是指以英國國會體制為基礎，奉行議會至上原則的議會民主制，也就是權力來源（國家元首）與權力執行（政府及國會）的分離，其運作模式複雜且源自於各種歷史慣例，目前在英國之外，主要為大英國協成員如加拿大、南非、澳洲、紐西蘭、馬來西亞、新加坡等國使用。

範性質的。它的整合程度，用沃格林（Erich Vögelin）[17]的話來說就是「連屬性」，也是一個動態加強的過程。而在中東伊斯蘭世界，更不要說是遠東了，這些不同的、各有自己習慣法的社區之間的連屬性是很差的。連屬性很強，結果就像英格蘭王國或像羅馬共和國那樣，在無敵艦隊突然出現的關鍵時刻，倫敦商人自己出錢建立的走私貿易船隊和女王陛下的皇家海軍是能夠協同作戰的；如果連屬性很差，那就像是麥加共和國那樣，在面對穆罕默德的威脅的時候，最大的商人阿布．蘇富揚的家族必須孤軍作戰，其他人根本置身事外。

巴林島原本比較接近於麥加共和國這種鬆散的狀態，但是英國殖民者來了以後，通過英國式的殖民諮詢體系，使他們的連屬性有了一定的加強。這個諮詢體系其實你在香港就可以看得到。從名義上講，根據《英皇制誥》[18]，香港總督是可以掌握行政立法全權的，但是實際上他要通過行政局、立法局和各種諮詢委員會這樣的方式，來廣泛地吸納各種廣東商會和土豪之間的意見。這樣的吸納至少會有一個結果：比如說像廣東的土客械鬥[19]這種事情在香港就是不容易發生的。在馬來半島，原先各蘇丹國之間以及各蘇丹國跟暹羅之間經常發生的武裝衝突，在英國人主導的馬來聯邦成立以後也就基本消失了。消失的原因在於，原先非要打一場不可的，現在可以通過司法體系和協商體系來解決了。巴林的情況也是這樣，原先割裂得很厲害的各個社區，在英國總督統治下的各種協商委員會和混合法庭的主持之下，大體上能夠做到相安無事。

而且，英國人為他們設計的各種諮詢委員會，實際上便起了一種協調作用，如同英國的上議院。因為英國上議院的代表包括各自的主教和貴族，原先具有強烈羅馬法風格的教會法和原先具有強烈日爾曼風格的撒克遜法，當然還有丹麥法和其他各個法系，通過上議院的封建貴族和教會貴族之間的交流，在一定程度上能夠得到溝通並消融衝突。英國人在巴林島建立起來的這些諮詢委員會，實際上就會把波斯系的、突厥系的、阿拉伯系的、伊斯蘭系的、印度系的和阿拉伯異教系的各種習慣法，通過他們的元老和長老加入英國人組成的諮詢委員會和英國人主辦的混合法庭的過程，使他們有了一定程度的協商，使他們不像以前那樣各顧各的，並且多多少少形成了一個

⑯ 模範國會（Model Parliament）在英國歷史上是指一二九五年召開的英格蘭議會。其前身來自於一二六五年由英國貴族西蒙．德．蒙福爾（Simon de Montfort）按《大憲章》召開的「西蒙議會」，除了教士、貴族代表之外，還納入了騎士和市民代表，是英國議會政治的開端。一二九五年，英王愛德華一世為籌集戰爭經費，便仿照「西蒙議會」召開全國會議，約有四百名各地代表出席。愛德華國王在會議召開時宣布「凡涉及眾人之事，應由眾人決定，」（what touches all, should be approved of all），被十九世紀維多利亞時代的英國憲政史學者威廉．斯塔布斯（William Stubbs）譽為「模範議會」。

⑰ 埃里克．沃格林（Erich Hermann Wilhelm Vögelin，1901–1985），現代美國著名的政治哲學家。

⑱ 《英皇制誥》（Hong Kong Letters Patent, 1843年–1997年），通稱「香港授命狀」或「香港憲章」，是香港英治時期的重要憲制性法律文件，授予香港總督權力，能夠掌控行政、立法及司法機關，而這些機關並無任何制衡港督的權力，而王室對香港總督和政府有絕對的控制權，例如港督兼任行政局和立法局主席，及委任兩局除當然官守議員之外的全部議員，可以違背行政局的決定而行事，亦可以不批准立法局通過的條例草案，並且有法官和官員任命權，可以隨時中止任何法官、官員和議員的職務，確立香港所有權力集中在總督，使總督能高效率對殖民地政體施政。

巴林社會的共同利益的觀念。這樣，在英國人逐步撤出巴林的過程當中，各個民辦法庭的法官、各個部落酋長和教育司法體系的各機構達成協議、建立一個准政權的可能性就大大提高了。

最後在英國人真正撤出的時候，他們實現的准政權的形式就跟科威特有一點不同：他們不像科威特和阿聯酋，每一個邦國都產生了勢力最大的部族或其他什麼土豪領袖當他們的國主，而是在各類大土豪相持不下的情況下，選出了一個對各方面都沒有威脅的小土豪當他們的頭目。這個土豪在英國殖民時期的自治條件下，他們的性質與其說是民辦法庭的法官或說是部落的酋長，不如說是「山長」[20]。他們的頭銜是「哈基姆」（Hakim）[21]，這個詞翻譯出來就大概是智者或賢者的意思。相反，「埃米爾」這個詞翻譯出來就可以翻譯成為酋長或節度使。酋長或節度使當然是擁有武裝、可以做一方軍閥的人，而智者或賢者就比較接近於王陽明先生或朱熹朱老先生舉辦的書院。他的主要作用就是引經據典講道理，以判案為次，很少涉及軍事方面的事務。

當然，無論是在伊斯蘭教法還是在儒家禮法的體系當中，教育機構和司法機構都是很難完全分開的，因為教育的目的就是為了讓你讀書明理。讀了儒家的書以後，你就懂得孔孟的道理了，就不會不孝敬父母、跟鄰居隨便起衝突了。如果還是起了衝突，解決不了，那就去找德高望重的王陽明老先生來仲裁一下。你說王先生是誰呢？他們的正式身分當然是書院的教師爺，是教學生的，但是他們不可避免地同時也給周圍的社區提供了民辦法庭的功能。哈基姆或智者的功能也是這樣的。原則上講它應該是一個教育機構，但是實際上它不可避免地也發揮了一定的司法機構的職能。但這種司法是和平仲裁的性質比較多，不像是埃米爾或酋長的法庭，雖說也是依據習慣法，但是軍事性質就要濃厚得多了。

很顯然，如果僅僅依靠哈基姆或書院山長這一類角色，是鎮不住江山的。而書院山長之所以能夠當一國之主，關鍵就是在於，它有很多不同的埃米爾，再加上很多商會主席、商團團長、宗族領袖這些人，他們大家相持不下的情況下，無論誰掌權都鎮不住。如果說是瓦利德家族或薩巴赫家族能夠在科威特的政治分額當中拿到四成或五成的支持率，其他各大家族當中，最大的家族頂多也只能拿到百分七到八的支持率，那麼薩巴赫家族或瓦利德家族當這個埃米爾大酋長是沒問題的。但是如果像巴林這樣，最大的埃米爾頂多只能夠拿到百分之二到三的支持率，其他的小埃米爾拿百分之零點五到八，星羅棋佈，結果就形成幾百個甚至幾千個小的勢力範圍。各個勢力團體，最大的也就是能夠拿百分之五到八，各個小團體組成的聯盟或最大黨派也頂多就是拿百分之十二到十八。那樣的話，無論是誰上台當這個頭，他都鎮不住。

在這種情況下，最好的辦法非但不是讓最強者當權，反倒是讓一個最弱者當權。而這個最弱者，照我們東亞習慣的語言來說，他是一個不會打仗的讀書人。他上台後，就不用擔心他對任何一方搞專政。同時，他上台也就是當一個名譽主席，能夠協調各方勢力。因為他自身沒有什麼大的勢力，所以你可以相信他。他上台以後，比起任何一方有勢力的人上台，對那些沒有上台的人都會更公正一些。因此這樣一來就變成，哈基姆當上了巴林島的統治者。如果這些事情換成東亞的語言來說就是，王陽明老先生當上了「吳越國」的國家元首。吳越國本來有很多土豪都是像錢王一樣手中帶著兵的，但是他們害怕大家打起來以後把吳越的一片江山給打爛了，妨礙大家悶聲發大財，這樣做是不好的。所以結果大家就達成協議說是，凡是有槍桿子的人都下台，我們選一個沒有槍桿子但是德高望重、很會講道理的書院山長出來當我們吳越國的國主。這位國主的稱號不是蘇丹，也不是埃米爾，他就是哈基姆。也就是說，吳越國是一個書院山長領導的國家。當然不是說書院的山長真的能夠統治，而是說他是一個比較好的平衡者，能夠平衡各路埃米爾之間的衝突。

於是，我們熟悉的哈基姆就用這種方式，在英國人即將撤退的時候便成為未來巴林的國家元首。然後在英國人撤退以後，它的勢力再加上英國人留下的一點援助，足以阻止周遭的政權，像海珊入侵科威特那樣企圖併吞巴林。要知道，伊朗一直聲稱巴林島自古以來就是大伊朗的一部分，像台灣自古以來就是中華人民共和國的組成部分、科威特自古以來就是伊拉克的第二十個行省那樣。而且比科威特更加複雜的就是，聲稱方不止一方。伊朗人說巴林島是他們的，伊拉克人和沙烏地阿拉伯王國人也有一定的歷史理由說巴林島是他們的，因為歷史上的阿拉伯人的帝國和歷史上的波斯人的帝國都曾經統治過巴林，直到巴林在葡萄牙人和英國人的保護之下變成獨立的政治實體為止。

但是無論如何，巴林處在這個要衝之地，在英國人和美國人的保護之下，還是不顧波斯人和阿拉伯人的抗議，自己獨立了。既然它獨立的方式是像我剛才說的那樣，是用類似經驗主義習慣法的方式獨立出來的，所以它也就不需要像伊拉克的阿拉伯復興社會黨或東亞的國民黨那樣搞一套從三皇五帝到蔣介石、孫中山的敘事體系出來。對於它來說，巴林的文明雖然跟伊拉克一樣古老，比波斯和東亞的中國還要更加古老得多，但是它的合法性來源並不是那些古老的歷史神話，而是各式各樣的習慣法法庭和英國人留下的諮詢委員會。

當然，它既然形式上獲得獨立了，哈基姆這個稱號跟周圍的埃米爾、總統、國王相比起來的話就顯得不夠硬了。埃米爾這個稱呼在蘇丹面前就已經很像節度使了，哈基姆這個詞在埃米爾和蘇丹面前簡直就像一個山長，顯得底氣不硬，不夠國家元首。所以，原先的哈基姆在自己根基已經站穩以後也就開始給自己改稱號。首先把自己改成埃米爾，這樣做我就跟科威特的埃米爾平起平坐了；最後又直截了當改成歐洲式的「國王」[22]。這樣做的好處是，一方面，我像暹羅國王一樣，看上去就像是歐洲國際體系的一部分了，更容易贏得西方國家的認同；另一方面，國王自古以來就是獨一無二的，而埃米爾卻不大好說是獨一無二的。你是大埃米爾、大酋長，我還可以是小埃米爾、小酋長。至於哈基姆，那就是一個書院的山長。天下書院多得是，而哈基姆就只是一個比較德高望重的知識分子而已。

所以經過了這兩次改國號，可以說，巴林島象徵性的中央集權程度至少是大大提高了，巴林現在的國王就不像是開國初期的哈基姆那樣毫無權力了。但是我們也要注意，由於巴林島這個立國性質的原因，絕大部分實際的權力還是在它的各個有權行使習慣法的司法體系當中。巴林國王於二〇〇二年才重新制定新憲法，以及基於這個憲法所搞出來的國會、內閣，都只是浮在水面上的一層膜，跟馬來西亞聯邦的統治者會議和政府是差不多的，實質的權力並不在中央政府手裡面，還是留在巴林島的各路土豪手裡面。

巴林伊斯蘭博物館（Beit Al Quran）圓頂的花窗玻璃圖　伊斯蘭博物館的主要收藏品是各歷史及文化版本的《古蘭經》抄本與各類古籍文獻，象徵著開放及包容的伊斯蘭宗教精神。花窗玻璃常見於教堂或清真寺的裝飾，多以宗教故事或教會所在地的文化特色為內容，如伊斯蘭博物館的花窗玻璃以象徵真主及海洋的藍色為主，充分展現出巴林自發秩序的獨特性。

這就是巴林島的歷史。可以說，中東地區習慣法最豐富，無論是伊斯蘭的習慣法還是非伊斯蘭的習慣法最豐富，司法自治最徹底，真正的典範都是巴林而不是科威特和阿拉伯聯合大公國。巴林等於就是環印度洋伊斯蘭文明的一個秩序核心的輸出源。在其他地方混不下去的教法學家或有什麼特殊想法的立法者到巴林來，都可以搞出自己的勢力範圍。同時，巴林保存了中世紀的那種鑲嵌結構。你到巴林去，它的某些區域就會很像是澳門或果阿。雖然生活在一個周圍都是穆斯林的汪洋大海當中，你的感覺卻會像是進了宗教改革時期的天主教社區那樣。

巴林跟我們一般印象中的中東國家，其實很不一樣。像伊拉克和敘利亞這種首先經過奧斯曼

⑲ 土客衝突指明清時期南方省分的本地人與客家人之間的激烈械鬥衝突，其中以晚清時期位於廣東珠江三角洲的四邑地區衝突最具代表性。土、客二字，前者通常是本地人，後者是指客家人，例如廣西的土客衝突，土方為壯族及漢人；江西的土客衝突，土方則為江西本地漢人。

⑳ 山長，又稱院長、山主、洞主、主洞、掌教等，古代書院的負責人，主持教學與行政，類似今天的大學校長。據宋代文獻《荊湘近事》紀錄，「山長」之名始於五代；書院歷任山長大多是德高望重，如王守仁（陽明）、吳道行、王闓運、黃彭年、吳汝綸、王韜均都曾當過山長。乾隆三十年（一七六五年）諭令改稱院長。但一般仍習稱山長，丘逢甲也曾為崇文書院之山長。

㉑ 哈基姆，伊斯蘭頭銜，在阿拉伯語中共有Ḥakīm及Ḥākim兩種變體，兩者皆具有閃米語的「任命、判斷、選擇」的意涵。Ḥakīm意思為「智者」及「醫生」，後者為中東地區傳統醫學「尤那尼」（Unani medicine）醫師的頭銜。而Ḥākim通常則是用作統治者或執法者（如法官）的稱呼。

㉒ 一七八三年，伊斯蘭遜尼派的巴尼烏巴族（Bani Utbah）占領巴林，並由阿勒哈利法家族建立王朝並統治至今。艾哈邁德（Ahmed ibn Muhammad ibn Khalifa, ?–1795）為巴林第一位哈基姆統治者。巴林於一九七一年宣布獨立，脫離英國保護並改制為埃米爾國，並於二〇〇二年改為歐洲式的王國（kingdom）。

式大帝國的蹂躪、後來又經過阿拉伯復興社會黨統治的中東國家相比，性質上是非常不同的。那些大國，也許有的時候會產生出一個引進西方法律的開明統治者，但在大多數情況下它是對無論哪種來源的習慣法都採取壓制和敵視的態度的，並且盡可能地建立我們都熟悉的那種黨國體制。即使不是黨國體制，至少也要建立一個哪怕是改革派和開明派的、類似彼得大帝那種行政官專政的體制。而巴林卻是非常類似歐洲中世紀的那種多元統治，政府形同虛影，基本上不起什麼作用，各種不同的習慣法都能夠發展起來，而且彼此之間還能相安無事的政治體系。

巴林通常被稱為伊斯蘭國家，但這是不大瞭解伊斯蘭世界的外人的叫法。其實照伊斯蘭內部的叫法來說的話，巴林其實分為伊斯蘭和非伊斯蘭的不同部分，就像奧斯曼帝國是分為奧斯曼和非奧斯曼部分。不是說地圖上劃在奧斯曼帝國裡面的部分就都是奧斯曼人，奧斯曼帝國內部有很多地方是非奧斯曼人的。巴林也有很多地方是非伊斯蘭的。最重要的不是伊斯蘭和非伊斯蘭，而是無論伊斯蘭還是非伊斯蘭，他們都有無最高權威的習慣法及自發秩序。正如十九世紀的英國殖民者來到此地後感嘆，如果說世界上有哪裡最接近英國的普通法傳統，那就是在阿拉伯半島上的波斯灣海岸地區。

按照歷史發展的一般規律來說，我們可以設想，這些地方對於伊斯蘭教融入現代世界會發揮特別重要的作用。對於民族發明或說是國民共同體的政治構建來說的話，它也提供了最佳的實驗範本。它不僅比根本構建不起任何民族的文化泛民族主義理想（因為它能夠統治），也比能夠統治但是只能通過專制方式統治、不能自我治理的奧斯曼主義方式完善。在國民民族主義的構建方式當中，比起法國式的理性主義方式和德國式的先驗主義方式來說的話，它都是更能平穩過渡、更能避免劇烈革命的構建方式。

巴林
民族發明大事記

時間	事件
古代	**巴林島與迪爾蒙文明** 位於波斯灣中部的巴林島，是古代迪爾蒙文明的核心地區，亦是美索不達米亞地區通往印度洋地區的海洋貿易中轉站；由於位處交通要道的地理優勢，巴林從古代的迪爾蒙文明之後，皆是周圍歷代帝國或政權覬覦的目標。
1521年	**葡萄牙統治時期** 葡萄牙人在16世紀初期發現通往印度的「新航路」後，於1521年派遣武裝部隊占領了巴林島，並在當地修建軍事要塞巴林堡及多個商業性聚落，包括今天巴林的首都麥納瑪城。葡萄牙人在巴林的殖民統治16世紀初開始，一直持續至17世紀初，巴林當地民眾在波斯人的協助下最終在1602年驅逐所有的葡萄牙人並結束其殖民統治。
1602至1717年	**波斯薩法維帝國統治時期** 波斯的薩法維帝國於1602年擊敗葡萄牙人並占領巴林後，給予當地高度的自治權及商業貿易權利。17世紀的薩法維帝國是伊斯蘭什葉派神學及教法學的鼎盛時期，出於宗教性的理由，薩法維帝國高度尊重同屬於什葉派的巴林，並扶植當地的宗教組織發展，也確保了巴林的自發秩序未曾中斷。
1717至1783年	**薩法維帝國的失敗及巴林大洪水** 阿富汗人於18世紀初入侵波斯，導致薩法維帝國統治秩序的崩潰，引起阿拉伯半島南端的阿曼帝國於1717年入侵巴林並展開海盜式的劫掠行為。在1730年後，薩法維帝國試圖重建自身在波斯灣的霸權秩序，並於1736年重新占領了巴林，但波斯對巴林的控制力在18世紀時期始終未能恢復到17世紀的程度，多年的戰亂及政權更迭也造成了巴林當地的社會秩序混亂與人口銳減。
1783年	**阿勒哈利法家族王朝的建立** 出生於科威特的艾哈邁德（Ahmed ibn Muhammad ibn Khalifa）於1783年率領主要由科威特部落組成的軍隊入侵巴林，結束波斯人的統治並就任了巴林首任哈基姆，確立了哈利法家族在巴林的統治基礎。1800年，波斯人曾再次入侵巴林但無功而返，哈利法家族確保了統治巴林的權威及正統性，此為今天巴林王國的起源。

1820年

巴林與英國簽訂海事條約

1820年，哈利法家族（Al Khalifa）在巴林的統治權獲得英國承認，雙方於1820年簽訂了《波斯灣海事條約》（*General Maritime Treaty of 1820*）；在1861年則簽訂了《永久和平與友誼條約》（*Perpetual Truce of Peace and Friendship*），並於1871年，巴林正式成為英國的保護國。從19世紀中期開始，巴林在英國的保護下獲得快速地經濟發展，並逐漸趕上了科威特及馬斯喀特，成為波斯灣的貿易中心之一，與此同時，巴林的社會結構也在這段時間內，從傳統部落逐漸轉型為現代化的城市，並吸引了大量外國商人如印度人、波斯人、阿曼人前來定居，發展多元的社區結構。

1932年

巴林發現石油並進行產業轉型

巴林於1932年發現石油並開始發展相關產業，促使當地的經濟與產業結構進一步轉型；英國亦加強與巴林的合作，在1935年將中東司令部從伊朗的布什爾遷往巴林。

1965年

巴林民族解放陣線與三月革命

巴林石油公司於1965年解雇數百名工人，引發當地的學生及工人運動，並迅速發展成大規模的罷工事件；具有左派馬克思主義色彩的巴林民族解放陣線（National Liberation Front – Bahrain）藉由這次罷工事件發起「三月革命」，企圖推翻巴林的君主制度與英國保護，建立類似阿拉伯復興社會黨的敘利亞或伊拉克等左派民族國家，並短暫控制了巴林的穆哈拉格省區，最終未能引起大眾認同，在1965年4月便遭到巴林當局鎮壓平息。由於經濟及社會結構的現代化，巴林是波斯灣地區少數擁有現代化工業的國家之一，因此也誕生了波斯灣地區少見的工會組織並提供了左傾的泛阿拉伯民族主義發展的溫床。

1971年8月14日

巴林宣布獨立

英國於1968年宣布即將於3年後終止對波斯灣國家的保護，因此巴林與包括特魯西爾聯盟等七個酋長國與卡達酋長國進行九方會談，商議如何組建聯合國家；但由於自身產業利益與社會條件的差異，巴林退出會談並尋求自建為主權國家。此外，巴林與伊朗之間也有著長期的歷史主權爭議問題，因此巴林於1970年就「獨立或是與伊朗統一問題」進行民意普查（或稱非正式的全民公投），絕大多數的巴林人皆認同獨立，因此巴林最終在1971年8月14日宣布獨立。巴林從19至20世紀以來的民族發明過程緩慢，但在英國的保護下其原有的習慣法及社區傳統得以完整保存，最終成為一個社會結構多元自治的民族國家。

桑吉巴自治區

Republic of Zanzibar

Jamhuri ya Zanzibar

成立時間：1964年4月26日

首都：桑吉巴市

八、桑吉巴

伊斯蘭「香港」的窮途末路

桑吉巴[1]在今天的地圖上，或一般介紹中都會被當作是非洲的一部分，但是在歷史上它並不屬於非洲。它以「一國兩制」的方式變成坦尚尼亞和非洲的一部分，這正是它毀滅的原因。我們可以說，歷史上的桑吉巴類似於歷史上的上海、香港和澳門，如果說上海不屬於中國和亞洲，同樣桑吉巴也同樣不屬於坦尚尼亞和非洲。如果我們要問上海屬於哪裡，答案應該是，上海、香港和新加坡應該同屬於同一個聯邦的。它們三者雖然都粘連在東亞大陸之上，本質上卻是不屬於東亞大陸的。澳門應該跟果阿（Goa）[2]和聖保羅（São Paulo）[3]連在一起。聖保羅很難說是屬於巴西的，而果阿跟印度也差著十萬八千里——儘管從地圖上

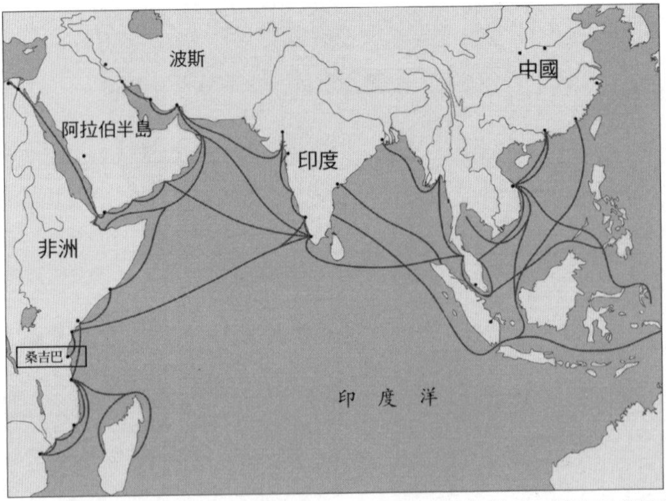

中世紀早期的印度洋貿易圖　圖為西元6至10世紀的印度洋長距離海洋貿易路線圖，此路線以印度洋為中心，連接東非、阿拉伯半島、印度與東南亞群島沿海各據點，使其成為一關係緊密的「文明之網」。其中位於東非的桑吉巴是此路線的重要貿易據點之一。

看，果阿就是在印度次大陸的一個邊緣上，而聖保羅也是在南美大陸的邊緣上。桑吉巴在歷史上的地位跟麻六甲是差不多的，儘管它跟麻六甲的距離從地圖上來看非常遠，但是地圖上分隔它們的其實只是印度洋，海路的流通速度是很快的，它們分別位於印度洋的東西兩端，實際上就相當於雙方是鄰居一樣。而它們跟彼此非常接近的亞洲大陸和非洲大陸從地圖上看非常近，實際上的真實運輸距離，更不要說是政治和文化上的距離，卻是非常遠的。這種特殊現象是它們繁榮昌盛的原因，也是它們在近代民族發明的過程中間面臨毀滅的主要原因。

上海毀滅（我們可以說這已經是一個過去時的故事了）的主要原因是在於，它很不幸地不是

① 本書提及的桑吉巴（Zanzibar），其名稱可能來源於波斯語中的「黑人海岸」，是位於今天東非坦尚尼亞聯合共和國東部的半自治區，其地理構成主要為印度洋上的桑吉巴群島，包括了許多小島和兩個主要大島，溫古賈島（Unguja，通常非正式稱為「桑吉巴島」，面積為一千六百五十一平方公里），另一個是奔巴島（Pemba，面積為九百八十平方公里）。桑吉巴於一九六四年以前為獨立的島嶼國家，與阿拉伯世界有著悠久的貿易史，其首府設於尚吉巴的首府位於溫古賈島的桑吉巴市，該市的老城區是的石頭城，是過去東非奴隸貿易的交易中心，因其獨特的歷史文化價值列為世界遺產。

② 果阿（Goa），印度西南沿海港口城市，一五一〇年由葡萄牙人建立，曾長期充當葡萄牙在遠東地區如麻六甲、澳門等地殖民開拓的基地，一九六一年被印度兼併。

③ 聖保羅（São Paulo），巴西最大城市，同時也是南半球和西半球人口最多的城市。原為十六世紀後半期耶穌會建立的傳教殖民點，一六四〇年後被新來的「拓荒者」（bandeirantes）接管。十八世紀前，該城經常發生原居民和來自葡萄牙及巴西其他地區新移民的爭鬥。

一個島嶼，而是在亞洲大陸上，因此沒有辦法跟中國分割開來。如果它是一個島嶼，而且隔著一條寬闊的海峽，有堅強的防禦，可以以很低廉的成本就把它跟亞洲大陸隔開的話，也許今天的人會覺得東京和首爾都不過是鄉下人住的地方。當年日本明治維新開國的時候，日本武士想要購買西洋的書籍，想要購買西洋的武器，他們能夠去哪兒呢？他們能去的地方就是上海。在當時的日本武士眼中，上海就是西洋，而日本才是一個充滿鄉土的地方。而上海就因為它不是一個島嶼而連在大陸上，今天雙方的地位完全顛倒過來。今天的上海人到了東京，就會覺得自己是鄉下人了。他們沒有幾個人能夠想得起來，在他們祖先的時代，在甲午戰爭和明治維新以前的時代，是日本人覺得自己是鄉下人。需要看點什麼洋里洋氣的東西，他們都得自己到上海來。今天的香港，由於所謂的一國兩制，很有可能重複上海的悲劇，因為它不幸是一個半島，而被連在了紅色中國的大陸之上。未來時代的人們很可能會忘記，在一九七八年的大陸縣城青年眼中，香港本身就代表西方世界。而香港如果不能夠奮發圖強的話，很可能會落到上海或桑吉巴那種下場：本來曾經把它周圍的所有地方都看成鄉下人，結果到頭來卻被原先他們瞧不起的人的子孫看成是一個邊遠的、貧困的、破落的外省城市。

這個故事的開始必須追溯到真正的史前時代，也就是說所有的文明都還沒有產生出文字記錄的時代，在人類剛剛產生、雖然已經走出了非洲、但是還沒有走遍世界的絕大部分地方、還沒有產生文明、只是產生了舊石器時代和新石器時代的小群落和文化的那個階段。在那個時代，後來在有文字的歷史時期起過重要作用的歐亞大草原或稱「內亞海洋」的交通紐帶都還沒產生。我們要明白內亞海洋的意義是怎樣產生的，它是隨著人類交通運輸的兩次革命產生的。第一次革命產生了可以馴化的家畜和有輪子的車輛，第二次革命產生了有鞍和有鐙的馬。第二次革命是在第一次革命的基礎上進行的。它們的共同作用就是，把原來其實沒有什麼特殊性、除了地形稍微平坦一點以外、運輸和資訊傳播的速度跟陸地其他部分沒有什麼區別的歐亞大草原或內亞海洋，變成一個類似於帆船時代皇家海軍的「七海」[4]那樣一個便捷快速的通道。通過歐亞大草原的傳輸交流，就比在其他地方翻山越嶺慢慢走過去要快得多，但是在這兩次革命之前並不存在所謂的「內亞海洋」。

在一萬年或兩萬年前的史前時代，人類既沒有英國商團的帆船，也沒有文明初期的馬車和戰馬。他們相互聯繫的方式，要麼就是步行，以一邊打獵一邊收集植物果實的方式不知不覺地緩慢移動，要麼就是用很簡陋的葦草船、蒲草船諸如此類的東西，沿著海岸和河岸一點一點前進。在這兩種方式當中，相比之下，又是坐著那種非常簡陋的單體船、雙體船、草船之類的船，前進的速度比起僅僅用腳走路要稍微快一點。

所以你也可以說，海路和陸路的消長在人類歷史上是經過了兩次恰好相反的變遷的：因為人類首先發明了船，所以在先史時代這個階段，海路一度比陸路優越；然後等到人類在肥沃月灣地帶馴化了驢子、馴化了馬、使用了馬車和戰馬以後，騎馬又比坐那種簡陋的船要更快了，在這第一次革命當中，陸路戰勝了海路；然後再到近代，隨著三桅快船的進步以及隨後的蒸氣船的出現，陸上的馬車，哪怕是取代馬車的鐵路，在傳送速率和運貨量的方面都沒有辦法跟巨大而迅速的海船相比，於是在這第二次革命當中，海路再次戰勝了陸路。可以說，人類的整個文明，至少是文明的核心部分，是圍繞著這兩次運輸的革命而展開的。在第一次革命以前，海路更快一些；在第一次革命以後，文明的中心圍繞著歐亞大草原這個陸地海洋展開；在第二次革命以後，文明的核心圍繞著掌握海權的英國和美國這樣的海權國家而展開。霸權也是隨之而轉移的：鮮卑人和蒙古人的霸權都是圍繞著歐亞大草原展開的，中古時代最主要的商人——也就是外伊朗的內亞商人，他們發揮了類似漢薩同盟的作用；而從近代以來，歐洲沿海的商人，比如漢薩同盟、荷蘭人和英國人，逐漸取代了內亞商人的地位。

在第一次革命以前，起源於非洲的人類在還沒有擴散到所有大陸之前，第一個來到的地區便是西亞。他們在西亞發展出人類最古老的初期文明以後，還沒有學會使用各種牲畜、但已經開始學會使用比較簡陋的船隻的時候，便開始向四面八方擴散。向東擴散的路線就是沿著印度的海岸和東南亞的海岸不斷向東，然後向北。從西亞開始，然後沿著印度海岸來到今天的東南亞，然後沿著東南亞的海岸一步一步北上，最後填充了東亞的太平洋海岸的大部分地區。在這個時期，越過塔里木盆地和河西走廊的那條內亞交通線還不是很便利。這次大遷移的時間至少是在一萬年以前，也許在一萬五千年以前。東亞沿海部分和東南亞沿海部分最古老的族群，今天所謂的南島語族、馬來—波利尼西亞語族[5]的祖先，東亞古典文獻中記載的那些斷髮紋身的越人的祖先，十之八九就是在這一次遷移當中布滿了東亞和東南亞沿岸各島嶼。他們其實才是東亞和東南亞最早的居民。

然後西亞隨著文明歷史的發展，牲畜開始被人類馴化，兩河流域便出現了以戰車武裝起來的強大的王國。在他們建立起來一千年到一千五百年以後，使用戰車的族群以殷商和周人的名義出現在東亞大陸。殷商的後裔以孔子為代表[6]，周人的後裔以周公為代表，建立了我們所知的今天所謂的華夏文明的源頭。孔子時代的作家把它稱之為是「諸夏」，孔子本人也很喜歡用「夏」這個詞。而我們從歷史上考證「夏」這個詞最早出現於外伊朗，也就是今天兩河以外的巴克特里亞[7]一帶，然後它又出現在鄂爾多斯一帶。在春秋時代齊桓公「救燕伐戎」的時候，大夏的位置在今天的山西南部。最後，春秋戰國時代，文明起來的東亞列國普遍將自己稱為「諸夏」。而在他們的南方，例如在楚國的南方，有一些居住在山林裡面、斷髮紋身、不參加諸夏聯盟的小國，這些國家通常被稱為越人，他們經常被諸夏征服。諸夏各國以及接受了部分諸夏文化的楚國經常把征服越人作為自己的戰績，像美國人征服印第安人一樣。

這些「諸夏」，從他們使用的技術的特徵、來源、出現的時間和遷徙的軌跡來看，很有可能他們就是西亞地區發明了戰車、學會了使用牲畜和學會了冶煉青銅器的那些族群的後裔——即使不是血緣上的後裔，至少是政治和文化上的後裔。他們可能真的就是西亞族群向東遷移，在南島人以夷人和越人的名義已經佈滿東亞以後進入東亞，以殖民者身分征服了東亞，然後把自己叫做諸夏，把那些先於他們定居在這些地方、栽培了水稻和其他很多作物的夷人稱之為是有待征服和教化的野蠻人。也可能，他們並不是西亞那些居民的直接後代，而是學習了西亞技術和文化的內亞居民，然後近水樓台先得月，從內亞入侵東亞，但也演化出了我剛才描繪的那個進程。在孔子時代和孔子以後的幾百年，東亞的整個歷史，就可以說是建立了禮法和國際交涉傳統的諸夏各城邦與保持部落形態的越人之間的一系列鬥爭。直到漢朝時期，甚至是直到東吳和南朝時期，這些越人像後來的苗人和瑤人一樣，逐步被諸夏的政治繼承人征服，喪失了肥沃的平原，一步一步退向山林深處。這個過程也就是第一次交通革命當中陸路暫時戰勝了海路的結果。

孔子和他的同時代人曾經自豪地以諸夏自居，說「諸夏親昵」、「夷狄豺狼」⑧。夷者，東夷；狄者，北狄。實際上這話的意思就差不多說是：我們都是內亞人。「諸夏」的意思就是說我們有共同的內亞來源，我們無論是殷人的後代還是商人的後代，都有一個共同的來源。可見

「夏」這個詞基本上是一個虛構出來的共同祖先，它指的就是西亞和內亞的文明源頭。東亞的次級文明是經過內亞地帶，從西方傳來的。殷人和商人雖然彼此敵對，但是在面對著比如說越人和其他更加異質性的族群的時候，他們就認為有必要聯合起來，強調一下彼此的共性：我們雖然彼此之間也有一些小的衝突，但是從政治上和文化上的更大背景來看，我們還是一家人，我們都是古老的「夏」的後代。而這個「夏」，指的其實是來自西亞和內亞的古老文明。

在諸夏的祖先入侵黃河中游和上游，也就是東亞大陸核心地帶的時候，另一支來自外伊朗的族類，就是通常所謂的雅利安人，也入侵了希臘、伊朗和印度。入侵印度的那一支也就是包括婆

④ 七海（Seven Seas）是古代蘇美爾文明以來眾多歐亞文明用以表示全世界海洋的詞，具體所指各不相同。十九世紀的英國人曾將飛剪式帆船（clipper）從東亞到英格蘭的茶葉貿易航線稱為跨越東印度群島附近的「七海」，即：班達海（Banda Sea）、西里伯斯海（Celebes Sea）、弗洛勒斯海（Flores Sea）、爪哇海（Java Sea）、南中國海（South China Sea）、蘇祿海（Sulu Sea）和帝汶海（Timor Sea）。

⑤ 馬來—玻里尼西亞語族（Malayo-Polynesian languages）是南島語系以下的一個分支，使用人口約有三億八千五百餘萬。該語族的語言人口分布很廣，散布於印度洋、南太平洋及北太平洋南部地區，西至非洲東南的馬達加斯加島，東至智利的復活節島，北至夏威夷和台灣的蘭嶼，南至紐西蘭。

⑥《史記．孔子世家》：「孔子生魯昌平鄉陬邑。其先宋人也，曰孔防叔。」；《史記．宋微子世家》：「微子開者，殷帝乙之首子而帝紂之庶兄也。……周公既承成王命誅武庚，殺管叔，放蔡叔，乃命微子開代殷後，奉其先祀，作微子之命以申之，國于宋。」

⑦ 巴克特里亞（Bactria），是一個中亞古地名，位處絲路要道，主要為今日阿富汗北部、塔吉克南部和烏茲別克東南部所組成，古希臘人曾在此地建立希臘化的巴克特里亞王國（Greco-Bactrian Kingdom, 256 BC–125 BC）。

⑧《左傳．魯閔西元年》：「狄人伐邢。管敬仲言于齊侯曰：『戎狄豺狼，不可厭也；諸夏親昵，不可棄也；宴安鴆毒，不可懷也。』」

羅門教和佛教在內的古典印度的起源。他們到了印度以後，又逐步向東南亞遷移。這樣，兩支來自內亞樞紐的文明民族建立了所謂的第一代文明——儘管南亞和東亞的第一代文明如果放到西亞來說的話，時間已經是第二代了。西亞的第一代文明出現的時候，東亞和南亞還沒有任何文明；然後內亞的入侵者進入東亞和南亞以後，東亞和南亞才有了第一代文明。而東南亞東印度群島的文明，請注意，古典時代的東南亞的範圍比現代東南亞要大得多。現代的東南亞從越南和廣西的邊境開始，古典時代的東南亞則是從武夷山甚至是從錢塘江開始的，也就是說，錢塘江和武夷山以東，江南萬里群山的越人，夜郎和滇國的那些居民，是屬於古典東南亞的。近代東南亞的起點在緬甸；而古典東南亞是包括錫蘭島、印度東南部、西部海岸的古吉拉特（Gujarat）[9]和東非的一部分——也就是今天的桑吉巴和馬達加斯加所在的一帶。

如果你要問這個東南亞的邊界為什麼如此複雜，答案就是，這個東南亞正是在戰車和戰馬產生以前，人類坐著原始船隻所走的遷移路線。沿著這條路線，太平洋的各島，東印度群島，大東南亞，是這些居民共同祖先的居住地。然後，隨著陸路相對於海路取得優勢，來自內亞的族群占領了東亞和南亞的核心地帶以後，他們的生存空間開始被一點一滴地被壓縮，逐漸退向島嶼和山地等荒蕪地帶。這個趨勢一直延續到大概十五至十七世紀之間才得以逆轉。這時，人類的航海技術才逐漸開始超越了陸地運輸的技術。

可以說，陸地運輸技術在內亞各種族發明了煉鐵術和馬鐙的技術以後不是沒有發展，但是只有細節上的發展。斯基泰人（Scythians）和蒙古人使用馬匹移動的速度是差不多的。雖然蒙古騎兵又配備了很多小的零件，但是基本上，早在波斯帝國的皇帝大流士遠征希臘的二千五百年前，透過馬匹活動的陸路傳輸方式就已經達到它能夠達到的最高數量級的極限，以後便只是在同一層級上的細節進步，就像鐵路發明以後鐵路火車提速的進步與從沒有鐵路到有鐵路的時代那種革命性的差距是兩回事。可以說，從大流士和斯基泰人的時代一直到了近代西伯利亞大鐵路開始鋪設的時代之間，歐亞大草原的運輸是處在同一個層級上，只有細節性而沒有根本性的改變。

在十五至十七世紀之間，人類緩慢進步的航海技術漸漸突破了閾值。首先是在地中海航運中，最早產生出了比歐亞大草原的馬和馬車更快速、運載量更多、運載效率更高的交通方式，跟以前的船隻相比，在辨認方向、武裝防禦、載貨量和抗風險能力各方面都上了一個台階。但是在十字軍戰爭以後的最初幾百年，他們雖然在技術上實際上已經取得了突破，但是由於地理上的限制和技術傳播速度的緩慢，還沒有真正超出東地中海這個範圍。但是在十五世紀以後，正如《一千零一夜》所描寫的水手辛巴達的故事[10]一樣，這種原先主要是由義大利城邦在東地中海使用的技術，經過那些跟十字軍（包括跟運輸十字軍的熱那亞人和威尼斯人艦隊）交過戰的穆斯林手中，漸漸地從東地中海傳播到波斯灣和印度洋。

因此，在葡萄牙人和荷蘭人的船隊以更快的三桅和雙桅快船打敗地中海式大帆船、越過好望角東下以前，地中海式槳帆船在傳入波斯灣後，本身就給中東地區的穆斯林造成了一個營建大型貿易圈的條件。在十五至十七世紀之間的印度洋和南洋，駕駛著地中海式槳帆船的穆斯林在資訊和技術的流通方面超過了歐亞大草原上的馬和馬車的使用者。因此他們在這幾百年時間，在地中海式槳帆船從威尼斯人和拜占廷人手中傳到印度洋以後，在伊比利亞人越過好望角東下以前，把印度洋和南洋變成了一個穆斯林湖。海港都市如桑吉巴和麻六甲的興起，都是這次技術革命的後果。

然後，在西班牙無敵艦隊[11]的時代，適

圖為1599年西方文獻中描繪的東南亞槳帆船（Ghali），與地中海槳帆船（Galley）最大的不同是在船身加裝了搭載大量戰鬥人員的平台。槳帆船自古希臘羅馬時期已經出現，兼具高載重量與多船員的優勢，使其成為地中海海戰的利器。槳帆船於近代早期通過威尼斯人傳入阿拉伯世界後，再透過印度洋的貿易網往東傳播，影響了印度洋地區與東南亞群島的造船技術。

合在大洋上航行的帆船又超過了抗風險能力比較差、速度也比較慢的地中海式槳帆船。西班牙人和葡萄牙人的大帆船越過大西洋和太平洋，闖入了印度洋和南洋，迅速地征服了印度和穆斯林的統治者，將全世界的所有海路都納入了他們的控制之下——當然也包括桑吉巴和麻六甲。然後，在無敵艦隊遠征英國失敗、拉丁式大帆船相對於快速帆船的劣勢表現得非常清楚以後，西北歐的快船又迅速地在全世界範圍內征服了舊式的大帆船，接下來就是荷蘭人和英國皇家海軍橫行七海的年代。

桑吉巴作為一個商業港口和殖民地，最初的建立都來自於使用地中海式槳帆船的穆斯林王

⑨ 古吉拉特（Gujarat）是印度河流域文明的主要中心地區之一，當地的古文明包括了印度最早的港口城市洛薩爾（Lothal）、印度最大且最著名的考古遺址卓拉維拉（Dholavira）以及最新發現的高拉・德羅（Gola Dhoro），此地區在西元前十世紀便已經與波斯灣的巴林地區及美索不達米亞地區有貿易和商業關係。

⑩ 航海家辛巴達（Sinbad the Sailor），記載於阿拉伯民間故事集《一千零一夜》中的阿拔斯王朝時期著名冒險家，他自巴斯拉出發，從東非到南亞，游遍七海，經歷各種神奇的冒險旅程，包括：去過魔法籠罩的地方，遇見了各種怪獸，碰到不可思議的超自然現象。辛巴達的故事應當是基於阿拉伯水手在印度洋中航行的實際體驗，同時也受到了古希臘《荷馬史詩》、古印度《五卷書》（*Panchatantra*）和古波斯民間傳說的影響。

⑪ 西班牙無敵艦隊（Spanish Armada）為十六世紀後期著名的海上艦隊，由一百三十艘戰艦所組成，是由西班牙國王腓力二世在一五八八年派出，意圖征服英格蘭卻失敗的艦隊；在格瑞福蘭海戰（Battle of Gravelines）中，無敵艦隊被法蘭西斯・德雷克爵士（Francis Drake, 1540–1596）所領導的英國海軍擊退。

公。當然，這些王公跟商業土豪的區別也不是很大。他們的擴展主要不依靠人力，而是依靠技術和文化組織力。桑吉巴的蘇丹國是馬斯喀特蘇丹國（Sultanate of Muscat）的一個分支[12]，麻六甲的蘇丹國則是古吉拉特印度化穆斯林諸王公的一個秩序輸出。他們有自己的立國神話。當然，這些立國神話都盡可能把自己的時間往前推，前推到最古老的、先知時代的阿拉伯人身上。但是比較靠譜的歷史學家一般認為，他們真實的祖先不大可能比十四世紀更早，而且不大可能是真正純粹的阿拉伯人，而比較可能是阿拉伯化的印度穆斯林。所謂「阿拉伯化的印度穆斯林」，就是學習了阿拉伯文化和技術、認為穆斯林文化和技術比舊式的印度文化和技術更優越、以此為條件戰勝了原有的印度化各城邦和王國的新式印度人。他們跟被他們取代的那些印度王公和城邦，其實很可能在種族和血緣上相差不大，是同一撥人。對於他們來說，從印度教皈依伊斯蘭教，正如他們的同一撥祖先，同樣是印度人或南洋馬來人的祖先，從信奉原始的多神教到皈依印度教和佛教，是出於同樣的道理。

我們不能把現代坐在書房裡面舒舒服服過日子的這些知識分子的想法強加到古人的頭上。對於這些知識分子來說，什麼是宗教呢？宗教就是一種觀念。他們這樣理解當然不算錯誤。對於他們來說，基督教不過就是我讀了《聖經》和基督教哲學還有很多關於基督教的歷史書籍，認為這些書本上的文字就是基督教的全部意義了。伊斯蘭教、印度教和佛教也如此。對於他們來說，一切都是思想觀念。如果問他們是否喜歡伊斯蘭教，那麼他們就會從思想觀念的角度上，執著地說「是」；因為伊斯蘭教的經文上說過某句話，某些著名的教法學家又是這樣說那樣說的，然後根據這些理論開始解釋伊斯蘭教是什麼。

這個好或壞當然都是根據他們的政治立場講的。比如說，現代印度的民族主義者，比如與國大黨作對的瓦傑帕伊[13]與他的印度人民黨。受他們影響的學者就比較容易說，伊斯蘭教經典上記載過，你們可以怎樣在戰爭中殺異教徒或是讓異教徒納貢之類的，讓我們印度人成為伊斯蘭教殖民主義的受害者，而巴基斯坦是伊斯蘭教殖民者的後裔，我們印度人要復興我們古老的文化來對抗這些萬惡的殖民者。這當然是一種政治宣傳。

同時，歐洲的左派勢力在阿爾及利亞戰爭或是在巴勒斯坦的恐怖活動當中，為了實現他們在外交上和政治上對抗美國以及以色列的目的，就自然而然地將以色列的敵人——那些穆斯林說成是好人了，把穆斯林說成是受西方帝國主義壓迫、然後站起來反對西方帝國主義壓迫的急先鋒。他們根據同一部《古蘭經》和伊斯蘭教的各種經典著作研究出來的東西，會給通過三手或四手資料認識伊斯蘭教的讀者留下一種荒謬的印象：他們描繪的穆斯林好像跟馬克思和列寧描繪的工人階級很有些相似之處。這就好像是，世界大同和人類解放的使命在馬克思和列寧的時代是放在產業工人身上的，現在則是放在巴勒斯坦人和阿爾及利亞人身上以及全世界的穆斯林身上了。

這兩種態度中哪一種是正確的呢？答案是都不正確。古人看待宗教和皈依宗教的方式，跟這些知識分子或說意識形態專家設想的截然不同。對於他們來說，宗教是一個整全性的社會體系。我記得王怡說過：「基督教是一種整全性的世界觀。」這個說法其實還是太知識分子化了。大多數古人是不識字的，少部分識字的牧師或神職人員可以算是知識分子，但他們在全部人口中只占了極少的比例。他們若要讓群眾接受他們的宗教，不是通過傳播「整全性世界觀」這種思想觀念來進行的。所謂「整全性的世界觀」實際上是只有宗教知識分子才能夠深刻理解的；而對於大多數人來說，宗教其實是一種「整全性的生活方式」，是一種完整的社會組織。

什麼是宗教？宗教的任務就是給你提供一整套養生送死的儀式規範和社會依託，使從你出生開始時就有人知道，怎樣照顧你才是正確的；在你小的時候就有人知道，怎樣教育你是正確的；在你長大以後讓你知道，怎樣盡社會責任才是正確的；在你衰老不能自理的時候又讓社會上的各個成員知道，應該怎樣照顧你才是正確的。對於人類的絕大多數而言，他們皈依宗教，包括羅馬帝國時期城邦體制瓦解以後，大批所謂的多神教徒皈依基督教，十之八九都是為了這個「整全性的生活方式」。正如敵視基督教的皇帝——叛教者朱利安（Julian the Apostate）[14]在譴責多神教徒的時候說：「你們說基督教如何不好如何不好，但是為什麼我看到，發生瘟疫和饑荒的時候，這些萬惡的基督徒不僅救濟了自己的窮人和病人，而且還救濟了異教的窮人和病人，而你們卻什麼都做不到呢？」當然，這些被救活過來的病人或窮人有很大概率都會皈依基督教，使基督教的人口越來越多。

但是我們要問，在伯里克利時代，雅典的市民們真是這樣嗎？他們會在瘟疫中不管他們的病人，不管他們的老人和兒童嗎？顯然不是。雅典人崇拜雅典娜，而雅典娜神廟的祭司也是會管這些人的事情的。在希臘的多神教處在全盛時代的時候，正如在巴比倫和蘇美爾的多神教處在全盛時代的時候，神廟也是無所不管的。它不可能在它自己所主管的社團當中，讓婦女在生產的時候得不到幫助而死去，讓嬰兒吃不到奶水而死去，讓生病的人沒有人救治，讓老人沒有人送終。如

⑫ 西元一世紀起，阿拉伯、波斯和印度商人即在桑吉巴島上建立了貿易轉運站。一五〇三年，葡萄牙人占領桑吉巴。一六九八年，阿拉伯半島的馬斯喀特蘇丹驅逐葡萄牙人，將桑吉巴島納入自己領地，桑吉巴發展為聞名全球的香料和奴隸貿易中心。一八四〇年，馬斯喀特蘇丹薩伊德·本·蘇爾坦（Said bin Sultan, 1791–1856）遷都桑吉巴，此地成為以馬斯喀特蘇丹國主導下的東非—阿拉伯海洋貿易的中心。

⑬ 阿塔爾·比哈里·瓦傑帕伊（Atal Bihari Vajpayee, 1924–2018），印度詩人與政治家，印度人民黨創始人，採取強硬的印度民族主義立場，他於一九九八年的大選取得勝利並就任印度總理，在隔年的國會選舉中，聯合其他政黨聯盟取得國會多數，他領導的政黨聯盟成為首個完成任期的非國大黨政府。

⑭ 弗拉維烏斯·克勞狄烏斯·尤利安努斯（拉丁語: Flavius Claudius Julianus，331–363），英語譯為朱利安（Julian），是羅馬帝國最後一位信仰多神教的皇帝。朱利安出生便受洗，在嚴格的基督教育下長大，但後來卻轉向希臘羅馬傳統的多神信與新柏拉圖主義的哲學觀，讓他贏得了哲學家朱利安（Julian the Philosopher）的稱號。朱利安於三六一年登基為羅馬皇帝，由於崇信神秘儀典，支持宗教自由，反對將基督信仰視為國教並積極推動各種行政改革以求去基督教化，因此被羅馬教會稱為背教者尤利安（Julian the Apostate），最終在遠征波斯時死於戰場。

果是這樣的話，它的社區很快就瓦解了。社區的瓦解就是宗教的結束，瑪律杜克（Marduk）神廟的香煙從此不再繚繞，巴勒貝克（Baalbek）的古代神廟[15]被牧羊人拆了，給自己的帳篷做壓帳篷的石頭。

雅典的雅典娜神廟和以弗所（Ephesus）的黛安娜（Diana）神廟，早在基督教興起之前就已經荒蕪。朱利安皇帝本人曾經見過以弗所最後的黛安娜祭司，一個孤苦伶仃的窮老人，他已經沒有信徒，等待著他的是宗教和社區的最後滅亡。不是基督教摧毀了這些多神教的社區，而是這些多神教的社區由於文明的內在衰敗，加上羅馬帝國主義和官僚主義的壓迫，他們原先的共同體機制瓦解了。他們也許還有少數知識分子像朱利安皇帝本人那樣，能夠從書本知識的角度考慮維護他們原有的整全性的世界觀，但是他們整全性的社會組織已經不復存在，因此他們不再能夠保護孕婦，不再能夠教養小孩，不再能夠救護病人，不再能夠為老人送終送葬。失去這些社會功能以後，儘管朱利安這樣的知識分子仍然在懷念希臘羅馬的輝煌，但是他們的宗教載體已經不可逆地走向了滅亡。

當印度洋與南洋沿岸及各群島的居民從原始多神教皈依印度教和佛教的時候，他們從印度教和佛教身上看到的不只是玄妙的哲學理論。我們今天的知識分子考慮這些問題的時候，很容易把印度教和佛教都搞成一大堆哲學理論，比如天神因陀羅象徵的宇宙理論，佛陀及其弟子象徵地因明學⑯。你完全可以想像，這些今天的老百姓不懂的理論，在當時的老百姓也是不會懂的。那麼，當時的老百姓看到的印度教和佛教是什麼呢？一群印度來的王公和商人的移民，他們信奉大神因陀羅，他們信奉濕婆神，或是信奉佛陀，照當時的說法來講，他們「律法精嚴」。「律法精嚴」是什麼意思？你不要以為就是玄奘大師吃飽喝足以後讀著佛經，然後辯證出了很多哲學上的大道理，跟他辯論的學者雖然口燦蓮花，但還是說不過玄奘大師，然後一個一個甘拜下風，拜倒在玄奘大師的腳下說，我服輸了，我願意做玄奘大師的粉絲和門徒。你以為「律法精嚴」是這些東西嗎？不是的。

在南洋群島的居民身上，「律法精嚴」是指在因陀羅大神、濕婆神或佛陀的崇拜者在他們的祭司和僧侶的領導之下，在原先的不毛之地修出了水利工程，使雨季時期的大量降雨，本來會閃電一樣地流到河裡面去，徒然造成水土流失；現在則是像四川的都江堰一樣，在原先的不毛之地上繞幾十個圈，灌溉出了大片良田，這些良田種出來的穀物一下子可以養活比原先的原始部落多幾十倍的人口，讓他們現在都能吃飽穿暖了。而且這還不是一切，什麼叫「律法精嚴」？那就是「法」，也就是指「社會規範和組織」。我們可不要以為佛教或印度教的「法」都是什麼因果報應之類的抽象理論，強調抽象實際上是佛法衰退以後的產物。哪怕你是在魯智深那個時代，你還可以看出，大相國寺的和尚需要幹很多事情，比如說種菜園，比如說管理宿舍、廁所和各種各樣的地方。它有一套嚴密的管理體系，這套管理體系是有規範的，這些規範也是法的一部分。印度教和佛教的祭司和僧侶做了些什麼呢？他們不僅能夠以好的水利工程開墾出大量的土地，生產出很多糧食產品來，而且還有一套好的規範。

佛教和婆羅門的僧侶和祭司為東南亞印度洋各島嶼的原始居民帶去的，就是一種比原始部落習慣法更高級的禮法。原始部落的習慣法只能管住幾十個人或幾百個人，而這幾十個人或幾百個人還是野性難馴，動不動就要吃人或相互之間殘殺得一塌糊塗，導致部落無法發展社會組織、總是迅速地滅亡了；然後等他們的精英人物學了佛教或印度教的禮法以後，一下子搞出水利來，就可以養活幾十萬人，而這樣的社會，君臣有禮有序，上下都懂得和睦親愛，能夠維持一定的秩序。如果社會內部發生衝突了，我們不是有《羅摩衍那》[17]這樣的經典嗎？我們看看印度的古人是怎麼說的，然後我們根據《摩奴法典》[18]來解決我們之間的糾紛；或是根據佛教的規範來解決我們之間的糾紛。這樣我們就不用打打殺殺了，社會統治成本也就大幅降低了。技術的進步和社會組織度的進步是相輔相成的，它們都體現在印度文化的攜帶者——也就是印度教和佛教的法師和祭司身上。最初是少數的商人、祭司和王公移民到比如說加里曼丹或蘇門答臘的海岸上，建立了他們自己的殖民地，然後土著部落發現，他們的殖民地就是搞得好，也就開始學習他們的宗教知識。或是，他們的殖民地搞得好，漸漸強大起來，就征服了土著的部落。兩個進程都在發生，不斷演化。結果是，中古時代的南洋變成了印度教和佛教文化的天下。

然後到了十五世紀以後，同樣的故事也通過伊斯蘭教的傳播再次重現了。這些穆斯林雖然自稱是阿拉伯人的後裔，但是實際上恐怕也就是古吉拉特或是其他什麼印度穆斯林的後裔。他們把我們剛才提到的先進技術和沙利亞法一起帶到了南洋和印度洋沿海一帶，包括桑吉巴，於是同樣的故事又開始上演了。穆斯林的城邦，無論它的建立者是施進卿[19]這樣的廣東人，還是像蘇南・吉里（Sunan Giri）[20]這樣的半印度半馬來人，他們都能夠用他們掌握的航海技術，為當地居民帶來一定的貿易財富，用他們研究教法得出的統治技術，以更加人道和高效的方式統治他們的居

⑮ 瑪律杜克（Marduk），源自古美索不達米亞，是古巴比倫的守護神、主神，最初是作為雷暴之神的自然神祉。自漢摩拉比時代（前十八世紀），巴比倫成為美索不達米亞的政治中心後，瑪律杜克慢慢提升至巴比倫眾神之首的位置，其供奉場所位於巴比倫城的埃薩吉拉（Esagila）神廟。巴勒貝克（Baalbek），意即太陽城，位於貝魯特東北約八十五公里處的貝卡谷地，於西元前六十四年被羅馬征服。在此後的二百多年內，羅馬人在這裡建造了著名的宗教建築群並成為羅馬帝國的聖地。巴勒貝克的神殿建築規模宏大，主要有萬神之神朱庇特神殿、酒神巴卡斯神殿和愛神維納斯神殿。

⑯ 因明（梵語：Hetuvidyā，英語意譯：Buddhist logico-epistemology），在古印度發展的邏輯學，佛教、耆那教與印度教思辨方式都受其影響；唐代玄奘將其義理譯為漢文；《因明大疏》上本曰：「明此因義，故曰因明。」

⑰ 《羅摩衍那》（*Ramayana*，意譯為「羅摩的歷險經歷」）是古代印度史詩，約成書於西元前七至四世紀，內容主要講述拘薩羅國王子羅摩和他妻子悉多的故事。《羅摩衍那》和另一部更長的史詩《摩訶婆羅多》是印度文化的基礎，對印度文學、宗教的發展有相當大的作用，羅摩在印度文化中的地位甚至相當於耶穌在基督教世界文化中的地位。

民。請注意，如果說遠古時代交替的記錄還比較少的話，那麼南洋印度教和伊斯蘭教交替的記錄就相當多了。現在我們可以從這些記錄當中看出，印度教的統治和穆斯林的統治當中，穆斯林的統治相對而言有一定的優越性。

後來的英國和荷蘭殖民者也發現了這一點。穆斯林在神廟或是諸如此類的奢侈性開支上面花費較少，或是不鼓勵這樣的花費；而印度教文化雖然也有各種各樣的優點，比起史前的原始文化來講，它的組織能力和技術開發能力有很大的進步，但是它確實是會窮盡當地的民力，去用大象馱著石料，蓋很大的、很宏偉的建築，在這些建築面前供上無數的珠寶和香火。龜茲或是其他地方的佛教和印度教的僧侶，他們的開支都是非常浩大的；而取代他們的伊斯蘭教徒和他們的教法學家，相對而言開支就要少得多。同時還有另外一方面的因素：從物質方面，穆斯林世界的相互交流，使他們能夠把十字軍戰爭以來地中海文明的技術進步帶到印度洋和南洋，最極端的表現就是地中海式槳帆船。這些帆船，使原來的麻喏巴歇帝國這些印度教文化的各帝國，敵不過像淡目王國、萬丹王國、麻六甲王國這些駕駛著新式船隻的印度穆斯林和泰米爾人的艦隊。

從精神文化和法律文化的方面來考慮的話，穆斯林的沙利亞法部分地吸收了希臘和羅馬的成果。如果你以巴格達為界的話，那麼穆斯林在巴格達以西代表東方，在巴格達以東就代表西方。希臘羅馬的遺產大部分歸了基督教世界，但還是有一小部分歸了伊斯蘭教世界。如果是在巴格達以西，在東地中海，穆斯林面對基督徒的時候，那麼基督徒繼承的羅馬法遺產更多一些；但是在巴格達以東（桑吉巴雖然按照經度線來講是在巴格達以西，但是從政治文化的角度來講，整個印度洋和南洋都是在巴格達以東的），穆斯林在面對著南洋、印度洋的印度教徒和土著的時候，他們就是羅馬法的代表。這種關係跟近代俄羅斯在東方和西方之間的關係是一樣的：在莫斯科以西，俄羅斯人面對著瑞典人和波蘭人的時候，他們代表亞細亞，代表亞洲式的野蠻和專制；但是在阿斯特拉罕以東，沙皇以「察罕汗」（Chagan Khan）[21]的身分面對蒙古人、韃靼人、穆斯林諸汗國、當然還有滿洲人的大清帝國時，俄羅斯帝國代表的則是歐洲；此時俄國不僅代表歐洲先進的軍事技術，而且也

⑱ 《摩奴法典》（*Manusmriti*）是闡述婆羅門教倫理規範的一部法論，作者假托印度神話中人類始祖摩奴（Manu），成書年代約為西元前二世紀至二世紀。本書分十二章，內容涉及禮儀、習俗、教育、道德、法律、宗教、哲學、政治、經濟、軍事、外交等等，構建出以四大種姓為基礎的社會模式，是印度教社會的法制權威，至近現代仍具有影響力。

⑲ 施進卿（1360–1423），十四世紀東南亞瓜哇舊港（Palembang）統治者，出生杭州回族，曾接受明成祖冊封為「舊港宣慰使」，曾協助鄭和鎮壓當地海盜。

⑳ 蘇南．吉里（Sunan Giri），生卒年不詳，活動於十五至十六世紀中期。據《爪哇歷史》載，他為中爪哇一貴族的後裔，幼年被麻喏巴歇王國貴族收養成人。曾前往馬六甲學習伊斯蘭教義和法律，返回爪哇後，在革兒昔（Gresik，位於今天印尼泗水附近）南部修建住宅和清真寺，並招募大量居民開發該地，建立村社教區，改奉伊斯蘭教的群眾大增，遂使該地發展成傳教中心。他培養門徒，向各地派出傳教師,將伊斯蘭教傳播到東爪哇和馬都拉地區，成為東爪哇的宗教領袖，被後世穆斯林尊為印尼「伊斯蘭教九大先賢之一」。

㉑ 察罕汗（Chagan Khan），意為「白人的可汗」，源自於蒙古人對俄國沙皇的稱呼，是俄國沙皇與內亞各族交涉時的傳統頭銜。

代表歐洲的先進文明。近代早期的穆斯林在印度洋和地中海的地位也是具有這樣的雙重性：他們在地中海面對義大利人的時候，代表了東方和落後；但是在印度洋和南洋面臨著印度教徒和土著居民的時候，就代表西方和先進。柏拉圖和亞里斯多德的哲學，羅馬法的法學，主要還是通過穆斯林之手，才傳到南亞次大陸、東亞大陸和東南亞諸島的，也是這樣傳到桑吉巴的。

他們憑藉著政治文化和物質技術的雙方面的優越性，自然而然就會出現我剛才描繪的那種局面，跟印度教徒最初在東南亞建立城邦的局面相同。現在是，印度教控制著廣大的帝國，而且把原先曾經是具有一定的自治性與自發秩序的印度教僧侶和祭司都組織起來，變成帝國和王國的耳目和特務，通過這些僧侶去統治人民，強迫這些僧侶作為國家的官吏為國家服務，使得原來在城邦時代還代表自由的印度教和佛教，現在在當地居民的眼中變得跟蘇聯的克格勃和公立學校教師很相似了，不再是我們社區的自己人和保護者，而是國王和皇帝派來的官吏和監視者了。這時，穆斯林出現在了他們的海岸上，他們的商人和長老建立了自己的社區，而他們社區的穆斯林仍然像是早期的印度教徒一樣，是分散式的、城邦式的，沒有一個大帝國的國王和皇帝把他們組織起來為帝國的中央集權利益服務。一個社區的長老就是為本社區服務的，用他的教法和技術為本社區服務，他為本社區提供教育，提供司法服務，提供組織服務，而其他社區的長老也為各自的社區提供服務。這就跟統一的大帝國不一樣了。

印度教徒開始在南洋活動的時候也是這樣，但是他們也經歷了跟法國路易十四非常相似的過程，通過他們自己的紅衣主教黎塞留和馬薩林[22]，在南洋的歷史上就是加查·馬達（Gajah Mada）[23]，建立了中央集權的統治，然後消滅了過去的古老自由，用強大的行政國家摧毀了地方的活力，使他們逐漸衰微。正在這個時候，具有分散、多中心優勢的穆斯林出現在了他們的海岸上，建立了一系列商業貿易的城邦。有政治、文化和技術上的優越性，他們自然而然就重演了六百年前印度教徒擴張的歷史。他們的商業城邦雖然地方小、人少，但是社區性比較強，多中心性比較強，自己為自己服務，比起官吏為帝國服務來說，積極性要高得多。而且貿易方面，他們

㉒ 黎塞留紅衣主教（Cardinal Richelieu, 1585–1642），法國國王路易十三世的宰相，對內鎮壓新教徒、對外則積極參與三十年戰爭，擴大了君主專制的力量，被視為近代法國專制政體最重要的締造者。馬薩林紅衣主教（Cardinal Mazarin, 1602–1661）法國政治家，在法王路易十三和路易十四的宮廷中長期擔任首相（1642–1661），被視為路易十四最重要的導師。在任期間，取得三十年戰爭的勝利和一系列外交成就，鎮壓投石黨運動（Fronde），大力獎掖藝術，並在遺囑中資助了法蘭西學會（Institut de France）的創立。

㉓ 加查·馬達（Gajah Mada, 1290–1364），印尼古代滿者伯夷帝國的政治家，其名含有聰明或博學之意。一三二九年，加查·馬達發動政變推翻舊王並立王后為女王，一三三四年任首相掌握實際政權，開始加強中央集權制度，進行一系列政治、經濟與軍事的改革與整頓，並致力於對外擴張。死後被神格化並受到印尼民眾崇拜。印尼近代民族主義者視其為民族英雄，印尼首座近代大學，加查·馬達大學（Universitas Gadjah Mada）便是以他的名字命名。

的船更快，載貨量更大，漸漸地壓倒了原來的印度教帝國。

桑吉巴、麻六甲、淡目、萬丹這些穆斯林貿易王國和公國就是在這一時期建立起來的，它們的政治格局都是非常相似的。它們的創始人一般都是像蘇南・吉里那樣的教長，他原先也許只是一個商人的子弟，但是特別好學，想要跑到麥地那和麥加去學最正宗的教法。但是因為路太遠，沒有走到，結果只走到印度的古吉拉特或其他什麼地方，拜當地的教法學者為師，學成以後回國，在自己的家鄉收了很多門徒弟子，然後這些門徒弟子把他們的學問光大起來，傳揚出去，漸漸就形成一個殖民地的規模。他們一面經商，一面傳教，漸漸就形成了自治社區。勢力長大到一定程度以後，原先沒把他們放在眼裡的印度教或土著的君主覺得，你們的勢力太強大了，對我們構成了威脅，我們要派兵來消滅你們。但是，帝國的軍隊士氣低落，在特務統治的監視之下為國王和皇帝打仗，沒有鬥志；而伊斯蘭社區的人雖然少，地方雖然小，但是一方面技術先進，另一方面又向心力強，而且是自己為自己的社區作戰，士氣高漲，一次又一次打敗了印度教大君的軍隊，於是最後就反客為主了。

在這個過程當中，印度洋東部是東南亞的核心部分，我們就不提了，因為跟桑吉巴沒有關係。而西部也就是包括桑吉巴和馬達加斯加那一塊，他們最初的貿易基地是在馬斯喀特（Muscat）。馬斯喀特就是在今天的阿曼㉔。其實馬斯喀特和阿曼原先是兩個國家，在近代才通過君合國的方式結合成為現在的阿曼國，本來馬斯喀特蘇丹國和阿曼教長國是死對頭。但是那是另外一回事，總之，貿易國馬斯喀特和貿易國麻六甲有非常相似的政治結構。然後，馬斯喀特人經常在東非海岸做生意，建立了今天的桑吉巴島的殖民地。最後，馬斯喀特的一個蘇丹認為，他在桑吉巴賺的錢比在馬斯喀特本地賺的錢還要多，於是他索性把他的宮殿和政府都搬到桑吉巴來了。以後馬斯喀特又出了其他的旁系君主，結果馬斯喀特蘇丹國的正統反而搬到東非海岸的桑吉巴去了，兩國也就從此分離開來。

他們從事的貿易，在近代早期主要是珍珠、香料和其他土特產，在近代早期以後就漸漸增加

㉔ 馬斯喀特蘇丹薩伊德．本．蘇爾坦（Said bin Sultan, 1791–1856），人稱「航海家薩伊德」，建立了一支空前強大的海軍以鞏固其海上帝國。薩伊德統治期間致力於發展經濟，在阿曼地區將馬斯喀特建設成為波斯灣首屈一指的貿易中心，與東西方許多國家都有貿易往來。在東非地區，他特別重視開發桑吉巴，從印尼引進了許多丁香樹，使桑吉巴後來成為世界著名的丁香之島；同時，這個島上的各種種植園也很快發展起來，尤以甘蔗和稻穀較多。因此，桑吉巴也就成了東非沿海最富裕的地區之一。薩伊德在外交上富有開拓精神，積極開展國際交往，同美國、英國、法國、荷蘭等國家簽訂了商業協定和友好條約，與英國王室有特別親密的關係。薩伊德於一八五六年死後，由兒子蘇維尼繼承馬斯喀特蘇丹，但另一個兒子、桑吉巴和東非總督馬吉德仍管轄東非地區。但馬吉德不服蘇維尼，兩人爭執不下，經英國政府出面調解，將帝國分成兩個獨立的國家，由蘇維尼任馬斯喀特蘇丹，馬吉德則任桑吉巴蘇丹。

了大量的黑奴貿易。黑奴貿易是桑吉巴繁盛的一個重要原因，同時也是它走向毀滅的伏脈。在黑奴貿易興盛之前，桑吉巴是一個印度洋和南洋的國家，它跟麻六甲和葉門的關係比跟非洲大陸的關係要密切得多。由於海流的緣故，它跟非洲大陸的聯繫反倒是不太方便的。如果政治格局這樣發展下去的話，那麼未來的桑吉巴要麼就是屬於西亞的，要麼就是屬於東南亞的。這對它來說，命運都是更好一些。但是因為當地商人迷上了黑奴貿易這種很廉價、很容易的發財方式，他們就必須派出人馬到鄰近的東非大陸上去，向當地的酋長購買奴隸，甚至是自己動手去捕捉奴隸。於是大量的廉價勞動力透過桑吉巴島輸往伊斯蘭世界各地，給桑吉巴的蘇丹帶來了巨大的財富。今天聯合國教科文組織規定的世界歷史遺產石頭城（Stone Town），就是這個奴隸貿易的主要中心。但是這樣一來，也就把桑吉巴和非洲大陸捆在一起了，桑吉巴的財富依賴非洲的奴隸貿易。當然，我既然把奴隸賣給別人，自然也不會忘記讓這些奴隸來為我自己服務，結果桑吉巴本地也有了占人口大多數的黑奴人口。這樣一來，就種下了桑吉巴未來覆滅的遠因。

在這個時期，桑吉巴和麻六甲本來扮演的是伊斯蘭世界的香港和上海這樣的角色。在歐洲人來臨之後，麻六甲過去的繁榮雖然轉移至新加坡，但其地位還是相當重要。麻六甲主要是一個香料和大米貿易的港口，歐洲人等於是在原有的貿易體系之上搭了一層更高的體系，使他們的貨物直接接到了歐洲的大市場，但是原有的貿易還可以繼續搞下去。但歐洲人來臨以後，桑吉巴的問題就很大了。英國皇家海軍和桑吉巴蘇丹衝突的主要原因就是奴隸貿易問題。皇家海軍在它勢力最顛峰的時代，就像現在的美國人搞人權外交一樣，認為它到巴西、到剛果河口和非洲各地去禁止奴隸貿易，是大英帝國作為世界統治者積累國際威望所必需的活動，因此它就跟以販奴為主要收入來源的桑吉巴蘇丹結了仇，最後終於打掉了桑吉巴蘇丹的海軍，對桑吉巴實行強制性的廢奴改革[25]。

廢奴不僅僅是一個政治行動，而且還是一個經濟行動。奴隸制度一廢除，不僅原來的貿易利潤損失了，人口結構也回不去了。奴隸貿易期間留下來的人口被英國人解放以後，還是留在桑吉巴島上。以後的桑吉巴在英國人的治理之下，由於丁香種植業發達，桑吉巴和烏干達、香港一樣，還是一個富裕的殖民地。但是桑吉巴的人口當中包括從對岸東非——今天的坦尚尼亞和肯亞來的大批黑人人口，這樣就使得接管了桑吉巴政權的英國殖民者必須對對岸的東非領地負有一定的責任。這個責任就一直延伸到第一次世界大戰爆發，占據了坦干伊加（Tanganyika）[26]的德國人被占據了桑吉巴的英國人趕走，坦干伊加和桑吉巴都落入了英國總督的直接治理之下。

這時，它們雖然都在英國總督的治理之下，但是行政單位是不一樣的，就像是馬來聯合邦和海峽殖民地都是英國殖民地、但是分屬兩個不同的體系。大陸上的坦干伊加都是些原始部落，社會較落後貧窮；而海島上的桑吉巴從事丁香貿易，社會比較進步富裕。如果兩國這樣發展下去，等到英國殖民者撤出的時候各自建國，那麼我們還可以很合理地說，桑吉巴獨立以後即使不像新加坡一樣富裕，像馬來西亞一樣小康是沒問題的。但是奴隸貿易給它留下了另外一個糟糕的後遺症：桑吉巴島上的大多數居民已經不再是阿拉伯人和白人，而是跟對岸的東非同源同族的黑人了。這樣的結果就是，英國人在撤退的時候，桑吉巴的大多數居民通過大眾民主制投票選出的政府願意跟對岸的坦干伊加結成聯邦，於是就形成了今天的坦尚尼亞。坦尚尼亞最初是一個聯邦，但是這個聯邦跟中華人民共和國和香港的聯邦一樣不對等。坦干伊加是一個龐然大物，桑吉巴只是一個小島。中華人民共和國九百六十萬平方公里，香港只有針尖那麼一點點大。所以這樣的聯邦一開始就是要出問題的。

最初，聯合國的監督員還在的時候，大家還能夠維持面子，按照英國人在撤退之前給大家留下的議會制，坦干伊加與桑吉巴都有各自的議會，各人花各人自己的錢。像今天的香港特區一樣，你不要以為香港特區的美元很多，駐馬店缺錢就到香港來要，沒有這樣的事情。坦尚尼亞是一個一國兩制的聯邦國家，桑吉巴在財政上是獨立的。但是他們沒有獨立多久，因為壓力畢竟是太大了：大陸上這麼窮，香港這麼富，你們在大陸發生金融危機的時候一個錢都不出，這還能算得上是我們的同胞骨肉嗎？很有道理，所以我們開始發動民間人士捐點款，特區政府自己想辦法出一些錢。最後中央政府就忍耐不住了，這樣太不公平了，我們派一個聽我們話的特區首腦來，讓你們香港人多出一點錢，然後你們香港人再敢反抗的話，我們鎮壓一下你，說你是分裂主義分子。

坦尚尼亞最開始的政府成員還是殖民地時代的遺緒，類似董建華這種性質的遺老遺少，他們還有能力保持桑吉巴這個「香港」的獨立性，但是經過了幾次政權更迭以後，最後不可避免的事情還是發生了。馬克思主義者尼雷爾（Julius Nyerere）和他的社會主義革命黨（Chama Cha Mapinduzi）[27]，在社會輿論和蘇聯武器的支持之下，奪取了坦干伊加，並開始實行社會主義式地改造，將英國殖民者與資本家財產充公，解散全國的各傳統部落，大搞人民公社。他把人民公社叫做「烏賈馬」（Ujamaa），就是有非洲部落特色的社會主義，如同中華人民共和國的有中國特色的社會主義一樣，其主要結果就是製造了一九六〇年的大饑荒[28]。好在坦尚尼亞的人口不多，

㉕ 指英桑戰爭（Anglo-Zanzibar War），一八九六年八月二十七日發生於英國和桑吉巴蘇丹國之間的戰爭。

㉖ 坦干伊加（Tanganyika）原為桑吉巴蘇丹國的一部分，一八七〇年由尼亞姆韋濟人（Nyamwezi people，屬班圖族）建立國家，一八八四年起逐步被德國控制，一戰後成為英國委任統治地，二戰後為英託管地，一九六一年坦干伊加宣告獨立，次年改為共和國。一九六四年同桑吉巴組成坦尚尼亞聯合共和國。

㉗ 朱利斯．尼雷爾（Julius Nyerere, 1922–1999），坦尚尼亞政治家，一九五四年出任坦干伊加非洲民族聯盟（一九七七年改為坦尚尼亞革命黨）主席，在一九六二當選坦干伊加總統後，消滅所有反對黨以實行一黨專政，並推動坦干伊加與桑吉巴人民共和國合併為今天的坦尚尼亞聯合共和國成功，並於一九六四當選坦尚尼亞總統，接著他在一九六七年發表《阿魯沙宣言》（*The Arusha Declaration*）後，宣布徹底實行社會主義發展道路，推動計劃經濟、農業發展及各項公共建設，並在農村強制建立大規模的「烏賈馬」村；一九七一年後更推動銀行及私人企業的國有化並建立農業集體公社，但是成效不彰，在烏干達戰爭（Uganda–Tanzania War, 1978–1979）爆發後，更加速此社會主義計畫的失敗，導致他於一九八五年辭去總統一職。

聯合國給當地運送大量糧食，因此災情相對同時代的中國大饑荒來說並不嚴重，但是造就經濟一塌糊塗是免不了的。此時，這個有非洲特色的社會主義政權，自然而然就要打桑吉巴的主意。

為什麼我們大陸上搞了社會主義弄得很窮困，而你們桑吉巴人卻賣丁香變得這麼富裕呢？這是不對的。我們可以論證一下，你們桑吉巴人是桑獨分子，是英帝國主義的遺老遺少，我們要對你實行社會主義改造。這時，桑吉巴和坦干伊加的主要問題就是兩種制度之間的衝突了。桑吉巴島的主要人口，正如我們前面講的，其實也是黑人，並不是原先搞奴隸貿易的阿拉伯人。但是尼雷爾和社會主義者既然要在政治上打倒你，當然也可以把以前阿拉伯人幹的事情栽在你們頭上。你們桑吉巴這麼富裕有什麼道理嗎？並不是你們比我們優越嘛，而是你們托了殖民主義的福。你們殖民主義也無非是買賣黑奴、坑害我們黑人同胞，你們在道德上就是邪惡的，所以我們更加要打倒你們。

桑吉巴這時候再產生獨立運動就有點太晚了。在冷戰的關鍵時刻，尼雷爾憑著開明社會主義的招牌，一面在西方得到左派輿論支持，一面在東方得到蘇聯和中國的支持，左右逢源。桑吉巴那些小小的自治區是鬥不過他們的。可以說，桑吉巴進行民族發明最佳的時期就是在英國殖民者統治的時期，英國殖民者還沒有統治坦干伊加的時期。英國殖民者把坦干伊加和桑吉巴一起統治起來的時期都有點晚了，但是還勉強來得及。等到獨立那個關口，他們如果政治上有高度的覺悟和敏感性、能夠有李光耀那種智慧的話，他們就應該堅決地說，儘管我也是黑人，你也是黑人，我們對仍然居住在島上的阿拉伯人、以前的奴隸販子的後裔非常不信任，但是我們也要看出，我們跟你們大陸在經濟上和文化上各方面差異太大了，我們富你們窮，我們寧願跟這些阿拉伯人和英國人的後裔一起建立獨立的桑吉巴，也不要跟我們的黑人同胞一起建立偉大的坦尚尼亞。他們當時如果有這樣的覺悟，能夠出一批民族發明家，那麼今天的桑吉巴就算不是新加坡，也是馬來西亞。但他們當時沒有這樣的覺悟，仍然把英國人和阿拉伯人當作自己的主要敵人，而把大陸上的黑人當作自己的同胞。

這個格局就跟一九八〇年代的香港民主派一樣，他們要反對英帝國主義，要拍什麼黃飛鴻的影片，要把大陸上的這撥「表叔」當作自己的同胞，共同反對英帝國主義和歐洲人，結果得到的就是現在這種結局。等到大陸表叔進了香港以後，他們才想起來發明香港民族，但是這時候的條件比起英國人還在的時候已經差得很多了。但是，他們無論如何比起現在的桑吉巴人還是足夠幸運，因為他們還沒有走到尼雷爾時代的最後一步，那就是徹底廢除聯邦制，結束一國兩制，用桑吉巴豐裕的國庫來填補尼雷爾和社會主義者空空如也的錢包，然後在統一的坦尚尼亞政府把桑吉巴人的錢花光了以後，再理直氣壯地指責桑吉巴人是帝國主義者的後代，在社會主義的官僚化坦尚尼亞政府當中沒有希望謀到什麼高官顯爵。

這樣，古代的印度洋最富有的港口國家桑吉巴，近代丁香貿易的主要經營者桑吉巴，這些富商的後代，在今天的石頭城只有靠賣土特產、向遊客討小費為生了。軍隊的軍官和政府的高級職位，他們完全沒有無望參與了。如果坦尚尼亞恢復資本主義，說不定他們還有點希望，但是坦尚尼亞既然（現在蘇聯雖然沒有了，但是是在中國的支持和軍事援助之下）繼續堅持社會主義，你要想出人頭地，除了做官以外是沒有什麼出路的。你不可能通過經商或其他什麼活動來進入精英階級，要做精英就只能做官，但做官只能是紅五類，黑五類是沒希望的。你們這些當初跟過阿拉伯人和英國人的桑吉巴人，雖然跟我們在理論上講都是中華民族的一員，都是黑人的同胞，但是實際上你們卻是黑五類，所以你們由最幸運的人直接淪為最倒楣的人。

圖為桑吉巴石頭城的奴隸貿易紀念碑（Slavery memorial），石頭城（Stone Town，斯瓦希里語：Mji Mkongwe）是今天桑吉巴市的老城區，過去曾為桑吉巴蘇丹國的首都，是19世紀東非香料和奴隸貿易的中心，今天則是當地的主要旅遊景點。

這就是「一國兩制」在非洲的歷史。幸好今天的香港還沒有走到這最後一步，但是香港人如果不抓緊時間的話，可以想像，在中美貿易戰爆發後、中國重新走回社會主義道路以後，如果說在江澤民或趙紫陽搞改革開放的時代他們還抱著一定的希望，覺得我們的大陸表叔將來也會跟香港人一樣富裕，所以用不著搶我們，那麼在習近平領導下的再列寧化的中國，他們重新回到社會主義、重新開始發飯票以後，必然會想到你們這些現在已經沒有英國人保護、但是仍然很有錢、值得搶劫的香港人。現在就是你們發明民族的最後機會。現在如果再不動手的話，桑吉巴人的下場就是你們的未來。[29]

㉘ 一九七三年，尼雷爾限令一九七六年底實現全國「烏賈馬」化。並透過行政手段強迫農民搬遷，甚至動用軍隊，燒掉未成熟的莊稼和舊農舍來斷絕農民回逃的後路。推行烏賈馬計畫的結果，導致農業產量直線下降，坦尚尼亞從一個原本的糧食出口國變成了糧食進口國。

㉙ 本講的原始節目發表於二〇一八年的四月四日，而中美貿易於二〇一八年的三月二十二日正式爆發，隔年，二〇一九年六月十二日在香港爆發大規模抗爭，要求香港特區政府撤回修訂逃犯條例，故又稱為「反送中運動」，此抗爭持續數個月，造成香港社會的嚴重動亂。

桑吉巴
民族發明大事記

時間	事件
西元16世紀以前	**桑吉巴的早期記錄** 關於桑吉巴最早的文字記錄，出自於西元前1至3世紀的古希臘語文獻《厄立特利亞海航行記》（*Periplus of the Erythraean Sea*），厄利特利海即今天的紅海；該書描述了羅馬帝國統治下的埃及商船沿著紅海前往東非、波斯灣及西印度的貿易航線，其中提到了東非的門努特斯島（Menuthias）被學者認為是今天的桑吉巴島。從島上出土大量亞洲文物推測，桑吉巴在8至10世紀時期已成為東非沿岸通往印度洋商業據點的貿易中心。
西元16至18世紀初	**葡萄牙統治時期** 葡萄牙人在16世紀初期發現通往印度的「新航路」後，於1503年占領了桑吉巴島，並在當地修建軍事要塞及貿易據點。1635年，葡萄牙據點遭到東非的蒙巴薩穆斯林的襲擊，因此葡萄牙人便強化桑吉巴島的軍事防禦並直接派任總督管理，引起東非各穆斯林勢力的不安，最終引起阿拉伯半島南端的阿曼蘇丹國的軍事干涉，在1698年驅逐了桑吉巴島上的葡萄牙人並占領該地。
1698至1856年	**阿曼帝國統治時期** 桑吉巴島從1698年開始成為阿曼帝國的東非貿易據點，有別於過去葡萄牙人的軍事性統治，同為伊斯蘭穆斯林的阿曼人受到桑吉巴人的友好待遇。在18至19世紀期間，許多阿曼人從阿拉伯半島移居至桑吉巴，形成了許多新的基層社區，促使當地人口的迅速增加及阿拉伯化，並向西擴張至東非沿海建立據點。
1822至1897年	**桑吉巴奴隸貿易的衰落** 桑吉巴自古以來便是東非的奴隸貿易中心，「桑吉巴」之名據考證可能來源於波斯語的「黑人海岸」（Zangi-bar）；許多來自東非內陸的原住民遭到劫掠並貶為奴隸後，被移送至桑吉巴的勢力範圍從事香料或椰果等經濟作物的種植園工作，或是出口至波斯、阿拉伯、奧斯曼帝國或埃及等地。19世紀初期，英國開始推行廢奴政策，並以武力取締或終結世界各地的奴隸貿易。統治桑吉巴的阿曼

帝國於1822年與英國簽訂限制奴隸貿易交易範圍的協議，但直到1876年，桑吉巴才正式廢除奴隸貿易，並在1897完全終止當地的奴隸制度。

1856年

桑吉巴親王國的建立

阿曼帝國的蘇丹薩伊德・本・蘇爾坦（Said bin Sultan）為因應與英國人的貿易協定，並加強阿拉伯人對桑吉巴貿易的控制，在1840年將首都從阿拉伯半島的馬斯喀特遷往桑吉巴的石頭城，推行獎勵香料種植的政策。蘇爾坦於1856年過世，其遺囑將阿曼帝國拆分成兩個部分，分別是獨立的桑吉巴蘇丹國及阿曼蘇丹國，並由他的兩個兒子繼承。

1890年

英德兩國締結《黑爾戈蘭—桑吉巴條約》

黑爾戈蘭島（Heligoland）位於今天德國漢堡外海，於1807年拿破崙戰爭時遭到英國海軍軍事占領，直到19世紀末，英德兩國就該島的主權歸屬進行談判並簽訂了《黑爾戈蘭—桑吉巴條約》；英國將黑爾戈蘭島歸還給德國，而在東非擁有殖民地的德國則放棄對桑吉巴地區的主權宣稱。此條約的結果是導致桑吉巴蘇丹國實質上成為了英國的保護國。

1963年

桑吉巴獨立與革命

桑吉巴蘇丹國於1963年12月10日宣布脫離英國保護，並獨立為君主立憲的自治國家；桑吉巴在法理上仍然是大英國協的成員國。1964年1月，桑吉巴爆發革命，以黑人為主的武裝分子襲擊政府單位，推翻了蘇丹政權並成立人民共和國。在革命過程中，革命分子對桑吉巴的阿拉伯穆斯林及其他亞洲人社區展開了屠殺行徑，被位於現場的美國外交官稱為「種族滅絕」，至此統治桑吉巴超過兩百年的阿拉伯穆斯林階層幾乎被徹底摧毀。桑吉巴人民共和國於4月併入坦尚尼亞，成為坦尚尼亞的自治區。

愛爾蘭

Ireland

Éire

獨立時間：1949年4月18日

首都：都柏林

附錄

愛爾蘭

大眾民主與民族發明

我們今天談論愛爾蘭問題。愛爾蘭問題其實是自古有之的，但只有在十九世紀中葉以後才被人解釋成為民族問題。古老的愛爾蘭有它的文化問題，有它的宗教問題，唯獨沒有現在所謂的民族問題；沒有人認為在愛爾蘭活動的各個群體是民族，儘管愛爾蘭在西方世界也是極其特殊的地方。所以愛爾蘭是一個極好的實驗範本，向我們展示，為什麼民族發明是大眾民主的一個「副產品」。愛爾蘭在大眾民主產生和成為政治常規以前雖然有各式各樣的問題，但是這些問題通常不以民族問題的方式表現出來，因此也沒有發明民族的必要。

最初的愛爾蘭問題其實是封建問題。中世紀時代的封建制度，就像我們這個時代的

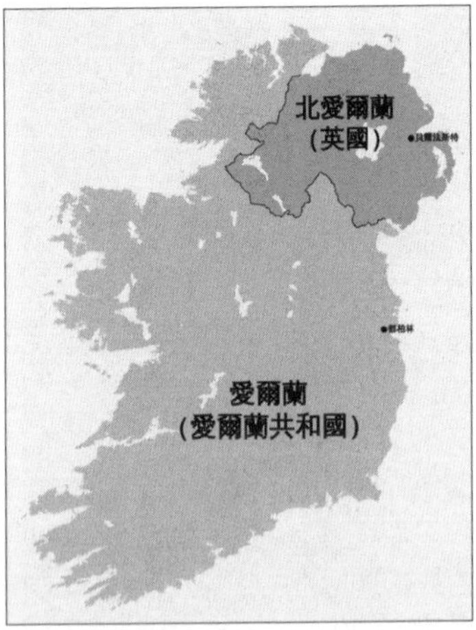

愛爾蘭與北愛爾蘭行政邊界圖　愛爾蘭在全島在1922年前屬於聯合王國的一部分，在1922年《英愛條約》簽訂後，愛爾蘭島被劃分為兩部分：南部26郡成立愛爾蘭自由邦；北部6郡（北愛爾蘭）則仍屬於聯合王國。自由邦名義上享有自治權但仍需效忠英王。1949年，自由邦正式宣布廢除君主制並退出大英國協，獨立為今天的愛爾蘭共和國。

民族一樣，也是一個包羅萬象的組合；它把各式各樣的社會群體容納到封建主義的機制當中，並以千奇百怪的方式組合起來。近代以來的民族也是這樣的。對於已經發明成功的民族而言，體現為民族國家；對於尚未建國、正在發明過程中的民族而言，往往體現於文化民族、語言民族或其他形式，它們的共通點就是在上層的精英政治。上層是一個出口，出口底下是千奇百怪的各種細節上和本質上並不完全相同的各種矛盾和各種群體。只是，這各種群體在基層雖然是千奇百怪的，但是在進入政治上層、需要有一個比較規範的表現形式的時候，它們就都以民族的形式表現出來了。所以我們如果仔細剖析不同民族的發明，就會發現，除了它們有一些可以作為民族發明的符號性特徵以外，它們內部基層的特徵仍然是千奇百怪的。封建主義也是這個樣子的。封建主義通常被描寫為各王國和各公國，主要是為了把這些政權在地圖上能夠畫出來，但它實際上也是涵蓋著各種性質完全不相同的東西。

我們在歷史教科書上看到的典型西歐封建地區，主要是萊茵河以西、特威德河（River Tweed）[①]以南這個區域。實際上，它覆蓋不了今天地理歐洲的大部分地區，包括中歐、東歐以及愛爾蘭海以西——也就是今天的愛爾蘭。典型的西歐封建地區那種非常嚴整的封建領主附庸模式雖然被諾曼第征服者從今天的法國境內帶到了英格蘭王國，但是在相當長的時間內，至少是三、五百年時間內，其實還沒有普及到英格蘭的西部，更沒有普及到更遠的愛爾蘭。例如像威爾斯這樣的地方，外來的封建關係始終沒有能夠在這些山區的部落酋長中建立起來。愛爾蘭的情況也是這樣。諾曼騎士在十二世紀進入愛爾蘭的時候，他們面臨著的是一個非常陌生的血緣部落的世界。這些部落有自己特殊的語言，它們並不是像現代愛爾蘭民族發明家所說的那樣有一個統一的愛爾蘭語言，而是有多種不同的凱爾特語言的分支。各部族也是各有自己的習慣法。像是後來美洲殖民者發現的各種印第安人一樣，雖然新來的殖民者把他們統一稱為印第安人，但他們實際上是種族、血緣、文化和政體各不相同的許多不同的小實體。諾曼領主在這種情況下是沒有辦法把他們在法國北部和英格蘭東南部已經演習得非常熟練的封建制度直接付諸實施的。

最核心的一點就是，封建制度是建立在分層次的土地財產權之上的。這個財產權不同於羅馬法規定的那種純粹私性的權利，而是一種具有高度政治性、公共性的權利。因此，它與其說是個人的權利，不如說是社區的權利。通常，同一塊土地實際上是有多重所有人的。這種多重的所有人結構往往被現代漢語的翻譯家說成是領主和農奴，或是宗主和附庸，但這是具有高度誤導性的。這樣的描述方式會使你以為，除了領主享有相當於業主的權利以外，他的各層附庸的地位都不如今天的資本主義制度下的房客或佃農。實際情況是恰好相反的。所有的層次，無論是理論上並沒有被基督教世界完全否認的神聖羅馬皇帝和教皇的權利，還是比較顯眼的各王國的權利，還是它下面的各級領主的權利，一直到最基層的副本所有人（Copyholder）②（相當於最底層的勞動者和佃戶）的權利，它們都是固定的。像神聖婚姻中間丈夫、妻子和孩子的權利一樣，實際上是不經任何一方的同意不可能修改、不可能撤銷。這種關係通常能夠維持數個世代，甚至是十幾個世代人，長期不變。任何一代人都認為，它像後來柏克曾經用雄辯的語調描繪的那樣，是由死者、現在活著的人和尚未出生者簽訂的一個萬年合約[③]。它跟普通商人為了買賣棉花、布匹之類的貨物臨時簽訂的只有幾年時間的這種有限的合同是截然不同的。這是一個比現代政治家用誇張的語調表現的那種命運共同體或生命共同體[④]更複雜、更有機的結構。

雖然任何一個成員都不能被隨便刪除，但是絕不是說封建制度下的附庸關係是完全不能改變

① 英格蘭和蘇格蘭邊境的一條河流，源出英格蘭北部的特威德斯泉（Tweed's Well），全長一百五十五公里，向東北注入北海。

② 英國社會自中世紀以來的一種針對土地的習慣權利，土地保有人（Tenant）的權利內容記載於莊園法庭的登記簿中，保有人自己同時獲得產權文書（Title deed）作為登記簿記載的副本，傳統上分為可繼承副本保有和終身副本保有兩種主要類型。一九二五年國會通過《財產法案》（*Law of Property Act 1925*）將之廢除。

③ 出自埃德蒙・柏克，《法國大革命的反思》（*Reflections on the Revolution in France*），原文為：[Society] is a partnership in all science, a partnership in all art, a partnership in every virtue and in all perfection. As the ends of such a partnership cannot be obtained in many generations, it becomes a partnership not only between those who are living, but between those who are living, those who are dead, and those who are to be born.

④ 中華人民共和國的政治術語。

的。它能容納新來者，只不過新來者會在封建體系當中被理解成為封建層次的某一個或某幾個部分。任何新來者在進入這個社區網路的同時，就會跟與他接觸的其他人結成相應的封建關係。例如，跟給他受洗的、舉行葬禮的教士會有一種關係，跟與他做生意、提供各種物資的商人會有一種關係，跟與他在社區裡面共同吃麵包的人有這樣一種關係，跟與他共同戰鬥的人有另外一種關係，跟在戰鬥中為他扛旗的人有一種關係，跟為他準備軍糧的人有另外一種關係，跟為他準備軍用伙食的人又有另外一種關係。每一種關係都是特殊的，而且取決於一時一地的環境條件要素。

這種關係的千變萬化，現代人如果非要理解的話，最好就是理解成為不同性格的人組成的婚姻和家庭關係。如果從粗疏的理論上講，你可以說它們全都是婚姻和家庭關係。但實際上，不同性格的男人、女人和小孩組成的不同的婚姻，首先它們是各不相同、千奇百怪的，其次它們也是隨時變化的，隨著各人對自己角色的理解，不斷地調整習慣性的默契。有時候也會發生破裂，但是這種破裂是人和人之間的關係破裂，而不是僵硬的、像現代人理解資本主義或是理解土地法那種純粹針對物質的剛性的破裂方式。土地在封建主義的理解當中是一個蘊含了多重網路關係的實體。

諾曼的封建騎士——例如所謂的在亨利二世朝為人稱道的「強弓」理查（Richard de Clare）⑤和他的部下進入愛爾蘭的時候，他們希望並預期將自己代入類似於諾曼騎士剛剛來到英格蘭王國時期所享有的那種領主的地位，但是他們面前的愛爾蘭酋長卻不是這樣的。愛爾蘭的土地以沼澤為主，有大量的橡樹，有大量的吃橡子的豬，有這些豬和它產生出來的熏肉製品的重要產業。各沼澤地之間第一是不能聯通，第二就是水淹的程度不斷變化，無法劃出精確的地貌和地塊，因此愛爾蘭各部族對這些自然物質的使用權從諾曼騎士的角度來看都是非常模糊而不明確的。部族共有的權利在很大程度上是公有的。部族酋長一方面享有著遠遠超過諾曼騎士、諾曼騎士通常不能指望的權力，在某些情況下甚至對部族成員享有生殺大權；而諾曼騎士如果得不到同儕的支持，是很難審判任何人的，違反習慣法的做法通常是任何人也辦不到的。但是愛爾蘭的部落酋長在很多方面，又連諾曼騎士擁有的那種動員的權力都行使不了，他甚至不能像諾曼封建法視為理所當然的那樣，對在戰爭中背信棄義的附庸實施有效的懲罰。因此，愛爾蘭酋長的武力顯得又強大又軟弱，他們的社會結構也顯得又像共產主義又像封建主義。

諾曼的騎士很難跟愛爾蘭酋長簽署長期穩定的合作關係，因為這些酋長是如此輕易地在可以抵抗的情況下放棄抵抗，直截了當地投降了事，但是又會在諾曼人感到無法理解的情況下，根據諾曼人無法理解的理由突然背叛。他們有時候覺得，愛爾蘭人是習慣於背信棄義的野蠻人，簡直不配稱之為是基督教世界共有一定價值基礎的、都要愛上帝守信義的基督徒公民；有時候他們又覺得，愛爾蘭人的虔誠簡直是我們普普通通的英格蘭人或法蘭西騎士所萬萬不能比擬的。愛爾蘭人到底是怎樣的，諾曼騎士始終沒有搞清楚過。

而且他們自身的一部分由於跟愛爾蘭酋長聯姻，在很大程度上又加入了愛爾蘭酋長的文化和政治體系，變成一種所謂的「英種愛爾蘭人」（Old English）⑥的居民。這種所謂的蠻族化進程，其實與殖民化進程、封建化進程是同時並存的。這些所謂的英種愛爾蘭人把諾曼人的戰爭技術引進了愛爾蘭，使愛爾蘭人抵抗英國封建領主的能力大大增強，很像是後來十七世紀的加拿大所謂的梅蒂人（Métis）。梅蒂人祖先就是法國人，但是因為跟土著人聯姻，加入了土著人的部落酋長體系，甚至愛上了土著人的生活方式，覺得比法蘭西天主教教區那種生活方式更有吸引力。最後他們因為掌握了歐洲人的先進技術，甚至變成了土著各部族的領袖人物。他們抗擊法國人和英國人，抗擊法國和英國的殖民社區，甚至比普通的土著部落更加有力。

愛爾蘭王國儘管被羅馬教廷和歐洲各封建大國承認為英格蘭國王的領土，而英格蘭王國卻從來沒有能夠在愛爾蘭實施封建各王國認為是理所當然的有效統治，部分原因也就是在這裡。這主要是一個社區問題。封建層次下的領主一般來說本身不是直接有社區的。例如，諾曼騎士進入撒克遜王國，他們就替代了撒克遜的國王和貴族，但是並不替代撒克遜各教區、各田莊的基本社會結構，只是把那些社會結構的頂層由原有的撒克遜貴族變成諾曼貴族而已。諾曼貴族這個嵌入的過程總共只是幾萬人的嵌入，絕大部分莊園法庭的成員和絕大部分撒克遜各王國的居民是根本感受不到他們的上級已經由過去的撒克遜貴族變成了全新的諾曼貴族的。瑞典人或斯堪的納維亞人沿著第聶伯河南下，在基輔羅斯的諸公國替代了原有的統治階級，也是發生了類似的過程。它不是自帶社區的，而是它作為社區的一部分，為社區發揮了一些封建性的功能。

這個情況如果非要用比喻的話，就像是現代的一家公司從外面招聘來一群很有能力的總經理和秘書，從而迅速地提高了公司業績。後來封建歐洲各王國、各公國非常習慣引進外國君主或親王，這種風氣一直到十九世紀末期，甚至到第一次世界大戰結束的時候，立陶宛和東歐各國普遍想從中歐引進外來統治者，以此作為他們加入歐洲列強大家族的一種手段，也是類似的做法。如

⑤「強弓」理查（Richard de Clare），即第二代彭布羅克伯爵理查·德·克萊爾（Richard de Clare, 2nd Earl of Pembroke, nickname Strongbow, 1130–1176），中世紀諾曼貴族拓殖愛爾蘭的先驅人物，其封地原在威爾斯，他在一一六九年應被廢黜的愛爾蘭倫斯特（Leinster）國王迪亞馬特·麥克穆赫（Diarmait Mac Murchada）的邀請，率軍前往愛爾蘭，奪取東部的都柏林等地。後將所征服地區交給英王亨利二世，從而確立了英格蘭王室對愛爾蘭東南部的控制。

⑥指十六世紀之前諾曼殖民者在愛爾蘭的後裔。他們大多信奉愛爾蘭傳統的天主教，深度融入愛爾蘭原有的部族體制和生活方式，「比愛爾蘭人自己更像愛爾蘭人」（More Irish than the Irish themselves），與都鐸王朝以後遷入愛爾蘭的英裔新教徒（New English / Anglo-Irish people）不能混同。

果我們受現代民族主義的話語體系影響太深，就會覺得奇怪，因為現代民族主義的話語體系會把這種行為解釋成為我們接受了外邦的統治者，從民族主義的敘事方式來看這簡直是一種恥辱。但是從封建主義的理解方式來看，這不但不是一種恥辱，反而是像現代公司引進外來人才一樣，是有效地提高公司管理、對公司所有員工和股東都有利的一種形式。只要你選擇的人對，這對公司來說沒有任何壞處。不會有哪個員工會認為公司經理聘了一些外來的管理人員就會對員工不利，也不會有哪個股東認為這樣做會對股東不利。他們如果有抱怨的理由，頂多是你引進的外來管理人員能力不強、效率不高。只要是能力比原來強、效率比原來高的話，他們歡迎還來不及，哪裡有反抗的理由。

諾曼的封建騎士在英格蘭王國的地位也就是這個樣子，所以他們在愛爾蘭王國也期待著會受到類似的對待，但是他們發現自己的腳下居然是一片流沙。這就涉及基層共同體的問題。撒克遜諸王國在英格蘭的基礎共同體已經過數百年的建設，在教區這個層面已經是相當穩固的典範了，所以諾曼封建領主就像是一群訓練有素的管理人員進入了一個本來就有著很多技術人員和很多訓練有素的員工的公司，他可以迅速地大顯身手，把原來經營狀況不好地方改過來，使自己和公司都有利。然後他們到了愛爾蘭，以為自己是進入了另一家公司，以為這家公司也有一撥受資本主義訓練的訓練有素的員工，只要得到一個精實的管理層就可以迅速地發揮作用（當然在這個案例當中，資本主義這個詞要改成封建主義才行）。但是他們發現，他們面前的員工根本不是資本主義所習慣的那種擅長於遵守工作紀律的員工，而是像後來德國人到東非殖民地發現的那樣，他們在中歐習慣的管理方式完全沒有用。

他們在中歐以為，只要提高了工資、勞保和各方面的待遇，工人一定會更滿意地幹活的。如果發生罷工或其他諸如此類的衝突，他們習慣性地預期，那一定是因為勞工層對待遇或是各方面有什麼不滿意，雙方可以用德國人習慣的方法跟勞工們談判，問題自然就會解決。然而他們在非洲各殖民地發現，當地的土著人根本就沒有資本主義的勞工觀念。他們區別不了工廠和他們習慣的森林部落有什麼區別，他們以為工廠的產品和森林裡面的果實是一樣的。他們像過去在森林裡那樣，高興幹活就幹活，高興摘果子就摘果子，不高興摘果子就把果子摘下來玩兒，或在樹上蕩秋千。對待工廠裡面的機器也是，有時候當成勞動工具，有時候當成玩具和祭祀的工具。一開心起來的話，就把機器和機器的產品拆下來玩兒，而不是拿它做勞動工具來生產產品。這跟他們在森林裡面採果樹的方式是一模一樣的。

管理人員沒有辦法對他們進行有效溝通和管理，因為他們並不是想要更多的錢、更多的休息時間或更多的勞保、醫保、幼稚園之類的條件，他們根本就不理解近代化的工廠是怎麼運作的，你跟他們解釋是沒有用的。他們覺得工廠裡面生產出來的東西跟樹上結的果子是一樣的，如果機器壞了、出了問題的話，他們也不會去考慮哪些零件有問題，而會像是原先自己部落的巫師對待不結果的果樹一樣，用各種各樣的法術試圖使它恢復生產。當然，這樣一來，原先德國人認為是再精幹不過的管理人員和技術人員，對付這樣一撥工人都是沒有辦法的。如果你要想使這些工廠良好地運作起來，那麼唯一的辦法就是必須改造當地的基礎共同體，使當地的社會和文化模式適應資本主義生產模式。

封建主義的騎士在愛爾蘭面臨的也是這樣的情況。他們面前的愛爾蘭部落既不是服從的問題，也不是不服從的問題，既不是遵守封建主義信義和榮譽的問題，也不是不遵守封建主義信義或沒有榮譽觀，既不是他們怕死，也不是他們不怕死。他們既怕死又不怕死，但是他們怕死和不怕死的方式是諾曼人所理解不了的。總之，一個諾曼領主如果得到一批撒克遜的附庸的話，就可以順利地實施封建的習慣法，讓這些人例如給他的磨坊交錢，或是為他打軍旗，或是在戰爭時期為他服幾十天的兵役，但是愛爾蘭的附庸似乎理解不了這些。諾曼人如果戰敗投降了，他們本來是預期勝利的愛爾蘭酋長會像勝利的西歐君主一樣對待他們，向他們索取贖金，或是把他們編為自己的附庸，讓他們在自己的軍旗之下作戰；但是愛爾蘭酋長沒有這樣的觀念，他們既不向諾曼人要求贖金，也不要求諾曼人服從自己、為自己作戰。

反過來，如果愛爾蘭人打了敗仗、被諾曼人俘虜的話，他們可以答應諾曼人的任何要求，無論贖金定得多麼高。他們根本不像是封建騎士那樣，封建騎士會像近代資本主義的經理一樣很仔細地談判，如果我打了敗仗，我該付給你多少賠款或多少贖金。那都像是資本主義的價格談判一樣，是相當精細的。反正誰也不願意自己吃虧，各方面的糾紛解決也已經形成了一套成熟的機制。但是愛爾蘭酋長似乎不懂，他們可以隨意、毫不談判地接受任何贖金，然後又什麼都付不出來，可以答應以任何條件為你服役，然後在關鍵時刻卻會突然開小差。比較粗淺的諾曼人會認為他們太壞，太不基督徒，太背信棄義；比較深刻的諾曼人則會發現，這是因為愛爾蘭部族的結構跟諾曼封建主義者習慣的基層社會完全不一樣的緣故。你根本不能指望那些居無定所、經常從一個沼澤地跑到另一個沼澤地、從一個橡樹林跑到另一個橡樹林、對土地附屬的義務沒有深刻理解的愛爾蘭部族成員會理解你這些東西。

他們逃跑的時候也會帶著一些他們俘虜的諾曼騎士跑掉，這些諾曼騎士一身的武藝，也沒有用武之地，要求國內來送贖金，但是即使送到了贖金也不見得會放人。愛爾蘭酋長往往會隨心所欲地處置他們，或把自己的女兒嫁給他們，或殺了他們，或用其他方式在自己的部族中安排角色。很多原來的諾曼騎士就以這種方式進入了愛爾蘭部族，最後他們的後裔變成了愛爾蘭人，因此近代的愛爾蘭有很多姓氏會把自己的祖先追溯到這些歸化為愛爾蘭部落的諾曼人和英格蘭人。他們最後甚至適應了愛爾蘭人的生活方式，覺得這種生活方式比諾曼的封建體系更可愛、更有人情味。當然這兩者之間的問題就不是一個征服和被征服的問題。封建主義的征服和被征服不是殺人放火（雖然也要流血），而是有點像是近代大公司併購別的公司一樣。併購以後，兩個公司都很習慣於資本主義的邏輯，相互之間就會形成新的共同運作體系。但是這個體系在愛爾蘭行不通。

最後折騰了幾百年以後，到都鐸王朝的時代，亨利八世和伊莉莎白一世鑒於以前的殖民主義像是在流沙上建塔一樣，沒有能夠把英國的封建主義普及到愛爾蘭，最後就提出了唯一能夠可行的方式：「我們不要指望這些愛爾蘭人了，從英國本土派人殖民去吧。既然諾曼騎士找不到自己有效的基礎共同體，那麼我們乾脆從英格蘭王國把我們已經練熟的基礎共同體帶到愛爾蘭去不好嗎？」[7]這種做法就好像是德國的企業家和管理人員在非洲找不到訓練有素、又願意遵守紀律的土著勞動者，最後只有拍拍腦袋，我乾脆就在德國本地招工，不僅資本家是德國人，經理是德國人，就連勞工我也從德國帶過去，這樣做就等於是把德國的整個社會體系搬到非洲去，這樣我的工廠不就能夠運轉了嗎？亨利八世以後的殖民主義者就採取了這種模式，他們不僅要帶一些公爵、伯爵和武士過去，而且還要帶一些農民和勞動者，把整個西歐英格蘭的莊園體系移植到愛爾蘭。在愛爾蘭沿海和地理環境比較適合於建立英國式耕作體系的地方，把英國的整個社會制度，從上層的政治共同體一直到下層的基礎共同體，全部拷貝到愛爾蘭。事實證明，這是在愛爾蘭實施有效統治的唯一做法。當然，真正移植過去的社區只占有愛爾蘭地理面積的很小一部分，土地比較貧瘠、沼澤地比較多、交通比較不便、比較深處內地的大部分愛爾蘭地區仍然在土著人的控制之下，土著人的生活方式仍然是這樣的。

這時，英格蘭王國經歷了宗教改革，因此那一批移民改信了新教。以後在英格蘭的宗教改革當中，遷往愛爾蘭的英格蘭移民和後來的蘇格蘭移民都是廣義上的新教徒，從相當於天主教和新教中間狀態的聖公會，到蘇格蘭長老會的各個教派。他們在英格蘭本土和西歐經常是互為敵國的，但是在愛爾蘭這個陌生的環境當中就感到，我們都是基督教新教的信徒，我們的社區組織都比較相近，自然有比較同仇敵愾的感覺。英格蘭國王兼任國王的愛爾蘭王國，主要就是建立在他們的基礎之上的。由於這些基礎共同體的移植，愛爾蘭的新教社區大大擴張，特別是在北部六郡，也就是今天阿爾斯特（Ulster）⑧或北愛爾蘭所在的地方。但是這時候的愛爾蘭土著也沒有閒著。英格蘭的新教殖民者給愛爾蘭的主要禮物就是，把土地私有的觀念引入了愛爾蘭，把先進的耕作技術引入了愛爾蘭。他們迫使原來土地觀念和私有財產觀念很不完善的愛爾蘭原住民接受了土地私有的觀念，儘管他們占有的是比較少的、比較貧瘠的、比較沒有價值的土地。同時，宗教改革強化了基層社區的組織，迫使原先只是名義上信奉天主教、實際上保留了很多異教習俗的愛爾蘭天主教徒派出他們的精英人士到西班牙和法蘭西去學習，從羅馬引進新的天主教神父和學者，特別是耶穌會士，改善他們上層的教育體系，改善基本的生活方式。

我們要注意，宗教改革不是像很多人想像的那樣是新教奪去了天主教的很多領地。實際上，新教的宗教改革和天主教的反宗教改革是同時進行的，雙方都在深化和重塑自己的基礎共同體。宗教改革以前，儘管西歐的半壁江山名義上都是天主教徒，但是在天主教時代以前的異教習俗保留下來的還是相當多。正是在新教改革的刺激之下，新教奪去了天主教原有的很多地方，並指控天主教會容忍了過多的異教文化。同時，天主教徒一方面為了收復失地，一方面為了避免現有的教區也被陸續擴張的新教勢力奪去，自身也開始改革和強化自己的教區，把本來在封建體系之下經常跟貴族階級結合在一起的教區和教士體制，轉向跟新興的中間階級（資產階級）甚至普通農民結合，進一步地改善普他們的教育和經濟狀況，給他們在教會中提供更多的上升機會和受教育機會。新教改革的最終結果是，雙方相互競爭，正如蘇美兩國的軍備競賽是使蘇聯和美國的軍事技術都有所進步，宗教改革的結果是使天主教和新教雙方的社區組織都有了很大的完善，雙方的中產階級都有了更複雜的發展。

在愛爾蘭方面，當地原住民為了抵抗英格蘭和蘇格蘭新教徒的移植，由名義上的天主教徒、殘餘很多多神教習俗的天主教徒變成了真正虔誠的天主教徒。「虔誠」這個詞包含了很多意義，現代人往往把它理解成為一種神學上和信仰上的東西，但是實際上在歷史上的大多數時期，它有社區性的概念，在宗教改革時期尤其如此。宗教改革時期的所謂「虔誠」包含了——甚至主要就是指基層共同體的精英構建、複製和擴張自己社區的積極性和工作能力。「虔誠」的社區就意味著，它的神父、長老或教會的骨幹人士對教民的生活非常關心，能夠有效地保全教民的家庭，增加教區的人口和經濟福利，使教區不斷地擴張，開墾荒地，建立新的村落和共同體，有效地派出更多的傳教士，爭取更多的信徒，使自己的共同體在人口和地理上都能有較大的擴張。這就是當時「虔誠」的主要語境。因此，可以說英國的殖民主義有效地促使了愛爾蘭社區的發展。愛爾蘭過去在文化上千奇百怪、互不聯繫、模糊地被稱之為凱爾特人的各個部落，正是在英國的殖民主

⑦ 亨利八世之前，英格蘭國王作為教皇封臣，以「愛爾蘭領主」（Lord of Ireland）的名義統治愛爾蘭。一五三四年，英王亨利八世開始在英格蘭實施宗教改革、與教皇決裂後，他為了在愛爾蘭重建統治合法性並加強控制，於一五四二年促使愛爾蘭國會通過《愛爾蘭王權法》（*Crown of Ireland Act*），將愛爾蘭改為王國（由英王兼任國王），進而在愛爾蘭大規模推行宗教改革和「交還重授封地」（surrender and regrant）的政策。因這些政策在當地的推行困難重重，英國王室自一五五六年起又採取在愛爾蘭沒收土地，重新分配給來自英格蘭的新教移民（New English）的「拓殖政策」（Plantations），最終引發了愛爾蘭當地領主反抗英國統治的「九年戰爭」（Nine Years' War, 1593–1603）。

⑧ 愛爾蘭傳統上分為四個區域，即東部的倫斯特（Leinster）、南部的芒斯特（Munster）、西部的康諾特（Connaught）和北部的阿爾斯特（Ulster）。阿爾斯特由九個郡（county）組成，其中六個構成今天的北愛爾蘭。

義和封建主義的刺激下，特別是在英格蘭和蘇格蘭新教的宗教改革者的刺激下，才通過天主教精英的社區建設，形成了一個具有全愛爾蘭性質的社區整體。儘管愛爾蘭王國的上層和中產階級實際上是由新教徒包辦的，但是天主教已經成功地把新教徒社區以外的愛爾蘭土著重新整合起來，形成一個天主教教育體系，在羅馬、法蘭西和西班牙的幫助下，為它提供了愛爾蘭本土所不具備的上層階級。

十八世紀的愛爾蘭王國就變成了這樣兩個社會的綜合體。在當時的語境之下，愛爾蘭其實是沒有民族問題的，有的主要是宗教問題。宗教這個詞指的不是個人信仰，而是社區組織。新教主要不是指的你在神學上更加傾向於加爾文或路德的解釋，而是意味著你依託於新教的社區，你跟家庭成員和鄰里相處的方式是新教的組織模式決定的。如果你脫離了這些組織模式、用新教的道德觀念和組織模式所不容的方式行動的話，你就會遭到這些人的厭棄，變成一個孤家寡人。一個宅男數學家或自然哲學家可以做孤家寡人，待在自己的書房裡面痛罵全世界所有的宗教；但是如果你是一個資本家、一個農民或是社會上的大多數成員的話，你如果被你所在的社區或多數成員所厭棄，你的正常經濟活動、社會活動、甚至家庭關係都會無法維持。這才是宗教改革之所以會引起如此眾多的衝突的根本原因。

現代人往往對宗教看得不那麼重，是因為宗教團體——至少是在西方世界的宗教團體承擔的社會功能在目前已經大不如前的緣故。所以才會產生我們目前非常熟悉的那種概念，以為宗教僅僅是一個個人觀念問題和個人選擇問題，跟你周圍的人沒有什麼關係。其實完全不是這樣。假如你對撫養孩子的看法以及孩子做什麼事情是道德的、做什麼事情是不道德的看法跟你的妻子和鄰居南轅北轍，那麼你跟你的妻子和鄰居處在一種持續的冷戰狀態，你們雙方的生活方式都會無法正常維持下去。最後的結果一定是，你們當中有一方或雙方離開原有的社區，各自去尋找跟自己價值觀一致、行為模式一致的其他夥伴。

新教的愛爾蘭社區是一個從頭到腳完善的社區，它的最頂層當然就是坎特伯雷大主教和兼任聖公會領袖的英格蘭國王兼愛爾蘭國王，以下有各式各樣的貴族，再往下有中產階級，然後再往下有信奉新教的普通農民。他們在基層有新教的社區，在上層有新教的政治共同體，一切都不缺。但是天主教人口的情況就不一樣了，他們實際上是只有以教區神父和酋長為核心的基層共同體。順便說一句，在天主教反宗教改革和愛爾蘭再天主教化的過程當中，愛爾蘭原有的部落酋長和天主教神父之間實際上實現了良好的融合。像奧唐奈家族（O'Donnell dynasty）[9]這些原有的天主教大部落的酋長，經常會把自己的子弟送到西班牙或羅馬去，有些就變成了神父，有些就變成了西班牙的軍官。這樣做一方面在海外造成了很多流亡的天主教愛爾蘭社區，另一方面實際上是把愛爾蘭的天主教社會的精英或政治共同體送到西班牙、法蘭西和羅馬去了。在愛爾蘭本土，愛爾蘭天主教徒只有基礎共同體，基礎共同體的最高一級就是還沒有留學或沒有參加斯圖亞特流亡政權的軍隊、西班牙或法蘭西軍隊的愛爾蘭酋長的還沒有成年的子弟，以及還沒有到羅馬、法蘭西或西班牙去留學的愛爾蘭精英階級的子弟。他們在成年以後，或有了一定的錢、有了條件以後，也就會跑到歐洲大陸的天主教大國去接受訓練，或文或武，變成愛爾蘭流亡社區的精英。但是留在本地的就只有普通農民，最高級的就是天主教的本堂神父和尚未出國的天主教世家子弟。

可以說，愛爾蘭天主教社會變成了一個頭在歐洲大陸、腳在愛爾蘭島的奇特模式。這種模式在近代民族國家形成後顯得很奇怪，但在封建歐洲是司空見慣的。民族國家跟封建體系的不同之處就是在於，它要求精英的在地化。精英所在的政治共同體、精英所營建的政治共同體即使是暫時流亡，最終仍然要返回本國，跟本國的基層共同體相互融合，實現上層精英和普通民眾的同質化和有效溝通互動。但只要近代民主還沒有產生，愛爾蘭人不遵循這種模式本身是沒有問題的。如果說有什麼問題，就是哪一方能夠在宗教戰爭中打贏。如果新教徒打贏了，那麼天主教愛爾蘭社會的精英別無辦法可想，只有最窮困、最基層的勞動者才會留在本土，有一點辦法的精英人物、可以成為貴族上層階級或可以成為中產階級的那些領袖人物都會一到年齡就會離開愛爾蘭本土；相反，如果天主教打贏了，假定詹姆斯二世在路易十四的援助之下率領法國軍隊和愛爾蘭流亡者的軍隊趕走了奧蘭治親王的英格蘭人和新教的軍隊的話，那麼新教徒在愛爾蘭建立的社區就會遭到斬草除根的待遇，絕不僅僅是貴族和統治者被趕走而普通人民繼續過自己原來的日子，而是原有的社區組織——從教堂、教會和市政廳開始全都被鏟平，甚至是普通農民養的牛都會被殺光，普通農民連同他的妻子兒女都會遭到屠殺。

克倫威爾時代的英國人之所以認為愛爾蘭人野蠻，就是因為他們在宗教戰爭中遭受了這樣的待遇。而封建歐洲的戰爭本來是彬彬有禮的，普通的民眾，無論哪一方占上風，都只需要侍奉新的領主就行了，不需要改變原有的生活方式，也不用害怕遭到迫害和驅逐。封建領主之間你俘虜了我或我俘虜了你，除了那些足夠倒楣、在戰爭交火的過程中間被打死的那極少數人以外，大家都像是宋襄公對待晉文公一樣彬彬有禮，很有紳士風度的。看到愛爾蘭人這種把社區連同普通農民、連同婦女老人兒童都斬草除根的做法，自然又會要說愛爾蘭人簡直不像基督徒或文明人。但是原因是在哪兒呢？原因就是，宗教戰爭之所以顯得特別殘酷，因為它並不是貴族和貴族之間的戰爭，並不是同類的政治共同體相互之間的戰爭，而是一個社會剷除或替代另一個社會的鬥爭，勝利一方會要求從政治共同體到社區基層共同體全部更換，這樣的鬥爭是你死我活的。在宗教改革結束以後長達幾百年的時間內，歐洲人已經忘記了這種戰爭的殘酷，直到布爾什維克把這種戰爭重新引回到現代世界為止。

當然，在大多數時間，英國人是占上風的。愛爾蘭的精英流亡國外，愛爾蘭天主教徒被勝利的新教徒看成不可救藥的野蠻人，必須把他們踩在腳底下才能防止他們作亂。愛爾蘭王國的議會跟英格蘭王國的議會一樣，是由貴族和有產階級產生的。英格蘭王國的議會也是體現了等級君主制，國王、貴族階級和市民階級——也就是有產階級選出的代表在威斯敏斯特議會共商國是，不過無產階級是不算數的。而在愛爾蘭，天主教徒就是無產階級。僅有的非無產階級分子，也就是說愛爾蘭的本堂神父和世家子弟，《受懲罰法案》（*Penal Laws*）[10]的影響，不得參加國會或擔任公職，被整體性地排斥在政治體系之外，不得不流亡國外。如果留在國內，那就只能跟他們所屬的基層共同體——也就是教區的普通農民打交道，接受他們的供養。當然，都是最小一級的社區精英才會留下來。

英格蘭王國實行這種體制是沒有問題的。因為英格蘭王國的普通農民或城市當中財產不夠的人會認為，他們的教區牧師或領地的貴族是他們的天然領袖。按照當時的觀念，就覺得，同一個教區，牧師就是最有學問、最有道德的人，如果是長老會的教區的話，可能還有幾個平信徒選出的長老會成員，那麼他們代表那些沒有文化、財產也不多的窮人是理所當然的。窮人也會認為，大家都是一家人，你來代表我，就像是兒童信任父親的保護、一家自然要有一個一家之主、而這個一家之主通常就是父親一樣理所當然。沒有必要讓一家的每一個成員都享有同等的權利，只要讓父親出來在社會上代表一家人的共同利益就可以了。同樣的道理，教區由牧師和長老來代表，領地由貴族來代表，自治市鎮由資產階級來代表，這就足夠把所有社區的利益和意志都表達清楚了。在基層共同體和政治共同體相一致的情況下，在從國王到民眾都是新教徒、都認同英格蘭王國憲法的情況下，這種假定是有相當多的道理的，所以英格蘭是歐洲的模範王國。

但是在基礎共同體和政治共同體相互矛盾甚至相互敵對的情況下，例如在愛爾蘭王國，這種假定就不成立了。從純粹的法律形式主義的角度來看，愛爾蘭王國的憲法和英格蘭王國的憲法基本上沒有什麼區別，它們是以非常類似的方法選舉，愛爾蘭國王也是英格蘭國王，愛爾蘭貴族和主教組成愛爾蘭的上議院，愛爾蘭的中產階級、教區代表和自治市鎮的代表組成下議院，但是同樣的形式上的財產標準，隔開的卻是兩種不同的社會。例如，財產不足四十先令的英格蘭新教徒會認為，財產超過四十先令的英格蘭資產階級、牧師和貴族跟他自己是一家人，他們都是新教徒；但是在愛爾蘭，財產不足四十先令的愛爾蘭農民就認為，財產超過四十先令的貴族、資產階級跟他們不是一種人，窮人和草根是天主教徒，貴族和資產階級是新教徒。他們是兩個不同的社會，對於什麼是正當、什麼是不正當的理解方式截然不同。因此，他們如果發生糾紛的話，也就沒有辦法按照英格蘭的普通法來解決，而是以一種類似社會性戰爭的方式來解決。

這種戰爭方式在英國人看來是非常不文明的，但是說來有趣，在比較熟悉黑五類、紅五類和類似社會性戰爭的納粹和布爾什維克統治的地區，大家對這一點也是非常熟悉的，納粹和布爾什維克摧毀對方社會的方式跟宗教戰爭是比較相似的。它們的不同之處在於，宗教戰爭中，無論是基督教徒還是伊斯蘭教徒，無論是新教徒還是羅馬天主教徒，他們都有自己的基層共同體，他們是用一種社區取代另一種社區；然而納粹和布爾什維克這樣的列寧式政黨，他們只會摧毀敵人這方面的基層社會，同樣是不分老幼、不分戰鬥人員和非戰鬥人員屠殺的，但是他們沒有自己的基層社會。這是主要的區別。在上層方面有一個特點是很明顯的：納粹和布爾什維克對待猶太人或黑五類這些人的方式是社會性戰爭——不是說你打了敗仗、像封建騎士或資產階級政治家一樣宣布認輸以後衝突就結束了，而是說，你以後上醫院看病或是到商店去買東西，人家都要看你是不是黑五類或是不是猶太人。如果你是敵對階級或敵對種族的話，你連日常生活都沒有辦法維持下去。英國的新教徒在愛爾蘭天主教社區中間就會遭到這樣的待遇。

我們都知道，現代議會政治有一個詞叫做杯葛（boycott），就是不合作的意思。經過一百多年的演化，這個詞的涵義已經變得很文明了，它的意思就是以非暴力的方式抵制對方的議案，通常是居於弱勢和少數一方面的政黨以合法方式抵制多數黨提出的議案所採取的一種議會程式，但是最初它產生出來的時候不是這個意思。杯葛這個詞源自於十九世紀愛爾蘭新教徒雇傭的一個收稅員，查爾斯·杯葛（Charles Boycott）[11]，他在愛爾蘭受到當地天主教農民的強烈抵制。農民為了把他趕出自己的社區，就採取了納粹黨對待猶太人、布爾什維克對待黑五類的那種做法，也就是全面抵制。雖然我們在政治上惹不起你，你從法律上是對的，你可以收我們的稅，但是你簡直不能在這裡安家落戶。你的老婆如果要在肉店買肉的話，肉店老闆不賣給你。如果你說法律規定我給了你錢就應該賣給我肉，他就會說我聽不懂你的話，我只會講凱爾特語，你講的英語我聽不懂。你講凱爾特語，他就會說你的口音不標準，我還是聽不懂。大人，您到別人家去買肉吧，小人是一個沒受過教育的粗人，聽不懂你們的高雅語言，聽不懂你們的高雅語言就沒法跟你們做生意，小人就只有過窮日子了，對不起，你在我們這兒買不到肉。去買菜或出去做別的活動，都會碰到諸如此類的事情。

⑨ 奧唐奈家族（O'Donnell dynasty）是中世紀愛爾蘭阿爾斯特省建立泰爾康奈爾王國（Kingdom of Tyrconnell）的主要愛爾蘭氏族。

⑩ 《懲罰法案》（*Penal Laws*），十七世紀初以來愛爾蘭國會通過的諸多限制愛爾蘭天主教徒權利的法律，包括禁止天主教徒擔任愛爾蘭公職、選舉或被選為國會議員、參加愛爾蘭軍隊、攜帶火器等。一七七八至一八二九年間相繼被廢除。

⑪ 查爾斯．杯葛（Charles Boycott, 1832–1897），英國退伍軍人，自一八七三年起擔任新教貴族艾恩伯爵（John Crichton, 3rd Earl of Erne）的土地經理人，與當地佃戶關係緊張。一八八〇年，愛爾蘭土地聯盟（Irish National Land League）號召當地農業工人和社區居民拒絕接受杯葛的雇傭、以及向其出售貨物或提供服務，令其陷入全面孤立，不得不在當年底離開愛爾蘭，在英國輿論中引發軒然大波。後來英語中習慣以「杯葛」（Boycott）指代非暴力的消極抵制行為。

當然，理由不一定是聽不懂您大人的高雅英語，而是各式各樣、千奇百怪、臨時找出來的藉口，目的是要通過這樣全面的隔離和抵制，讓你們全家在這裡混不下去。您老人家一個男人也許不在乎，但是你老婆搞不搞社交活動？如果隨便上哪一家哪一戶去，所有鄰居都讓你吃閉門羹，你是不是會覺得日子過得很不痛快？你的孩子要上學或要搞各種社會活動，別人家的孩子都不跟你玩，你是不是會覺得日子很不好過？時間長了以後，老婆孩子一鬧，男人也自然就守不住了。於是我們親愛的杯葛先生，剛到愛爾蘭時是雷厲風行、很想做一番事業的，現在只有灰溜溜地滾出了天主教社區。這段在十九世紀愛爾蘭發生的真實故事，就說明了所謂的社會性戰爭是怎麼一回事。

當然，這是社會性戰爭最溫和的形式，如果到最激烈的形式，那當然是要流血的，要有恐怖襲擊的。不僅英國的員警可能會被殺，甚至英國的婦女兒童和非戰鬥人員也會碰上炸彈的。十九世紀是一個比較文明的時代，連恩格斯這樣的社會主義者聽到愛爾蘭人扔炸彈的消息，也覺得這樣針對平民的暴行實在是不可接受的，但是這恰好是社會性戰爭的特點。社會性戰爭是基礎共同體對基礎共同體的戰爭，跟政治共同體和政治共同體的戰爭不一樣。如果我們在歷史的某些時期或某些模式之下，例如現代民主主義的模式或封建主義之下貴族紳士的那種模式，認為鬥爭雙方之間應該以禮相待，應該有紳士風度，應該「費厄潑賴」（Fairplay），就像我們今天談論民主的時候，通常就是認為民主活動應該是文明守裡的，但是前提條件就是，基礎共同體和基礎共同體之間沒有戰爭。只有在這個前提之下，我剛才描述的那種情況才能存在。如果戰爭是在基礎共同體和基礎共同體之間進行的，或是某一方針對對方的基礎共同體而非政治共同體進行戰爭，那麼「費厄潑賴」是維持不住的。

這就是愛爾蘭問題的實質，愛爾蘭問題是社會性戰爭。愛爾蘭問題在十九世紀是最早的恐怖主義，雖然按照今天的標準看，當時的恐怖主義已經很文明了，但它確實是現代恐怖主義的一個重要源頭。布爾什維克在革命的時候從愛爾蘭人的恐怖活動中間吸取了很多經驗教訓。它那種密謀活動組織的方式，相當程度上參考了義大利燒炭黨人和愛爾蘭共和軍（Irish Republican Army）[12]的活動模式。只要鬥爭繼續以宗教鬥爭的方式進行的話，這樣的社會性戰爭會被所有人認為是理所當然的。在立陶宛和法蘭西，天主教和新教之間的戰爭也是這樣的。勝利一方一旦取得勝利，那麼倒楣的一方、失敗的一方就並不只是國王和貴族喪失權力，而且普普通通的教民，包括婦女兒童，都感到他們在新的社區規範之下混不下去，寧願移民也不願意留下。

愛爾蘭的情況按照宗教改革時期社區戰爭的遊戲規則來說並不特殊，但是整個西歐的宗教戰爭已經停息了，天主教和新教的區別、新教各教派之間的區別漸漸變成符號性和形式性的。例如在長老會最初與天主教徒鬥爭的時候，他們的社區管理模式是有極大差別的，例如你是一個想要上進的中產階級分子，在十六世紀和十七世紀加入長老會確實比加入天主教會有更多的上升機會；但是等到十九世紀，兩者的差別就不大了，儘管他們在神學上、信仰上和歷史傳統上有很大差別，但是如果你對這些事情都沒有興趣，你只是像普丁或是像今天俄羅斯的一個技術官僚那樣，你想的只是升官發財的話，那麼你加入哪一方，區別是不大的，只是你在過節的時候、升國旗的時候升出的旗子不一樣，你在講高級理論的時候引用的知識分子不一樣，日常生活方式差別不大。這個情況也像是，在列寧時代，你加入布爾什維克還是加入資產階級黨派，那會導致命運的完全不同；但是你在今天加入普丁的統一俄羅斯黨還是加入波蘭的某一個資產階級黨派，生活方式的差別就會小得多了。

歐洲的宗教戰爭經過了兩百年的折騰以後，也進入了這個階段。可以說，到十九世紀，你加入哪一個教派，普通人民的生活方式的差別已經不是大到無法接受的地步，已經不是生死存亡的地步了。同時，經過長期的交手，哪些社區是屬於天主教的，哪些社區是屬於新教的，或屬於哪個教派的，邊界大體上已經固定了，很少出現一方驅逐另一方或某些區域大規模改變信仰和生活方式的局面。因此，雙方關係已經形成了穩定狀態，也就不再有過去那種比較野蠻的社會性戰爭的情況出現了。在紐曼紅衣主教（John Henry Newman）[13]的時代，英國的新教徒開始覺得，你雖然是天主教徒，但是你仍然可以是一個紳士；天主教徒也覺得，你雖然是新教徒，但是你仍然可以是一個基督徒和正直的人，諸如此類。

這時，政治鬥爭的焦點開始由宗教糾紛變成民主化的糾紛。無論是法蘭西大革命還是英國的國會改革，都是把原來由國王、貴族和有產階級獨占的權力，逐步地由國王和貴族向有產階級傾斜，然後再由無產階級分享，最終實現全民的大眾民主。大眾民主是好是壞，或是有哪些好和哪些壞，我們姑且不討論，但是我們要指出一個事實：美國立國的時候、英國光榮革命的時候，「大眾民主」並不是流行的、正宗的統治形式，而是大多數政治哲學家和政治家都鄙視的政治形式。但是無論如何，整個十九世紀就是大眾民主在西歐各國的憲制當中占據程度越來越大的時

⑫ 愛爾蘭共和軍（Irish Republican Army），成立於一九一九年，由旨在建立愛爾蘭共和國的民族主義軍事組織「愛爾蘭義勇軍」（Irish Volunteers）改編而成，成立之初發起「愛爾蘭獨立戰爭」（Irish War of Independence），襲擊駐在愛爾蘭的英軍並進行游擊戰，直到一九二一年七月休戰，之後主要通過社會性暴力活動與恐怖攻擊宣揚政治訴求，被許多國家視為恐怖組織。

⑬ 聖若望·亨利·紐曼（Saint John Henry Newman；1801–1890）原為聖公會的牧師，在一八四五年改宗羅馬天主教，並成為一位天主教神父。後來於一八七九年被教宗良十三世擢升為樞機，不過他並未被祝聖為主教，而是以司鐸的身分獲得執事級樞機頭銜。他學問淵博，且勇敢討論許多有關宗教信仰等問題，深入探討信仰本質及教義的發展。年青時已是英國教會牛津運動（Oxford Movement）的重要人物，積極推動英國教會重拾大公教會的源頭與核心價值。紐曼對羅馬天主教的影響相當大，於二〇一九年受梵諦岡冊封為聖人。

代。無論是英國還是歐洲大陸各國，普遍的做法都是，把參加議會選舉的財產資格不斷調低，最後在第一次世界大戰以後完全取消，最終實現了全民的民主。之後就是政黨政治興起的時代，也是民族發明的時代。

政黨政治興起的意義是不言而喻的。也就是說，原先不參政、不議政、不理解政治的普通民眾，原先就認為我的貴族或我的牧師是我的天然代理人，現在就要不用天然代理人，而要由自己動腦筋來選擇適當的政治掮客。也就是說，有幾代人認為我們的牧師或我們的貴族就是我們的代理人，現在要由每一代人、甚至是每隔幾年就要重新選擇一遍，原來的某某人是不是我合格的代表。其他人的代表會像是商人或政治掮客一樣來推銷，前面的議員出的價還不夠好，我如果當上議員以後，我能夠給本選區帶來多少好處，例如把什麼什麼軍火公司帶到我們選區來開廠，使我們選區的子弟能夠得到高薪的工作，或是在國會撥款、討論財政的時候，要求國會在我們的選區修一條鐵路支線，給我們選區帶來各式各樣的好處，或是在我們選區多修一些學校，多建一些醫院，盡可能地把全國的公共預算花到我們的選區，以前的議員在這個方面那個方面做得不好，我可以給你們做得更好。總之，這時候的競選就很像是推銷員的討價還價了，因此天然的代表——也就是貴族色彩濃厚的政治世家退場了，像資本主義推銷員一樣的現代政黨變成主流了。

普通的草根民眾一旦參政，就產生了民族發明的問題。民族發明的意思就是，要把原先以等級單位參政的各個政治人員整合成為一個民族共同體。為什麼我們都要一起選舉英格蘭的國會或法蘭西的國會呢？因為我們都是英國人或法國人。我們無論是貴族、資產階級、工人還是農民，我們都是英國人。我們都是英國人這一點是我們最基礎的求大同，我們是貴族、資產階級、工人和農民這一點是我們作為英國人的一點小小的差異，這個小小的差異是可以忽略不計的。因此，我們才能夠作為一個共同體，在最基本的共識政治之上，對細節問題進行各方面的談判。也就是說，假如我們是同一家子弟，我們是兄弟，我們是夫妻，那麼在這個共識的基礎上對各個問題的談判都能夠比較好的解決；但是如果是外人的話，那麼你就看到，同樣的問題就很難解決，或解決方式就完全不一樣了。

共同體內部和外部的關係跟家庭內部和外部的關係是一樣的。為什麼我們要把英格蘭和法蘭西發明成為一個民族呢？並不是說，威爾斯人跟英格蘭人的差距或諾森伯蘭郡（Northumberland）[14]人跟德文郡（Devonshire）[15]人的差距，一定要比諾曼第人和肯特（Kent）[16]人的差距或康沃爾（Cornwall）[17]人和布列塔尼（Britanny）[18]人的差距更小。其實我們可以說，康沃爾人和布列塔尼人可能是關係比較近的，諾曼第人和肯特人的關係是比較近的，諾曼第人和洛林人、布列塔尼人的關係反倒是比較遠的。但是民族發明是不管這些的，我們製造一個虛擬的共同體，假定我們是一家，然後在這個共識的基礎上，大眾民主才能夠順利運行。

但是在愛爾蘭，這樣子就沒有辦法運行了。英格蘭在實行普選制之前，是托利黨和輝格黨兩黨輪流執政，實現普選制之後變成保守黨和自由黨兩黨輪流執政，差別好像不大。但是愛爾蘭的情況就不妙了，愛爾蘭在實現普選制以前，貴族和資產階級都是新教徒，托利黨和輝格黨輪流執政，看樣子跟英格蘭王國沒有什麼不同，讓人忽略愛爾蘭還有一個天主教的基層組織在那裡。一旦實行普選制，那麼占多數的天主教徒就要開始迫害占少數的新教徒。他們以前在宗教戰爭中占上風的時候就是這樣的，新教徒占上風的時候也好好地把天主教徒給迫害了一陣子。因此在普選制快要實施、選舉權正在擴大的中途，大概在一八四〇年代，愛爾蘭人的新教徒就開始抗議了。他們的抗議方式跟二十世紀末葉南非白人反對撤銷種族隔離的抗議方式是非常一樣的：英格蘭王國實行普選制沒有問題，但愛爾蘭王國實行普選制結果就是會發動一場無產階級對貴族和有產階級的階級鬥爭，比較野蠻落後的下等階級會把比較文明和進步的上等階級迫害得死無葬身之地，我們不能要這樣的民主，民主對愛爾蘭是不適用的。但是他們阻擋不了民主的大潮，英格蘭王國自己已經實行民主了，愛爾蘭就很難避免民主。

一旦英格蘭的政治家為了減輕愛爾蘭新教徒和同胞的恐懼，就建議通過英格蘭王國和愛爾蘭王國合併的方法來解決這個問題。愛爾蘭的新教徒不是覺得自己是占少數的上層和中層階級、擔心自己在民主化以後受到迫害嗎？很好，那麼我們英格蘭和愛爾蘭合併，形成一個大不列顛及愛爾蘭聯合王國，把英格蘭國會和愛爾蘭國會合併成為一個大不列顛及愛爾蘭聯合王國的國會以後，你們的危險不就消失了嗎？這種做法用打比喻的方式就是說，你們南非白人說黑人是多數，原來沒有選舉權的黑人多數派將來執政以後會迫害我們白人少數派，那麼南非和美國合併好不好？我們南非和美國合併或是南非和加拿大合併以後，黑人在這個美利堅與南非組成聯合共和國或是加拿大與南非組成的聯合邦之下就不占多數了，就不存在迫害你們的問題了，這樣做不是很好嗎？

於是，我們所熟悉的大不列顛與愛爾蘭聯合王國（United Kingdom of Great Britain and

⑭ 森伯蘭郡（Northumberland），英格蘭東北部的一個郡，鄰接蘇格蘭和北海。

⑮ 德文郡（Devonshire），英格蘭西南部的一個郡，西鄰康沃爾郡，北與威爾斯相望。

⑯ 肯特（Kent），英格蘭東南部的一個郡，瀕臨北海。

⑰ 康沃爾（Cornwall），英格蘭極西南角的郡，南隔英吉利海峽與法國布列塔尼地區相望。

⑱ 布列塔尼（Britanny），法國西部的地區，與英國康沃爾地區存在緊密的人種和文化聯繫，其西部的康諾艾爾（Cornouaille）地區即「康沃爾」之轉音。

Ireland）就是這樣誕生的[19]。聯合王國之所以以我們所知道的形式誕生，很大程度上就是因為愛爾蘭王國的階級衝突、宗教矛盾糾結在一起，形成了一個十九世紀的南非問題。只有用組成聯合國家的方式來解決，才能使上層階級和下層階級都放心，但是這只是當時的善意設想。這就是像梁啟超發明中華民族一樣，聯合王國成立以後，蘇格蘭人、威爾斯人、愛爾蘭人、德文人、肯特人、康沃爾人之類的都會忘記自己原有的歷史和宗教各方面差別，共同塑造一個新的大不列顛民族。如果你看十九世紀自由主義的著作，例如麥考萊勳爵的作品[20]，他就非常強調，不要像以前那樣說英格蘭王國如何如何，我們要說不列顛人如何如何，而且「不列顛」這個概念還經常要說成「大不列顛」，用新的大共同體來消除原先各王國之間的傳統矛盾。

但是很快，事情就發生了變化。最明顯的就是，在民主化以後的政黨政治當中，英格蘭的保守黨和自由黨都在愛爾蘭發展黨員，但是愛爾蘭很快就產生了新的政治勢力，包括愛爾蘭自治聯盟（Home Rule League）[21]、愛爾蘭土地聯盟（Irish National Land League）[22]等。而在民主化以後政權開放，拿破崙戰爭以後英國國會廢除了原先在奧蘭治親王時代曾經嚴格執行的不准天主教徒擔任公職的宗教審查法，使所有天主教徒都可以擔任公職了[23]。英格蘭的天主教徒，這個沒有問題，一方面他們是少數，一方面他們跟英格蘭新教徒通過民族發明的方式融合起來了，以前天主教和新教是勢不兩立，現在只要我們都是英國人，天主教和新教的差別就不重要了。但是在愛爾蘭的情況不是這樣的。愛爾蘭的精英原來都是在國外，實行民主以後，他們不用再去國外了，他們可以在本國擔任公職。當然，按照民主化時代的規矩，他們自然要組織政黨，組織政黨是民主化時代擔任公職的主要手段。但是他們就覺得，他們跟英格蘭天主教徒不一樣，英格蘭的任何一個政黨都代表不了他們的利益，他們要組織自己的政治組織。

結果是，十九世紀後期的英格蘭國會陷入了三角鬥爭之中。除了保守黨和自由黨兩大黨以外，總有一個只有幾十個議員、永遠處於少數派、只能當萬年反對黨的愛爾蘭黨派。但是，少數派可以發揮杠杆作用。在兩大政黨相持不下的時候，例如自由黨為了爭取愛爾蘭自治聯盟支持，

⑲ 一七〇七年，英格蘭王國與蘇格蘭王國合併成為大不列顛王國，但愛爾蘭王國仍保持獨立建制。一七九八年，愛爾蘭天主教徒在法國支持下發動叛亂，一度宣布成立「愛爾蘭共和國」。英國輿論認為，這次事件的主要原因在於愛爾蘭新教徒濫用其體制優勢地位（Protestant Ascendancy）。為有效化解愛爾蘭新教徒與天主教徒的積怨，英格蘭與愛爾蘭國會於一八〇〇年各自通過《合併法案》（Act of Union），並於一八〇一年一月一日成立「大不列顛與愛爾蘭聯合王國」。

⑳ 托馬斯．巴賓頓．麥考萊（Thomas Babington Macaulay, 1800–1859），是英國輝格黨政治家，並以散文作家、當代和歷史社會政治學主題以及評論家的身分廣泛寫作。他的《詹姆士二世以來的英國歷史》（*The History of England from the Accession of James the Second*）是追求自由與進步的輝格史學典範作品。

㉑ 愛爾蘭自治聯盟（Home Rule League），一八七三年成立的愛爾蘭政治組織，以在聯合王國框架內實現愛爾蘭自治為目標，一八八二年改名為愛爾蘭國會黨（Irish Parliamentary Party）。

㉒ 愛爾蘭土地聯盟（Irish National Land League），一八七九年成立的愛爾蘭政治組織，以天主教神職人員為骨幹，旨在幫助愛爾蘭貧困佃農改善地位，反對操英語的新教地主階級的壓制，一八八二年後轉型為愛爾蘭民族聯盟（Irish National League）。

就同意給愛爾蘭人更多的政治權利或其他的好處。這樣，雖然在國會中自由黨是相對少數，但也能夠撇開保守黨單獨執政。相反，愛爾蘭自治聯盟的奧康奈爾（Daniel O'Connell）[24]、帕內爾（Charles Stewart Parnell）[25]這些愛爾蘭人如果要給自由黨搗亂，或是自由黨不接受我們的某些要求以後，我們就可以撤銷支持，使自由黨內閣倒台。小黨雖然是小黨，但在兩大政黨之間合縱連橫，還是有很多花樣可以玩兒的，結果就給英國的國會政治製造了很多麻煩。

搞到最後，使我們都熟悉的、最著名的溫斯頓．邱吉爾就咬牙切齒地覺得，愛爾蘭人能夠為大不列顛及愛爾蘭聯合王國所做的最大貢獻就是趕緊離開這個聯合王國，使我們的國會政治和政黨政治重新走上正軌。這個做法是不是使我們聯想起，不久以前的蘇格蘭獨立公投（二〇一四年九月）當中也有人開過這樣的玩笑：蘇格蘭獨立公投之所以沒有通過，是因為英格蘭人無權參加公投的緣故。如果英格蘭人跟蘇格蘭人一起參加投票的話，那麼壓倒多數的投票結果恐怕會是，英格蘭人急於把蘇格蘭人趕出聯合王國的心比蘇格蘭人要求從聯合王國獨立的心更加迫切。如果僅僅是蘇格蘭人參加投票的話，蘇格蘭的多數派還希望留在聯合王國內；如果是聯合王國全體投票的話，英格蘭人反而會很積極地想把蘇格蘭人趕出去。

最後愛爾蘭的局勢就會演變成這個樣子：一方面是在政治共同體的層面，像邱吉爾這樣的英國政治家覺得你們滾蛋了反而更好；另一方面是在基層共同體的層面，只有在宗教改革時期和布爾什維克革命時期才出現的那種社區對社區的恐怖活動又重新展開了。這些活動被現在的政論家膚淺地稱之為愛爾蘭共和軍的恐怖活動，但是為什麼愛爾蘭共和軍能夠活動，比如說殺害了平民以後還能夠逃到原來的社區當中去，能夠得到原有天主教社區的同情和庇護呢？這就說明真正的問題不在於占少數的愛爾蘭共和軍槍手，而是在於愛爾蘭天主教社區和愛爾蘭新教社區確實是即使普通善男信女之間都有巨大的隔閡。例如，在奧蘭治親王戰勝詹姆斯二世的紀念節活動當中，新教徒家庭的小孩就會用酒精清掃教堂，然後點燃火炬，唱起「博因河水」（The Boyne Water）[26]這樣的小調，然後天主教徒就會覺得這是對他們的侮辱；相反，天主教的節慶則被新教徒認為，他們是想按照宗教戰爭的方式或按照布爾什維克的方式對新教的婦女兒童實行無差別攻擊的一種信號。

雙方這樣一搞的話，社區在政治層面的矛盾就體現為民族發明的差距。愛爾蘭的新教徒社區支持麥考萊勳爵所主張的那種發明大不列顛民族的方式，他們並不自我認同為英格蘭人，也不自我認同為愛爾蘭人，而是自我認同為不列顛人，認為阿爾斯特僅僅是一個地理名詞。他們的態度就有點像是有些台灣的國民黨流亡者後代，他們堅持說台灣不是一個民族，不是一個政治實體，而僅僅是一個地理名詞。他們要的是包含愛爾蘭和不列顛的一個大的不列顛民族。而愛爾蘭天主教徒則主張分別發明民族，你們英格蘭人發明英格蘭民族，我們愛爾蘭天主教徒發明愛爾蘭民族。你們這些阿爾斯特的新教徒社區，不屬於我們愛爾蘭民族，我們也不屬於同一個根本不存在的不列顛民族。你們這些新教徒就是英格蘭民族，不是本地人，而是殖民者，應該滾回老家去。然而阿爾斯特新教徒認為，我們也是本地人，這裡就是大不列顛，我們沒有理由要離開我們的家鄉，你們這些愛爾蘭天主教徒發明一個根本不存在、也不應該存在的愛爾蘭民族，是如何如何地開歷史倒車，你們才是應該滾出去的一方。

然後雙方相持不下的話，就要你死我活地搞流血鬥爭，早在第一次世界大戰之前就發生了幾十次恐怖攻擊；在一九一六年又發生了襲擊郵政局事件[27]，造成了幾百人的死亡，雖然這按照布爾什維克的標準來看根本不算什麼。英國人在十七世紀的光榮革命以後，歷經了長期的文明和民主生活，即使是死一個人都是頭等大事；或者法院要是冤枉地判了一個人死刑，也是了不起的大事。現在隨隨便便的死傷上百人，這是英格蘭自宗教改革和內戰以來從來沒有過的浩劫，引發全國震動，覺得事情不能這樣搞下去了，最後便按照公民自決的方式來解決紛爭。民主就是要讓大家都來參與決定，誰強迫誰都不好，誰自認為自己是不列顛人，就讓他做不列顛人好了，誰自己認為自己是愛爾蘭人，就讓他做愛爾蘭人好了，大家搞公民投票。結果公民投票的結果，大家都能看到，愛爾蘭南部二十二郡公民投票的結果是，認為自己是愛爾蘭人、要把自己發明成為愛爾蘭人的人占了上風，於是成立了現在的愛爾蘭自由邦，最終演化為愛爾蘭共和國；北部各郡則是自認為自己是不列顛民族的阿爾斯特地區的新教徒占了上風，於是產生了今天的北愛爾蘭或阿爾斯特。

雙方之間的關係到現在仍然是相當緊張的，但是民主化的好處就是，既然確定了公民自決這個基本原則，那麼就要按照社區方式進行表決了。新教徒社區占多數的那一部分，就要把新教的基礎共同體發明為不列顛民族；天主教社區占多數的地方，就要把天主教的基礎共同體發明為愛爾蘭民族。基礎共同體產生政治共同體，是民主政治的基本法則。這樣做的結果必然就會導致民族發明越來越多，這是不可避免的，因為政治分歧很容易演化為民族發明的。我認為我們都是同

㉓ 即羅馬天主教解放法案（Roman Catholic Relief Act 1829），該法案由保守黨政治家羅伯特．皮爾（Sir Robert Peel, 2nd Baronet, 1788–1850）主導，允許天主教徒加入威斯敏斯特國會，導致愛爾蘭天主教徒可參與英國政治運作。

㉔ 丹尼爾．奧康奈爾（Daniel O'Connell, 1775–1847）是十九世紀愛爾蘭政治人物、英國下議院議員，致力於自由主義與廢奴事業，他曾迫使威靈頓公爵的內閣在一八二九年通過《羅馬天主教解放法案》，有「解放者」之稱。

㉕ 查爾斯．史都華．帕內爾（Charles Stewart Parnell，1846–1891）是十九世紀愛爾蘭自治運動領導者、英國下議院議員。一八八二年，他將愛爾蘭自治同盟改組為愛爾蘭議會黨並擔任黨魁，有「無冕王」之稱。因婚外情導致議會黨在一八九〇年分裂，也被迫下台。

㉖ 博因河水（The Boyne Water），阿爾斯特新教徒民歌，紀念奧蘭治親王威廉三世（William of Orange）在一六九〇年博因戰役（Battle of the Boyne）中戰勝愛爾蘭的詹姆斯二世黨人。

㉗ 指愛爾蘭復活節起義（Easter Rising），由愛爾蘭共和派及志願軍發起，爆發於一九一六年復活節週的一場武裝暴動，目的在結束英國對愛爾蘭的統治，並宣示建立一個獨立的愛爾蘭共和國。這是自一七八九年「愛爾蘭起義」以來最重大的愛爾蘭武裝暴動，據統計這場暴動的總死亡人數為四百八十餘人，其中平民約占半數。

一個民族，這不管用，人家就是認為人家跟你不是同一個民族。結果，投票的結果總是，統派被迫發明民族，獨派主動發明民族。統派本來是不想發明小民族的，想要把我們都發明成一個民族，但是人家不認，你也沒辦法。堅持統派的結果就是，把統派變成了另外一個跟獨派平起平坐的民族。而獨派發明民族，那就非常簡單；只要大家一起獨立建國，發明民族，問題就自然解決了。

愛爾蘭問題就是通過上述基礎共同體產生政治共同體的過程，在原來沒有民族的地方發明出了民族。這個民族當然是一個政治標籤；雙方雖以天主教和新教為政治標籤，但是頗有諷刺意味的是，天主教徒和新教徒搞宗教戰爭的時期使雙方流血的那些矛盾其實都已經不存在了。加拿大的魁北克省其實也是類似的情況。過去在宗教派別上的差別，在現代則體現為民族文化。我說我是天主教徒、你是新教徒，就是我們應該發明成為不同民族的一個標籤；在這個標籤之下，原先大家殺得你死我活的那些具體內容其實已經不再重要了。一般的天主教徒與新教徒都生活在同一個西方文明之下，他們的真實差別其實是不高的，只有一些符號性的差別，例如我的旗幟是什麼樣的旗幟，我唱的歌曲是什麼樣的歌曲，我們的學校應該用什麼樣的語言，這些差別都是符號性和象徵性的差別。宗教的差別、歷史的分歧，就是這樣通過符號政治的方式、通過符號和標籤的方式，實現了民族發明。這個模式在愛爾蘭表現得非常典型，但是並不是只存在於愛爾蘭。我們如果放眼世界就可以看到，同樣的故事仍然持續在全世界各地展開。雖然不是每一個細節和特徵都跟愛爾蘭一樣，但是愛爾蘭經驗卻可以為我們提供很多參考，使我們對現實的政治發展具有更強的預見性。

劉仲敬・民族發明學講稿

中東的裂痕

泛阿拉伯主義的流產和大英帝國的遺產

中東的裂痕
泛阿拉伯主義的流產和大英帝國的遺產
劉仲敬著／新北市／八旗文化出版／
遠足文化發行／2020.12
ISBN 978-986-5524-34-0（平裝）
一、世界史 二、民族史
711
109018042

作者 劉仲敬

總編輯 富察
責任編輯 穆通安、涂育誠
特約編輯 三馬兄、xqmxqm
企劃 蔡慧華
封面設計 許紘維
排版 宸遠彩藝
彩頁地圖繪製 青刊社地圖工作室（黃清琦）

社長 郭重興
發行人兼出版總監 曾大福
出版發行 八旗文化／遠足文化事業股份有限公司
地址 新北市新店區民權路 108-2 號 8 樓
電話 〇二～二二一八～一四一七
傳真 〇二～八六六七～一〇六五
客服專線 〇八〇〇～二二一～〇二九
信箱 gusa0601@gmail.com
臉書 facebook.com/gusapublishing
部落格 gusapublishing.blogspot.com
法律顧問 華洋法律事務所／蘇文生律師
印刷 成陽印刷股份有限公司

出版日期 二〇二〇年十二月（初版一刷）

定價 五六〇元整